La grammaire anglaise

Michèle Malavieille
Agrégée de l'Université
Professeur au lycée Lakanal (Sceaux)

Wilfrid Rotgé
Agrégé de l'Université
Professeur de linguistique anglaise
à l'université de Toulouse - Le Mirail

HATIER

Grammaire de référence, la *Grammaire anglaise Bescherelle* présente l'ensemble du fonctionnement de la langue anglaise contemporaine : tous les emplois y sont traités.

Rédigée dans un style clair et simple, elle permet à l'utilisateur de **découvrir** la logique qui gouverne la langue anglaise et de **produire** lui-même une langue correcte.

Grammaire de réflexion, elle ne vise pas à faire apprendre des règles, mais à donner les moyens de **comprendre le pourquoi et le comment de la grammaire anglaise.**

La présentation adoptée encourage aussi bien une **lecture en continu** qu'une **consultation ponctuelle**. Un **index très complet** rend possible une circulation rapide et efficace à l'intérieur des différentes parties.

S'adressant à un large public – lycéens, étudiants, adultes – la *Grammaire anglaise Bescherelle* propose de nombreux exemples traduits et commentés qui favorisent l'assimilation de la grammaire de l'anglais.

En réconciliant description et explication, la *Grammaire anglaise Bescherelle* fournit à l'utilisateur les moyens d'une réelle maîtrise de l'anglais.

Conception maquette : **Yvette Heller**

Mise en page : **Dominique Bourgoin (Grain de Papier)**

© HATIER - Paris - juin 1997

ISSN 0990 3771 – ISBN 2-218-71765

Sommaire

Partie 1 **Le groupe verbal** 7

Notions de base 8
1. Les verbes à particules et les verbes prépositionnels 13
2. Be - Have - Do 20
3. Le présent 36
4. Le prétérit 44
5. Le present perfect 55
6. Le past perfect 66
7. Le passif 73
8. Le renvoi à l'avenir 79
9. Les modaux 84
10. Autres façons d'exprimer la modalité 110
11. Le subjonctif et l'impératif 121
12. Les reprises elliptiques 126

Partie 2 **Le groupe nominal** 133

1. Le genre et le nombre du nom 134
2. Les déterminants du nom 145
3. This / That 163
4. Les quantifieurs 169
5. La mise en relation des noms 195
6. Les adjectifs 202
7. Les comparatifs / Les superlatifs 213
8. Les pronoms personnels et possessifs 222
9. Les pronoms réfléchis et réciproques 233

Partie 3 La phrase simple / La phrase complexe 237

1. L'ordre des mots dans la phrase simple 238
2. Les constructions verbe + verbe 250
3. Les propositions causatives - résultatives 260
4. La coordination et la subordination 266
5. Les subordonnées relatives 270
6. Les subordonnées nominales en V -ing 281
7. Les subordonnées conjonctives 286
8. Discours direct et discours indirect 299

Partie 4 Annexes 309

1. Les mots invariables : les prépositions 310
2. Les mots invariables : les adverbes 321
3. La formation des mots 334
4. Les verbes irréguliers 338

Index 343

Petit glossaire

- **be + ing** : *be* + verbe-*ing*
  It is raining . [*is* = *be* conjugué ; *raining* = *rain* + -*ing*]
- **énoncé** : tout segment, oral ou écrit, produit par un énonciateur
- **énonciateur** : celui qui parle / écrit
- **have + participe passé** = *have* + verbe au participe passé
  The letter has arrived .
  [*has* = *have* conjugué ; *arrived* = *arrive* au participe passé]
- **prédicat** : le verbe et ses compléments
- **present perfect** / **past perfect**
  present perfect : emploi de *have* + participe passé
  The letter has arrived.
  past perfect : emploi de *had* + participe passé
  The letter had arrived.
- **relation sujet / prédicat** : segment qui unit un sujet et son prédicat
- **révolu** : moment passé
- **T1 / T2**
  T1 = premier temps dans le passé
  T2 = deuxième temps dans le passé
- **V** : verbe, surtout employé en base verbale (infinitif sans **to**)
- **Ø** (**zéro**) : absence de marqueur, là où on aurait pu trouver un déterminant (*a* / *the*), une terminaison (-*s* de la troisième personne), une conjonction (*that*), un pronom relatif (*that* / *which* / *who*)

Rubriques

 « **Pour aller plus loin** » : réflexion linguistique

 « **Attention !** » : erreur fréquente

 « **Contrastif** » : comparaison anglais / français

| À retenir | **Information essentielle** |

Symboles phonétiques utilisés

• **Voyelles brèves**

/ ɪ / big, which, England
/ e / bed, said
/ æ / hat, that
/ ɒ / got
/ ʊ / good, would
/ ʌ / luck, something, does
/ ə / an, rhythm

• **Voyelles longues**

/ iː / see, sea, believe
/ ɑː / father, dance
/ ɔː / pork, walk, taught, thought, law
/ ʊː / too, two, whose, rule
/ ɜː / bird, work, heard

• **Diphtongues**

/ eɪ / snake, mail
/ aɪ / cry, while, might

/ ɔɪ / toy
/ əʊ / goat, hope, ago, don't, those
/ aʊ / now, about, down, hour
/ ɪə / here, hear
/ eə / bear, there, rare
/ ʊə / tour

• **Consonnes**

/ θ / thing
/ ð / this
/ z / dogs
/ ʃ / sugar, shall
/ ʒ / treasure
/ tʃ / choose
/ dʒ / just
/ ŋ / singing
/ j / yet

PARTIE 1

Le groupe verbal

1 Les verbes à particules
et les verbes prépositionnels *13*

2 Be - Have - Do *20*

3 Le présent *36*

4 Le prétérit *44*

5 Le present perfect *55*

6 Le past perfect *66*

7 Le passif *73*

8 Le renvoi à l'avenir *79*

9 Les modaux *84*

10 Autres façons
d'exprimer la modalité *110*

11 Le subjonctif et l'impératif *121*

12 Les reprises elliptiques *126*

Le groupe verbal met en jeu :
– la relation Sujet / Prédicat (« conjuguer ») ;
– l'opposition « temps physique » (*time*) / « temps grammatical » (*tense*) ;
– le point de vue de l'énonciateur.
De plus, son étude suppose que l'on s'interroge sur **le type de verbe** employé et que l'on tienne compte du **contexte**.

 Conjuguer

Etymologiquement, **conjuguer** signifie **unir**, mettre en relation.
En grammaire, c'est **mettre en relation** un sujet **S** et un prédicat **P** (verbe avec ou sans compléments).

You / work a lot.
Sujet **P**rédicat

Cette **mise en relation** s'effectue :

– soit par un marquage apparent sur le verbe, par exemple la désinence **-s** : *he works a lot* (forme simple) ;

– soit par l'utilisation d'un auxiliaire : *he **has** worked a lot* (forme composée).

L'anglais est très pauvre en **désinences** en comparaison avec le français où elles varient selon le mode, le temps et la personne (« nous part**ons** » = mode indicatif, temps présent, 1re personne du pluriel).

Les principales désinences de l'anglais sont :
– **ø / -s** pour le présent : *you work**ø*** / *he work**s*** ;
– **-ed** pour le prétérit : *you work**ed*** ;
– **-ing** pour le participe présent : *work**ing*** ;
– **-ed** ou **-n** pour le participe passé : *work**ed*** / *take**n***.

Le signe ø symbolise l'absence de marqueur. Par exemple, dans l'énoncé : *They play tennis*, il y a bien relation entre le sujet (*they*) et le prédicat (*play tennis*), mais cette relation n'est pas matérialisée par un marqueur.

2 Temps physique (*time*) et temps grammatical (*tense*)

Le temps physique (***time***), c'est le « temps qui passe », souvent représenté par un axe que l'on peut diviser en trois segments.

Le temps grammatical (***tense***), c'est le marquage grammatical sur le verbe, qui se fait à l'aide de ø / **-s** / **-ed**. Il n'existe que deux *tenses* en anglais : le présent et le prétérit.

Alors que le français possède plusieurs temps grammaticaux, dont le futur, l'anglais n'en possède que deux (présent et passé). Le renvoi à l'avenir en anglais se construit à l'aide d'un *tense* présent.

I leave tomorrow. [Présent simple.]
I am leaving tomorrow. [Présent en **be** + **ing**.]
I will leave tomorrow... [*Will* est un modal au présent.]

Pourquoi cette distinction entre *time* et *tense* ?

Il est important de comprendre qu'il n'y a pas de correspondance automatique entre les deux.

• Le *tense* (temps grammatical) présent ne renvoie pas nécessairement au *time* (temps physique) présent.

*I **leave** tomorrow.* Je pars demain.

Le présent *leave* renvoie ici à l'avenir *tomorrow*.

• Le *tense* passé (le prétérit) ne renvoie pas nécessairement au *time* passé.

*I wish you **were** here.* J'aimerais que tu sois là.

Were est le prétérit de **be** mais renvoie au non-réel (*you* n'est pas là) et non à un moment passé.

Deux séries de termes reflètent cette distinction :
– *tense* : passé (ou prétérit) / présent / futur ;
– *time* : révolu / actuel / avenir.

3 Le point de vue de l'énonciateur

Le point de vue de l'énonciateur détermine, en plus du « temps », l'emploi de telle ou telle forme verbale. Il existe deux points de vue de base.

• **Le point de vue perfectif** se construit à l'aide de l'auxiliaire ***have*** + **verbe au participe passé** : il crée un lien (un pont) entre du passé et du présent.

I've bought a new car. J'ai acheté une nouvelle voiture.

Le fait d'acheter est terminé, mais un lien est créé avec le présent : je possède maintenant une nouvelle voiture.

• **Le point de vue imperfectif** se construit à l'aide de ***be* suivi de V-*ing***.

He is working. Il est en train de travailler.

L'événement est décrit du point de vue de l'énonciateur en cours de déroulement, *he* est encore au travail.

Le **point de vue de l'énonciateur,** qu'il soit perfectif ou imperfectif, entraîne toujours la présence d'une **forme composée** (auxiliaire + participe : ***have*** + participe passé / ***be*** + ***ing***).

Inversement, les formes simples ne traduisent pas le point de vue de l'énonciateur : avec les **formes simples**, il énonce des **faits bruts**.

En linguistique, on parle d'**aspect** perfectif et d'**aspect** imperfectif. Le mot « aspect » vient du verbe latin *aspicere,* qui signifie « regarder ». L'aspect concerne donc la façon que l'on a de regarder, d'envisager un événement. Comme nous l'avons vu, il existe principalement deux regards (deux points de vue) particuliers sur un événement : l'énonciateur relie un événement passé à son présent (aspect perfectif : emploi de *have* + verbe au participe passé) ou bien il montre l'événement comme inachevé à un moment donné (aspect imperfectif : emploi de *be* + V-*ing*).

Les types de verbe

Certains verbes, en raison de leur sens, sont peu compatibles avec le point de vue imperfectif (*be* + *ing*) :

• **Les verbes de perception involontaire** :

hear (entendre*), see* (voir)...

• **Les verbes exprimant une activité mentale** (croyance, sentiments) :

agree (être d'accord), *believe* (croire), *dislike* (ne pas aimer), *hate* (haïr), *know* (savoir), *like* (aimer), *love* (aimer), *prefer* (préférer), *remember* (se souvenir), *suppose* (supposer), *think* (penser), *understand* (comprendre), *want* (désirer)...

• **Les verbes exprimant l'appartenance** :

belong (appartenir), *consist of* (consister en), *contain* (contenir), *own* (posséder), *possess* (posséder)...

• **Les verbes exprimant l'apparence** :

look like (ressembler à), *resemble* (ressembler), *seem* (sembler)...

• **Les verbes d'état suivants** :

cost (coûter), *depend* (dépendre), *deserve* (mériter), *exist* (exister), *matter* (importer - avoir de l'importance), *owe* (devoir - être débiteur), *own* (posséder)...

Ces verbes sont peu compatibles avec *be* + *ing* car **leur sens est lié à l'expression d'un résultat**. En disant : *I know her* (Je la connais), j'exprime le résultat d'une activité mentale ; or un résultat ne peut pas être perçu en cours de déroulement. On peut ainsi difficilement être en train de croire, en train de voir quelqu'un, en train de ressembler à une autre personne...

« Peu compatible » ne signifie pas impossible. On trouve, mais rarement, *be* + *ing* avec certains de ces verbes afin de mettre en valeur l'énoncé.

*I **am** hating these people more and more.* J'ai vraiment de plus en plus horreur de ces gens.

It's costing me a lot of money. Cela me coûte réellement beaucoup.

Certains de ces verbes peuvent être employés avec **be** + **ing** mais dans un sens un peu différent. Comparez :

I think. Je pense. / *I'm thinking*. Je réfléchis.

I see. Je vois. / *I'm seeing John tonight*. J'ai un rendez-vous avec John ce soir.

He is stupid. Il est idiot. / *He's being stupid*. Il fait l'idiot.

I consider him a good-for-nothing. Je le considère comme un bon à rien. / *I'm considering that possibility*. J'envisage cette possibilité.

Attention de ne pas établir l'équation suivante : verbes d'état = absence de **be** + **ing**. D'une part, tous les verbes peuvent être employés avec **be** + **ing** lorsqu'ils sont modifiés par *always* (voir p. 42). D'autre part, les verbes d'état qui ne sont pas mentionnés plus haut font, eux, facilement appel à **be** + **ing** pour décrire un événement en cours.

I'm waiting for them. Je les attends.

Je ne peux pas dire : *I wait for them* si je suis en train d'attendre.

5 **Le contexte d'emploi**

Une même forme verbale a des sens différents selon le contexte. Prenons les exemples suivants :

*What **are you drinking**?*

Cette question peut signifier : « Que désirez-vous boire... ? » ou « Qu'est-ce que tu es (donc) en train de boire ? »

*"What about meeting him at 5?" "Well, **he's playing** tennis."* « Et si je le voyais à 5 heures ? » « C'est-à-dire que... il joue au tennis. »

En disant : *he's playing tennis*, l'énonciateur ne reprend pas *at 5* et pourtant, son emploi de : *he's playing* est régi par *at 5* prononcé par le co-énonciateur. Le contexte d'emploi est donc également une donnée essentielle.

Les verbes à particules
et les verbes prépositionnels

Pour commencer

 On classe généralement les verbes en deux grandes catégories : les verbes transitifs et les verbes intransitifs.

• **Les verbes transitifs admettent un complément.**

*She's reading **a book**.* Elle est en train de lire un livre.
*He's looking **for his keys**.* Il cherche ses clefs.

Parmi eux, on distingue :

– **les verbes transitifs directs** (pas de préposition entre le verbe et son complément) ;

She's reading a book.

– **les verbes transitifs indirects** (préposition entre le verbe et son complément).

He's looking <u>for</u>   his keys.
        prép. complément

Les verbes transitifs indirects sont appelés **verbes prépositionnels**.

• **Les verbes intransitifs n'admettent pas de complément**.

The ship disappeared. Le bateau disparut.

 Certains verbes transitifs indirects en français (emploi d'une préposition) correspondent en anglais à des verbes transitifs directs (absence de préposition). C'est notamment le cas de :

> *answer sth* : répondre à qqch - *attend sth :* assister à - *discuss sth* : discuter de - *enter sth* : entrer dans - *fit sb / sth* : convenir à - *lack sth* : manquer de - *need sb / sth* : avoir besoin de - *obey sb* : obéir à - *phone sb* : téléphoner à - *play sth* : jouer de qqch - *remember sb / sth* : se souvenir de - *suit sb* : bien aller à - *trust sb / sth* : faire confiance à - *use sb / sth* : se servir de…

Nobody answered that question. Personne n'a répondu à cette question.
We discussed many things at the meeting. Nous avons discuté de beaucoup de questions à la réunion.

3 Des mots invariables (particules et prépositions) peuvent suivre le verbe.

Drink **up** *your glasses*. Finissez vos verres.
verbe particule

She was walking **up** *the dune*. Elle montait sur la dune.
   verbe   prép.

Dans le premier exemple, nous avons le verbe composé *drink up* qui signifie « boire entièrement ». Il est remplaçable par un verbe simple : *Finish your glasses*. Dans le deuxième exemple, nous avons un verbe simple *walk* suivi de la préposition *up* qui introduit *the dune* en décrivant un mouvement vers le haut.

Pour commencer

1 Verbe + particule

A Une particule peut être ajoutée à un verbe. Elle en change alors le sens.

give : donner / *give* **up** : abandonner
break : casser / *break* **down** : tomber en panne

Le sens peut changer beaucoup : *give* (donner*) / give up* (abandonner*),* ou partiellement : *break* (casser*) / break down* (tomber en panne). Dans de rares cas, la particule ne change pas le sens du verbe : *ring / ring up* (téléphoner*).*

B **Les principales particules sont :**

> about - across - along - around - away - back - down - in - off - on - out - over - round - through - up

Chaque combinaison **verbe + particule** possède un sens propre (que l'on trouve dans le dictionnaire). Toutefois chaque particule a un sens général.

Particule	Sens général propre ou figuré	Exemples
about	dans différentes directions / sans but	*walk about* : se promener *sit about* : rester à ne rien faire
across	à travers (un espace à deux dimensions)	*walk across* : traverser
along	idée d'avancer le long de qqch	*move along* : avancer *take sth along* : emporter avec soi
around ou *round*	idée de circularité	*look round* : regarder autour de soi *come round* : faire un détour, passer (chez qqn) *move around* : se déplacer
away	idée d'éloignement	*turn away* : se détourner *give sth away* : faire cadeau de qqch
back	en sens inverse / idée de retour	*go back* : retourner *get sth back* : récupérer qqch *write back* : répondre à une lettre
down	mouvement vers le bas	*go down* : descendre, diminuer *look down* : baisser les yeux *put sth down* : poser qqch
in	idée d'intérieur	*come in* : entrer
off	idée de séparation	*take off* : décoller / s'envoler *take sth off* : enlever qqch
on	mouvement vers une surface / expression d'une continuité	*put sth on* : mettre (un vêtement) *read on* : continuer à lire
out	mouvement vers l'extérieur	*take sth out* : enlever, sortir qqch *sleep out* : ne pas dormir chez soi *eat out* : ne pas dîner chez soi
over	mouvement au-dessus de qqch / idée de répétition	*walk over* : traverser (s'approcher) *lean over* : se pencher en avant *do sth over* : refaire qqch
through	à travers (un espace à trois dimensions)	*get through* : parvenir à destination
up	vers le haut / idée d'achèvement	*look up* : lever les yeux *stand up* : se lever *eat up* : finir de manger

De nombreux **verbes de mouvement** font partie de la catégorie des verbes à particule : *come back* (revenir*) / *get up* (se lever) / *turn up* (apparaître*) / *move in* (emménager)...

C La particule ne peut jamais être omise. C'est le cas notamment dans les énoncés à l'impératif et au passif.

*Come **back**!* Reviens !
*She was **carried away** by the thought of spending her honeymoon in Hawaii.*
Elle était enthousiasmée à l'idée de passer sa lune de miel à Hawaï.

D Si le verbe est transitif, le complément peut se placer avant ou après la particule.

*Could you please **fill** this form **in** / **fill in** this form?*
                    complément   complément
Pourriez-vous s'il vous plaît remplir ce formulaire ?
*She **turned off** the light. / She **turned** the light **off**.* Elle éteignit la lumière.

Si le complément est long, on a : **verbe + particule + complément**.

*Fill **in** the form that you were supposed to sign long ago.*
Remplis le formulaire que tu devais signer il y a longtemps.

Si le complément est un pronom (*me / them / that / it...*), il se place toujours avant la particule.

*He woke **me** up at 7 this morning.* Il m'a réveillée à 7 heures ce matin.
*Throw **it** away!* Jetez-le ! ~~Throw away it!~~

2 Verbe + préposition (+ complément)

A La préposition introduit le complément du verbe (voir les prépositions, page 310).

*Look **at** this!* Regarde ça !

La préposition *at* est obligatoire pour introduire le complément *this*.

Comparez :

Look! Regarde ! / *Look **up**!* Lève les yeux ! [*up* particule]

B Dans les phrases affirmatives et négatives, l'ordre des mots **verbe + préposition + complément** est obligatoire, y compris quand le complément est un pronom (*me... / that...*).

*I rely **on my friends**.* Je compte sur mes amis.
*I rely **on them**.* Je compte sur eux.

Dans les phrases interrogatives, quand le mot interrogatif est complément d'une préposition, la préposition reste en général **après** le verbe.

*What are you waiting **for**?* Qu'attendez-vous ?
*Who were you talking **to**?* A qui parles-tu ?

Les verbes prépositionnels peuvent apparaître dans des énoncés passifs, dans des propositions infinitives en *to*, dans des propositions relatives. La préposition reste à droite du verbe.

*He can **be** relied **on**.* On peut compter sur lui.
*She's easy to work **with**.* C'est facile de travailler avec elle.
*The guy I'm training **with** is from Australia.* Le type avec lequel je m'entraîne est australien.

C Certains verbes transitifs indirects en anglais correspondent à des verbes transitifs directs en français. Par exemple :

> *account for sth* : expliquer qqch / *aim at sth* : viser qqch / *deal with* : traiter qqch / *hope for* : espérer / *listen to* : écouter / *look at* : regarder / *stare at* : regarder fixement / *pay for* : payer qqch / *wait for* : attendre…

D Notez que le sens du verbe peut être différent selon la préposition avec laquelle il se construit, par exemple :

• ***Care about sth*** : se soucier de qqch, s'intéresser à.
Money is all he cares about. La seule chose qui l'intéresse, c'est l'argent.

Care for sb / sth : aimer qqn / qqch, s'occuper de qqn.
Would you care for a cup of tea? Aimeriez-vous une tasse de thé ?

• ***Look for sth / sb*** : chercher qqch / qqn.
What are you looking for? Que cherchez-vous ?

Look after sth / sb : surveiller qqch / qqn.
He'll look after the baby. C'est lui qui s'occupera du bébé.

• ***Think about sth*** : réfléchir / penser à qqch.
What are you thinking about? A quoi penses-tu ?
I'll think about it. J'y songerai.

Think of sb / sth : penser à qqn / avoir une opinion sur qqch.
I often think of you. Je pense souvent à toi.
What did you think of the film? Qu'as-tu pensé du film ?

E Une préposition est habituellement suivie d'un **nom** ou d'un **pronom**.
I care about my school. Je m'intéresse à mon école.
I don't care about it. Je ne m'y intéresse pas.

Mais on peut employer un **verbe** (et ses compléments éventuels) après une préposition. Dans ce cas, le verbe doit apparaître à la forme en -*ing*.

*He doesn't care **about failing**.* Peu lui importe d'échouer.
*He doesn't care **about failing** his exams.* Peu lui importe d'échouer à ses examens.

L'emploi de V-*ing* après une préposition est logique : -*ing* donne pratiquement un statut de nom au verbe.

• Lorsque *to* est préposition, on emploie, logiquement, aussi V-*ing*.

*I object to **spending** any more money.* Je ne veux pas que l'on dépense un centime de plus.
*They committed themselves to **winning** the war.* Ils se sont engagés à gagner la guerre.

• Lorsque *to* est la marque de l'infinitif, on ne peut pas employer V-*ing*.

I want to leave. Je veux partir.

• Comment savoir si *to* est préposition ou marque de l'infinitif ? Quand *to* peut être suivi d'un nom (ou d'un pronom), c'est une préposition.

I object to your attitude. Je trouve votre attitude inadmissible.

---

3 Verbe + particule + préposition (+ complément)

Certains verbes à particule peuvent avoir un complément introduit par une préposition.

catch up with sb : rattraper qqn - *catch up with one's work* : rattraper le retard pris dans son travail - *do away with sth* : abolir - *fall back on sth* : avoir recours à - *feel up to sth* : se sentir à la hauteur pour - *keep up with sb / sth* : rester en contact avec - *look down on sb / sth* : mépriser - *look out for sth* : rechercher - *make up for sth* : compenser - *put up with sb / sth* : tolérer - *stand up to sb / sth* : résister à...

*I can't put up **with** such ignorance.*
Je ne supporte pas une telle ignorance.
[*put* = verbe ; *up* = particule ; *with* = préposition]

*Do you feel up **to** continuing with the work today?*
Vous sentez-vous de taille à continuer le travail aujourd'hui ?
[*feel* = verbe ; *up* = particule ; *to* = préposition]

*I look forward **to** seeing you.* Je suis impatient de vous voir.

Remarquez l'emploi de V-*ing* (*continuing / seeing*) après la préposition *to*.

La traduction des énoncés comprenant un verbe à particule ou un verbe prépositionnel s'opère parfois en employant un procédé de traduction appelé « **chassé-croisé** ». Le français décrit souvent le résultat en premier, alors que l'anglais indique tout d'abord le moyen.

On rencontre ce phénomène avec les verbes de mouvement.

Blériot <u>flew</u> <u>across</u> the Channel.
     moyen résultat

Blériot <u>traversa</u> la Manche <u>en avion.</u>
    résultat   moyen

She kicked the door open.

Elle ouvrit la porte d'un coup de pied.

2 Be - Have - Do

Pour commencer

Be, have et **do** peuvent être des **verbes lexicaux** ou des **auxiliaires**.

Un verbe lexical est un verbe qui a un sens particulier (**be** = exister, **have** = posséder, **do** = faire).

« Auxiliaire » signifie « qui aide ». **Be**, **have** et **do** sont auxiliaires lorsqu'ils aident à la construction de certaines tournures grammaticales.

*She **is** working. / She **has** worked. / **Did** she work a lot?*

Be, **have** et **do** sont les trois auxiliaires de base de l'anglais.

Pour commencer

1 Be verbe lexical ou auxiliaire

FORME

	PRÉSENT	PRÉTÉRIT
Affirmation	I *am* He / she / it *is* We / you / they *are*	I / he / she / it *was* We / you / they *were*
Interrogation	*Am* I? *Is* he / she / it? *Are* we / you / they?	*Was* I / he / she / it? *Were* we / you / they?
Négation	I *am not* He / she / it *is not* We / you / they *are not*	I / he / she / it *was not* We / you / they *were not*

• Forme interro-négative :

Am I not? (à l'oral ***aren't*** *I?*) / *Isn't he...?* (*Is he... not?*) /
Aren't we...? (*Are we... not?*)

Wasn't I...? (*Was I... not?*) / *Weren't we... (Were we... not?*)

• Participe passé : ***been***

<u>Present perfect</u> : ***have*** conjugué au présent + ***been***

I have been / he has been...

<u>Past perfect</u> : ***have*** conjugué au prétérit + ***been***

I had been...

• Infinitif : ***be***

Utilisé après les modaux et ***to***.

*He will **be**... / They must **be**... / She might **be**... / They want **to be** free.*

• Impératif : ***be*** + adjectif

Be quiet! Tais-toi ! / Taisez-vous !

On peut cependant trouver :

Do be quiet! Mais enfin, taisez-vous !

Do exprime une **insistance**.

A l'impératif négatif, ***don't*** (***do not***) est obligatoire.

Come on, don't be stupid! Allons, ne fais pas l'idiot !

• Formes contractées :

*I'**m*** / *he'**s*** - *she'**s*** - *it'**s*** / *we'**re*** / *you'**re*** / *they'**re***

*I'**m** **not*** / *he'**s** **not*** ou *he **isn't*** - *she'**s** **not*** ou *she **isn't*** - *it'**s** **not*** ou *it **isn't*** / *we'**re**
not* ou *we **aren't*** / *you'**re** **not*** ou *you **aren't*** / *they'**re** **not*** ou *they **aren't***

La forme contractée *ain't* à toutes les personnes au présent est d'un
niveau de langue très relâché.

*I... **wasn't** / you **weren't***

• Prononciation : *was* : / wɒz / *were* : / wɜː, wə /

BE VERBE LEXICAL

A ***Be*** lexical a le sens d'« **être** » ou « **exister** ».

*She'**s** at work.* Elle est au travail.
*I think, therefore **I am**.* Je pense, donc je suis.

Utilisé avec ***there***, il permet de poser **l'existence de**...

*There **is** a book on the table.* Il y a un livre sur la table.
*There must **be** someone at home.* Il doit y avoir quelqu'un à la maison.

L'accord, dans cette tournure, se fait avec ce qui est **à droite** de **there** + **be** conjugué.

*There **were five** books on the table.* Il y avait **cinq livres** sur la table.

B **Traduction de « il y a », « il y avait », « il y aura »...**

FRANÇAIS	ANGLAIS
Pose l'existence de...	*There + be*
Il y aura des embouteillages...	*There will be* traffic jams...
Indique la distance	*How far + be*
Il y a combien (de km) jusqu'à York ?	*How far is it* to York?
Il y a 5 km d'ici à York.	*It is* 5 km from here to York.
Etablit un repère dans le révolu	**durée + ago**
Il y a un mois, il était au Canada.	*A month ago,* he was in Canada.
Il y a un an qu'il est parti.	*He left a year ago.*
	It is + durée + since
Il y a un an qu'il est parti.	*It is a year since* he left.
Exprime la durée	*For + durée*
Il y a trois ans que je la connais.	*I have known her for three years.*

Pour l'expression de durée + **ago**, voir page 61.
Pour **for** + durée, voir page 59.

C **Be permet d'attribuer une caractéristique au sujet (S).**

*You **are** clever.* Vous êtes intelligent.
*She **is** cold and hungry.* Elle a froid et faim.
*She **is** a doctor.* Elle est médecin.

Comme il y a **attribution** d'une caractéristique au sujet, on dira que *clever, cold, hungry* sont ici adjectifs attributs et que *a doctor* est attribut du sujet *she.*

Le français a parfois recours à « **avoir** » + **nom** là où l'anglais utilise **be** + **adjectif**.

*He **is** right.* Il **a** raison. *She's witty.* Elle **a** de l'esprit.

Notez également : *He **is** fifty.* Il **a** cinquante ans.

En français, on considère que le sujet est bénéficiaire (**avoir**) du complément ; en anglais, le sujet est caractérisé (**be**) à l'aide d'un adjectif.

D La forme interro-négative permet d'exprimer une exclamation.

Aren't they sweet! Comme ils sont gentils !
Aren't I clever! Je suis doué, non ?

Dans ces énoncés à valeur exclamative, la forme contractée est obligatoire ; on ne peut pas dire : ~~Are they not sweet!~~
Are they not sweet? (avec un point d'interrogation) serait une véritable interrogation : « Ils ne sont pas gentils ? »

BE AUXILIAIRE

Les tournures grammaticales construites à l'aide de *be* sont les suivantes :
- *be* + **Verbe** + *ing* (le « continu ») ;
- *be* + **participe passé** (le passif) ;
- *be* + *to* (le renvoi à l'avenir).

A *Be* + Verbe-*ing*.

Selon le contexte, *be* + **V-*ing*** signale :

• **Une action en cours de déroulement**. L'énonciateur décrit, observe ce qui est (était) en cours.

Look ! It's raining. Regarde, il pleut.
*When she turned round, she noticed that the children **were** smili**ng** at her.*
Lorsqu'elle se retourna, elle remarqua que les enfants lui souriaient.

• **Une mise en valeur de l'activité du sujet**.

He's been working for two hours. Ça fait deux heures qu'il travaille.

• **Une relation au déjà envisagé**.

What are you doing tonight? Qu'as-tu prévu de faire ce soir ?

Pour une analyse détaillée de cette forme, voir page 42.

B *Be* + participe passé.

Be est l'auxiliaire de base de la voix passive.

*Bill Clinton **was** re-elected in 1996.*
Bill Clinton a été réélu en 1996.
*English **is** spoken by millions of people all over the world.*
Des millions de personnes parlent anglais dans le monde.

Pour le passif, voir page 73.

C *Be* + *to* + verbe.

*The President **is to** take the oath of office on January 20th.* Le Président des Etats-Unis doit / va prêter serment le 20 janvier.

Pour l'expression de l'avenir, voir page 79.

Quelle que soit son utilisation, comme verbe lexical ou comme auxiliaire, **be permet de définir le sujet à l'aide** :

• **D'une qualité**.

*She is : **clever**. Clever* est attribué à *she* par l'intermédiaire de *is*.
Elle est intelligente.

• **D'une activité**.

*He is : **mowing** the lawn. Mow the lawn* activité attribuée à *he*.
Il est en train de tondre le gazon.

• **D'un état**.

*They are : **at** school. At school* lieu attribué à *they*.
Ils sont à l'école.
*They were : **arrested** while committing a crime. Arrested* est attribué à *they*.
Ils ont été arrêtés alors qu'ils commettaient un déli.

• **D'un événement envisagé**.

*The Prime Minister is : **to** see the Queen tomorrow. To see the Queen tomorrow* est attribué à *the Prime Minister*.
Le premier ministre doit rencontrer la Reine demain.

---

2 Have verbe lexical ou auxiliaire

Tout comme **be**, **have** peut être auxiliaire ou verbe lexical.
Pour conjuguer **have**, il est indispensable de distinguer **have auxiliaire** et **have verbe lexical**.

HAVE AUXILIAIRE

Have auxiliaire sert à construire le present perfect et le past perfect.
Dans les deux cas, la construction est **have** + verbe au participe passé.

*I **have come** to say goodbye*. Je suis venu dire au revoir.
[*have* = auxiliaire au présent ; *come* = participe passé]

*He **had left** her...* Il l'avait laissée...
[*had* = auxiliaire au prétérit ; *left* = participe passé]

Aux formes négative et interrogative, **do** n'apparaît pas.

A — Have auxiliaire du present perfect.

AFFIRMATION	INTERROGATION	NÉGATION
I / we / you / they **have** worked He / she / it **has** worked	**Have** I / we / you / they worked? **Has** he / she / it worked?	I / we / you / they **have not** worked He / she / it **has not** worked

• Forme interro-négative :
Haven't I...? (Have I... not...?)
Hasn't he...? (Has he... not...?)

• Formes contractées :
I**'ve** / he**'s** - she**'s** - it**'s** / we**'ve** / you**'ve** / they**'ve**
I**'ve not** ou I **haven't** / he**'s not** ou he **hasn't** - she**'s not** ou she **hasn't** - it**'s not** ou it **hasn't** / we**'ve not** ou we **haven't** / you**'ve not** ou you **haven't** / they**'ve not** ou they **haven't**

B — Have auxiliaire du past perfect.

AFFIRMATION	INTERROGATION	NÉGATION
I / he / she / it / we / you / they **had** seen	**Had** I / he / she / it / we / you / they seen?	I / he / she / it / we / you / they **had not** seen

• Forme interro-négative :
Hadn't I...? (Had I... not...?)

• Formes contractées :
I / he... **'d** ; I / he... **'d not** / **hadn't**

L'auxiliaire « **être** » est employé en français pour former les temps composés de certains verbes. En anglais, **have** est l'auxiliaire du **present perfect** de **tous** les verbes.
I **have** come to tell you... Je **suis** venu vous dire...

HAVE VERBE LEXICAL

Lorsque **have** est verbe lexical, il se conjugue avec **do** comme tous les autres verbes.

	PRÉSENT	**PRÉTÉRIT**
Affirmation	I / we / you / they **have** He / she / it **has**	I... **had**
Interrogation	**Do** I / we / you / they **have**? **Does** he / she / it **have**?	**Did** I... **have**?
Négation	I / we / you / they **do not have** He / she / it **does not have**	I... **did not have**

• Forme interro-négative :

Don't I... have? (Do I... not have?) / Doesn't he... have? (Does he... not have?)

• Formes contractées :

I... don't have / He... doesn't have / I... didn't have

• Participe passé : *had*

Present perfect : *she has **had***
Past perfect : *they had **had***

A *Have* (ou *have got*) expression de la possession.

She has a big car. Elle possède une grosse voiture.
How many brothers and sisters do you have? Combien avez-vous de frères et sœurs ?
Which one will you have? Laquelle veux-tu ?

Lorsque *have* exprime la possession, on n'emploie pas la forme contractée : ~~I've a car. He's a car. He'd a car.~~

Pour exprimer la possession, on peut aussi employer la structure **sujet** + *have got* + **complément**, surtout en anglais parlé.

AFFIRMATION	**INTERROGATION**	**NÉGATION**
I / we / you / they **have got** He / she / it **has got**	**Have** I / we / you / they **got**? **Has** he / she / it **got**?	I / we / you / they **have not got** He / she / it **has not got**

• Formes contractées :

*I...'**ve** (got) / He...'**s** (got)*
*I...'**ve** not (got)* ou *haven't (got) / He...'**s** not (got)* ou *hasn't (got)*
*I...'**d** got / I...'**d** not (got)* ou *hadn't (got)*

• On peut donc dire : *I have a car* ou *I have got a car, I don't have a car* ou *I haven't got a car, Do you have a car?* ou *Have you got a car?*

Il est théoriquement possible de dire aussi : *I haven't a car* et *Have you a car?*, c'est-à-dire d'utiliser **have** verbe lexical sans l'auxiliaire **do**. Toutefois, c'est de plus en plus rare en anglais contemporain.

• Aux formes négative et interrogative, l'anglais américain préfère la structure avec **do**.

I don't have a car. / Do you have a car?

L'anglais britannique préfère la structure avec **have got**.

I haven't got a car. / Have you got a car?

• La structure **have got** s'emploie surtout au présent : *I've got a car*. On la trouve aussi, mais rarement, au prétérit : *Had she got a car? Did she have a car?* est nettement préféré.

Elle est **exclue** dans tous les autres cas (*I have never had a car* et non *I have never had got a car*).

Have got n'est pas compatible avec l'expression de l'habitude.

I don't often have beer in the fridge. Je n'ai pas souvent de la bière au réfrigérateur. [et non *I haven't often got beer in the fridge*]

La tournure **have got** provient de **have** + **participe passé de get** (recevoir). D'un point de vue étymologique, donc, *I've got a car* correspond à « J'ai reçu une voiture ». En anglais contemporain, hors contexte, *I've got a car* peut signifier « J'ai une voiture » (interprétation la plus probable) ou « J'ai reçu une voiture ». En anglais américain, on emploie *got* pour « avoir » et *gotten* pour « recevoir ». Comparez : *I've got your letter* (j'ai ta lettre) et *I've gotten your letter* (j'ai reçu ta lettre). En anglais américain, le participe passé du verbe *get* est en effet *gotten*.

Lorsque **have got** exprime la possession, cette expression est ressentie comme une variante familière de **have**, c'est-à-dire que l'idée de « recevoir » a disparu.

On peut suggérer que si **have got** (ou **have got to**) n'est pas compatible avec l'expression d'une habitude ou d'une répétition, c'est en raison de l'origine de **get** (recevoir), verbe dont le sens est lié à une occurrence particulière, ponctuelle.

B **Have** au sens de « prendre », « consommer », « obtenir ».

• **Have** a ce sens dans des expressions très courantes.

have dinner / coffee / tea / a drink... :
dîner / boire du café / du thé / prendre un verre...

have a bath / a walk / a rest / a good time / a break / a holiday... :
prendre un bain / se promener / se reposer / avoir du bon temps /
faire une pause / prendre des vacances...

have a look : jeter un coup d'œil / *have a chat* : bavarder / *have an operation* :
se faire opérer

• *Have got* est **impossible** dans ce sens.

*I **have** breakfast at seven.* Je prends mon petit déjeuner à sept heures.

• Aux formes interrogative et négative du présent ou du prétérit, ***have***
est toujours conjugué avec ***do*** (***does***) ou ***did***.

***Did** you **have** a good time?* Vous vous êtes bien amusés ?

• ***Have*** peut s'employer à la forme en -***ing***.

*I **am** hav**ing** wonderful holidays.* Je passe de merveilleuses vacances.

C ***Have to*** : expression de l'obligation.

• ***Have to*** + **V** implique qu'une pression est exercée sur le sujet, que
le sujet **a** l'obligation de...

*I'm sorry but I **have to** go now.* Désolée, il faut que je parte.

Aux formes négative et interrogative, ***do*** est obligatoire (sauf avec
shall et ***will***).

***Do** I really have to do it now?*
Faut-il vraiment que je le fasse maintenant ?
She will have to do it.
Il faudra qu'elle le fasse.

• ***Not have to*** + **V** implique que le sujet n'a pas l'obligation de, n'est
pas obligé de...

*He did**n't have to** get up early : how lucky he was!*
Il n'a pas été obligé de se lever tôt : quel veinard !
*You will **not have** (won**'t have**) to call her.*
Tu ne seras pas obligé de l'appeler.

Pour l'emploi de ces formes, voir pages 115 et 117.

• On trouve aussi ***have got to*** dans cette expression de l'obligation.

*I have **got to** go now. I haven**'t got to** go.*

Toutefois, la structure ***have got to*** ne se rencontre qu'au présent et
s'emploie dans une langue familière. D'autre part, ***have got to*** n'est
pas compatible avec l'expression de l'habitude.

*I **have to** catch a bus at seven **every morning**.*
Je dois prendre un bus à sept heures tous les matins.

D *Have* **et l'expression de la cause.**

Deux structures sont possibles :

- **sujet +** *have* **+ nom / pronom + verbe ;**
- **sujet +** *have* **+ nom / pronom + participe passé.**

Ces constructions sont employées dans les propositions causatives - résultatives (voir page 260).

*I **had** him **wash** my car.* Je lui ai fait laver ma voiture.
*I **had** my car **washed**.* J'ai fait laver ma voiture.

Aux formes négative et interrogative, on utilise *do*.

I didn't have him wash my car. Je ne lui ai pas fait laver ma voiture.
I didn't have my car washed. Je n'ai pas fait laver ma voiture.

> Le sens originel de *have* est lié à la possession : **sujet +** *have* **+ complément** s'interprète comme : « le sujet possède le complément » (*I have a car*). Par glissement de sens, **sujet +** *have* en est venu à exprimer la relation suivante : le sujet est **bénéficiaire** (heureux ou malheureux) de…
>
> *He had dinner.*
> *He* a été bénéficiaire de l'objet *dinner*.
> *Paul has bought a new car.*
> *Paul* est bénéficiaire maintenant de *bought a new car*.
> *I have him wash my car every other day.*
> *I* est bénéficiaire de la relation *he / wash my car every other day*.
>
> Dans l'expression de l'obligation : *I have to go*, le sujet *I* peut être considéré comme bénéficiaire de l'obligation de réaliser *to go*.

3 Do verbe lexical ou auxiliaire

On distingue trois emplois de *do* :

- *do* **verbe lexical** (agir / faire) ;
- *do* **de reprise** (mis à la place d'un autre verbe) ;
- *do* **auxiliaire**.

| *DO* VERBE LEXICAL (AGIR / FAIRE)

A *Do* verbe lexical se conjugue comme tous les verbes lexicaux. C'est un verbe irrégulier : son prétérit est *did* et son participe passé *done*.

PRÉSENT	PRÉTÉRIT	PRESENT PERFECT
I / we / you / they **do** He / she / it **does**	I / he / we / you / they **did**	I **have done** He **has done**
Do I... **do**? **Does** he ... **do**?	**Did** I... **do**?	**Have** I **done**? **Has** he **done**?
I... **do** not **do** He... **does** not **do**	I... **did** not **do**	I... **have** not **done** He... **has** not **done**

• **Forme interro-négative :**

Don't I... do? (Do I... not do?) / Doesn't he... do? (Does he... not do?)
Didn't I... do? (Did I... not do?)

• **Formes contractées :**

I... don't do / He... doesn't do / I... didn't do

• **Prononciation :**

do / dʊ / *does* / dʌz / *don't* / dəʊnt /

B Comme tous les verbes lexicaux, *do* peut être précédé de *do* auxiliaire ou d'un modal ; il peut être employé avec -*ing* et au passif.

*I **did** do it.* Mais si, c'est moi qui l'ai fait.
*I'**ll** do all I can.* Je ferai tout ce que je peux.
*What'**s** he **doing** tomorrow?* Qu'est-ce qu'il fait demain?
*It will **be done** as soon as possible.* Ça sera fait le plus tôt possible.

Il peut être accompagné d'une préposition qui en transforme le sens.

*I could **do with** a cup of tea.* J'aimerais bien boire une tasse de thé.

C *Do* lexical a le plus souvent le sens de « faire ».

*What shall we **do** now?* Et maintenant que fait-on ?

Il peut prendre d'autres sens que « agir » / « faire » selon le contexte.

*This won't **do**.* Cela ne fait pas l'affaire. Cela ne va pas.
*They are **doing** the dishes.* Ils sont en train de laver la vaisselle.

D *Do* ou *make* ?

• *Do* lexical a un sens général lié à une activité.

*I don't want to **do** anything today.* Je ne veux rien faire aujourd'hui.

• *Make* exprime une idée de fabrication (de transformation).

*I have **made** a cake.* J'ai fait un gâteau.

• Notez les emplois suivants :

do one's duty / one's homework / one's shopping...
faire son devoir / ses devoirs à la maison / ses courses...
do some sightseeing / gardening... faire du tourisme / du jardinage...
make one's bed / an effort / a fire / a mistake / ***a noise*** / some tea...
faire son lit / un effort / un feu / une faute / du bruit / du thé...

DO (DOES / DID) DE REPRISE

A ***Do*** de reprise (***do*** mis à la place d'un autre verbe) permet d'éviter une répétition du verbe ou du groupe verbal qui précède.

*They said he would leave and so **he did**.*
Ils ont dit qu'il partirait et c'est ce qu'il a fait.
[*he did = he left*]

*I remember him opening the letter and trembling as **he did so**.*
Je me souviens de l'avoir vu trembler en ouvrant la lettre.
[*as he did so* : littéralement « en faisant cela » ; *he did = he opened*]

*So, you may come to London next month. Please let me know if you **do**.*
Il se peut donc que vous veniez à Londres le mois prochain. Faites-le moi savoir si c'est le cas.
[*if you do = if you come* ; on aurait pu dire : *if you will = if you will come ; if you are = if you are coming*]

Le verbe « **faire** » en français peut également jouer ce rôle de substitut.

B On trouve en particulier ce ***do*** (*does / did*) **de reprise** dans les cas suivants :

• **Dans les reprises brèves**.

*"Who broke the mirror?" "I **did**."*
« Qui a cassé cette glace ? » « Moi. / C'est moi. »

*"Tom speaks a lot." "Yes, he **does**."*
« Tom parle beaucoup. » « Oh oui ! / C'est vrai. »

*"Did you see him?" "No, I **didn't**."*
« L'as-tu vu ? » « Non. »

On notera l'emploi de *"Yes, do"* en réponse à une question commençant par ***shall*** ou ***may*** (correspondant à une offre polie ou à une demande d'autorisation).

*"Shall I write to him?" "Yes, **do**."*
« Désirez-vous que je lui écrive ? » « Oui, ce serait bien. »

*"May I come in?" "Please **do**."* « Puis-je entrer ? » « Oui, je vous en prie. »

• Dans les tournures comparatives.

*She runs faster than I **do***. Elle court plus vite que moi.
*He must work more than she **did** at his age.*
Il doit travailler davantage qu'elle (ne le faisait) à son âge.
*If you saw the truth as clearly as I **do**...*
Si vous voyiez la vérité aussi clairement que moi...

• Dans les énoncés de reprise commençant par *so* (aussi) **ou** *neither* (non plus).

*He works a lot, **so do I***. Il travaille beaucoup. Moi aussi.
*She did not go, **neither did he***. Elle n'y est pas allée, lui non plus.

> Attention à l'ordre des mots :
> *so* / *neither* + *do* (*does*) / *did* + pronom.

• Dans les énoncés de contraste commençant par *but*.

*He doesn't like coffee **but I do***. Il n'aime pas le café mais moi j'aime ça.

• Dans les question tags.

*He lives here, **doesn't he**?* Il vit bien ici ?
*You saw him, **didn't you**?* Tu l'as vu, non ?

Pour tous ces phénomènes de reprise, voir page 126.

DO (*DOES* / *DID*) AUXILIAIRE

Do auxiliaire est suivi de la base verbale. Dans ce cas, ***do* exclut tout autre auxiliaire**, à savoir *be*, *have* et les modaux. S'il y a *be*, *have* auxiliaire ou un **modal** dans une phrase, on n'emploie pas *do* pour former la négation ou l'interrogation.

A ***Do*** dans les phrases interrogatives.

Do (*does*) apparaît à la **forme interrogative** du **présent** simple, *did* à la **forme interrogative** du **prétérit** simple dans la conjugaison de tous les verbes lexicaux.

Do *I / we / you / they want?* ***Does*** *he / she / it want?*
Did *I... want?*

Avec ***do*** en début d'énoncé, l'énonciateur pose une question sur la relation sujet / prédicat.

Do *you **take** milk with your tea?* Tu prends du lait dans ton thé ?
[*you* = sujet ; *take milk with your tea* = prédicat]

La question peut également commencer par un mot interrogatif.

*Where **did** you go?* Où êtes-vous allés ?

Quand **who / what / which sont sujets**, on n'emploie **pas do / did**.

Sujet	Verbe (+ compléments)	
Who	***wants** something to eat?*	Qui veut manger quelque chose ?
What	***happened**?*	Que s'est-il passé ?
Which	***came** first?*	Lequel est arrivé le premier ?

Lorsque ***do*** apparaît en début d'énoncé, il permet de poser une question sur la relation sujet / prédicat. Dans : ***Do** you take milk?*, l'énonciateur demande s'il a raison de mettre *you* et *take milk* en relation. L'avantage de ***do*** est qu'il permet de maintenir l'ordre sujet / prédicat dans la relation *you / take milk* : ***Do** you / take milk?*

Nous avons le même phénomène en français avec « **est-ce que** ». « **Est-ce que tu** prends du lait ? » est plus facile à construire que « Prends-tu du lait ? »

Quand une question commence par un interrogatif (*Where did you go?*), la question ne porte plus sur la relation sujet / prédicat mais sur l'élément en **wh-** (*where, who, when, what, which, why* ou *how*).

Dans les phrases interrogatives, la question porte toujours sur le premier élément de la phrase, c'est-à-dire ***do*** (sous-entendu : ai-je raison de mettre le sujet et le prédicat en relation ?) ou **wh-** (sous-entendu : à quoi correspond *where / who / when*...?)

A quoi sert ***do*** dans : *Where did you go?* ***Do*** signale que le sujet ***you*** a réalisé le prédicat ***go***. *Where did you go?* peut se comprendre comme : *You did go but where?*

Pourquoi ***do*** n'apparaît-il pas lorsque ***who / what / which*** sont sujets ? Dans : *Who wants to go?*, je ne peux pas affirmer que le sujet a réalisé *want to go*, précisément parce que je ne connais pas le sujet.

B ***Do*** **dans les phrases négatives.**

• ***Do*** (*does*) apparaît à **la forme négative** du **présent simple,** *did* à la **forme négative** du **prétérit** simple de tous les verbes lexicaux.

*I / we / you / they **do not** want*
*He / she / it **does not** want*
*I... **did not** want*

• **Formes contractées** :

*I... **don't**... / He... **doesn't**... / I... **didn't**...*

• A l'aide de **do** + **not**, l'énonciateur nie l'ensemble de la relation sujet / prédicat.

*He **doesn't** work on Sundays.* Il ne travaille pas le dimanche.
[*he* = sujet ; *work on Sundays* = prédicat]

*They **didn't** watch TV last night.* Ils n'ont pas regardé la télévision hier soir.

• **Do not (don't)** sert également à former l'**impératif négatif** (deuxième personne).

***Do not** (don't) listen!* N'écoutez pas !

• Avec les verbes ***think* / *suppose* / *believe*** suivis d'une proposition subordonnée, la négation apparaît très souvent dans la proposition principale.

*I **don't think** you should smoke so much.* Je pense que tu ne devrais pas fumer autant.

C **Don't** *(doesn't)* / **didn't** apparaissent à la **forme interro-négative** des verbes lexicaux. Cette forme est beaucoup plus fréquente en anglais qu'en français. Elle s'emploie :

• **Lorsque l'énonciateur attend une confirmation** de ce qu'il avance.

***Don't** you think we should go now?* On devrait partir maintenant, tu ne crois pas ?

• **Pour marquer la surprise**.

***Didn't** you hear the bell?* Tu n'as vraiment pas entendu la sonnerie ?

• **Avec une valeur exclamative**. **Do not** est toujours contracté dans ce cas.

***Didn't** he look funny!* Ce qu'il avait l'air drôle !

D **Do** *(does)* / **did** peuvent apparaître à la **forme affirmative** du présent et du prétérit simples des verbes lexicaux. On parle alors de l'**emploi emphatique** de **do**.

Do emphatique suppose qu'un doute ait été exprimé ou suggéré précédemment. On le rencontre dans les cas suivants :

• **L'énonciateur insiste** sur le fait que l'ensemble sujet / prédicat est (était) vrai.

*It **does** make a lot of difference.* Cela fait vraiment une grande différence.

*I don't know what you mean by that but I **do know** that I want a decision.*
Je ne sais pas ce que vous voulez dire par là mais ce que je sais bien, c'est qu'il me faut une décision.

*He **did** do his best.* Il a vraiment fait tout ce qu'il a pu.

• **Do** peut précéder un **impératif** de deuxième personne.

Do tell him I'll be glad to meet him.
Dites-lui bien que je serai heureux de le rencontrer.
Do sit down. Asseyez-vous, je vous en prie.

> L'insistance exprimée par **do** se traduit en français de différentes façons : par un adverbe (vraiment, bien) ou une locution (je vous en prie).

• **L'énonciateur rappelle l'existence** de l'ensemble sujet / prédicat.

*You **do** agree, don't you?* Vous êtes bien d'accord, n'est-ce pas ?

• **L'énonciateur exprime un contraste**, un désaccord avec ce qui précède.

*"You should have told me." "I **did** tell you."*
« Tu aurais dû me le dire. » « Mais c'est bien ce que j'ai fait ! »
*They told me I would not succeed but I **did** (succeed).*
Ils m'avaient dit que je n'y arriverais pas mais j'y suis bien arrivé.
[Dans ce dernier exemple, on peut omettre le verbe *succeed*.]

Do (**does** / **did**) est toujours accentué à l'oral dans son emploi emphatique.

Les auxiliaires **be**, **have** et les **modaux** peuvent également exprimer une **emphase**. Ils sont alors accentués à l'oral et soulignés à l'écrit.

*"It's a pity you can't do it." "But I **can** do it and I **have** done it before."*
« C'est dommage que tu ne puisses pas le faire. » « Mais si je peux le faire et d'ailleurs je l'ai déjà fait. »

3 Le présent

1 Le présent simple

FORME

AFFIRMATION	INTERROGATION	NÉGATION
I / we / you / they play	*Do I / we / you / they play?*	*I / we / you / they do not play*
He / she / it plays	*Does he / she / it play?*	*He / she / it does not play*

• Forme interro-négative :

Don't I... play? (Do I... not play?)
Doesn't he... play? (Does he... not play?)

• Formes contractées :

*I... **don't** play / he... **doesn't** play*

• Prononciation du -s de la 3ᵉ personne

/ **s** / après les consonnes sourdes / f /, / k /, / p /, / t /, / θ / : *laughs - thinks - hopes - sits* ;

/ **z** / après les consonnes sonores / b /, / d /, / g /, / l /, / m /, / n /, / ŋ /, / r /, / v / et les voyelles : *comes - receives - plays* ;

/ **ɪz** / après / s /, / ʃ /, / z /, / ʒ / : *kisses - catches - advises - manages*.

Le choix entre / s /, / z / et / ɪz / dépend du **son** et non de la lettre qui précède **-s**. Ainsi dans *hopes* / həʊps /, le son qui précède / s / est un / p /, une consonne sourde ; **-s** se prononce donc / s /.

Attention à la prononciation de *does* : / dʌz / et non / ~~duːz~~ / et de *says* : / sez / et non / ~~seɪz~~ /.

• Orthographe :

Lorsqu'un verbe se termine par **-s, -sh, -ch, -x, -z (-ze)** ou **-o,** la désinence de la 3ᵉ personne du singulier est **-es**.

pass ► *it pass**es*** / *rush* ► *he rush**es*** / *catch* ► *she catch**es*** / *fax* ► *he fax**es*** / *freeze* ► *it freez**es*** / *do* ► *he do**es*** / *go* ► *she go**es***

Les verbes se terminant par une **consonne + -y** ont pour désinence -*ies* à la 3e personne du singulier.

hurry ► *she hurries* / *carry* ► *it carries* / *cry* ► *he cries*

Mais notez : *say* ► *she says* (verbe *say* terminé par voyelle + **-y**).

EMPLOI

> **En employant le présent simple, l'énonciateur énonce des faits bruts ; il ne dit rien sur sa façon de percevoir l'événement.**
> L'énonciateur sous-entend : Voici les faits.

A Le présent simple s'emploie pour :

• **Enoncer des vérités générales**.

Water boils at 100° C. L'eau bout à 100°.

• **Enoncer une caractéristique** du sujet grammatical.

You know, David, you work too hard, relax! David, tu sais, tu travailles trop, arrête un peu !
Helen comes from New York and teaches maths. Helen est de New York et elle est professeur de mathématiques.

• **Décrire un fait habituel**, qui se répète, sans aucun commentaire.

He reads the paper on Sundays. Il lit le journal le dimanche.

• **Relater un film d'actions successives**, sans commentaire.

Footsteps. The door opens. Our hearts overturn. Il y a des bruits de pas. La porte s'ouvre. Notre cœur bascule.

Le présent simple s'emploie de la même façon dans les **indications scéniques**.

Biff gets out of bed, comes downstage a bit. Biff sort du lit, fait quelques pas vers l'avant-scène.

Les **commentaires de type journalistique** entrent dans cette catégorie.

Now the Queen walks to the throne. A présent, la reine se dirige vers le trône.
Radcliffe passes the ball to Fernandez. Fernandez shoots and scores.
Radcliffe passe la balle à Fernandez. Fernandez tire et marque.

Lorsque le sujet est *I* et qu'il décrit factuellement une **série d'actions successives** qu'il est en train d'accomplir, le présent simple peut être employé.

[cuisinier qui décrit ce qu'il fait]
I break two eggs, mix them with the dough. I then put the whole lot into the oven. Je casse deux œufs, les mélange à la pâte puis j'enfourne le tout.

[prestidigitateur qui décrit l'action en même temps qu'il l'accomplit]
*I take my hat, put it on the table, pull the handkerchief out and what do **I** get?
A rabbit!* Je prends mon chapeau, je le mets sur la table, je retire le mouchoir et qu'en sort-il ? Un lapin !

Dans des tournures un peu officielles, on trouve *I* + présent simple.

I declare the session open. Je déclare la séance ouverte.

> On voit à travers ces exemples que l'énonciateur s'intéresse aux faits, aux **événements purs**.

B On peut également **employer le présent simple pour renvoyer à un fait à venir**.

Le présent simple s'utilise principalement pour donner des horaires ou pour parler d'emplois du temps réguliers ou de programmes officiels.

We leave tomorrow at 5 p.m. Nous partons demain à 17 heures.
The plane to New York takes off at 10. L'avion de New York décolle à 10 heures.
The show starts at 7 p.m. Le spectacle commence à 19 heures.

En l'absence d'horaire officiel, on l'emploie très peu. On dira par exemple : *I am meeting Cindy tonight* (Je vois Cindy ce soir) et non ~~I meet Cindy tonight.~~

Il est logique d'employer le présent simple lorsque l'on donne des horaires, puisque dans ce cas c'est l'information brute qui importe.

> Dans les propositions subordonnées en *if* et ***when***, on emploie le présent et non *will*.
>
> *We'll talk about it when he **arrives**.* Nous en parlerons lorsqu'il arrivera.
>
> Pour l'expression du futur, voir page 79.

C On trouve parfois le **présent simple pour renvoyer au révolu**. De nouveau c'est aux faits en eux-mêmes que s'intéresse l'énonciateur.

Après avoir relaté la mort de son frère, la narratrice d'un roman de Margaret Atwood conclut : *"This is how my brother enters the past."* (C'est ainsi que mon frère entre dans le passé.) Grâce au présent, la narratrice fait comme si la mort avait lieu « en direct ».

L'emploi du présent simple pour renvoyer au révolu est un phénomène moins fréquent qu'en français. On l'utilise plus à l'oral qu'à l'écrit (pour rendre un récit plus vivant), notamment pour raconter des histoires drôles.

*It's the story of a man who **goes** into a pub and **sees**...* C'est l'histoire d'un homme qui entre dans un pub et voit...

Il est également fréquent dans les titres de journaux.

Manchester United enters quarter final. Manchester United va en quart de finale.

2 Le présent continu ou présent en be + ing

« Présent continu » signifie littéralement présent décrivant un événement qui continue au moment présent. On parle souvent de présent progressif, c'est-à-dire de présent qui décrit une action en cours. Un étiquetage plus neutre consiste à dire **présent en *be + ing***, (emploi de l'auxiliaire ***be*** conjugué au présent et du verbe + ***ing***).

FORME : *BE* CONJUGUÉ AU PRÉSENT + VERBE + *ING*

AFFIRMATION	INTERROGATION	NÉGATION
I **am** working	**Am** I working?	I **am** not working
He / she / it **is** working	**Is** he / she / it working?	He / she / it **is** not working
We / you / they **are** working	**Are** we / you / they working?	We / you / they **are** not working

• Forme interro-négative :
Am I not...? (à l'oral ***Aren't** I...?*) / ***Isn't** he...? (Is he... not?)*
***Aren't** you…? (Are you... not?)*

• Formes contractées :
*I'**m** / he'**s** - she'**s** - it'**s** / we'**re** / you'**re** / they'**re** working*

*I'**m** **not** / he'**s** **not** ou he **isn't** - she'**s** **not** ou she **isn't** - it'**s** **not** ou it **isn't** working / we'**re** **not** ou we **aren't** / you'**re** **not** ou you **aren't** / they'**re** **not** ou they **aren't** working*

• Orthographe :
– Lorsque le verbe se termine par **-e**, le **e** disparaît : *love* ► *lov**ing***. Ceci ne se produit pas pour les verbes se terminant par *-ee* : *see* ► ***seeing***.

– Les verbes se terminant par **-y** ne changent pas : *carry* ► *carr**ying***.

– Lorsque le verbe se termine par *-c*, on ajoute un *-**k*** : *picnic* ► *picnic**k**ing*.

La consonne est doublée :

– si le verbe ne comporte qu'une syllabe et se termine par une voyelle brève et une seule consonne :

stop ► *stopping* / *nod* ► *nodding* (le son reste bref ; le non-redoublement de la consonne entraînerait une diphtongaison) ;

– si le verbe comporte deux ou plus de deux syllabes, si la dernière syllabe est accentuée, ne contient qu'une voyelle et se termine par une consonne :

prefer (accentué sur *fer*) ► *preferring* / *begin* ► *beginning*
mais *enter* (accentué sur *en*) ► *entering*

En anglais britannique, les verbes qui se terminent par *l* doublent le *l* si une seule voyelle précède (même si la dernière syllabe n'est pas accentuée) : *travel* ► *travelling* (accent sur la première syllabe et pourtant redoublement de la consonne).

En anglais américain, le redoublement n'intervient que si la dernière syllabe est accentuée : *traveling* mais *rebelling*...

En anglais britannique, les trois verbes **handicap**, **kidnap**, **worship** (adorer) doublent le **p** : *worship* ► *worshipping*.

EMPLOI

A **Renvoi au moment présent.**

> **Be** + **ing** s'emploie lorsque l'événement est perçu à un **moment** de son déroulement. **Be** est conjugué au présent : il renvoie au moment **présent**.

What are you smiling at? Qu'est-ce qui te fait sourire ?
[L'action est saisie **en train de** se dérouler, en cours de réalisation.]

> **L'effet** produit par le présent en **be** + **ing** est un **arrêt sur image** : l'énonciateur montre l'événement arrêté dans son déroulement.

• **Cet arrêt sur image permet de signaler un fait (une action) temporaire.** Comparez :

*He **is** living with friends at the moment.* **En ce moment**, il vit chez des amis.
*He **lives** in New York.* Il vit à New York. [sous-entendu : en général]

*She's **coming** from New York.* Elle arrive de New York.
*She **comes** from New York.* Elle vient de / elle est de New York.

Be + **ing** peut aussi être employé pour exprimer une **habitude temporaire.**

*Because of the snow she **is** not dri**ving** to work this week.* A cause de la neige, elle ne prend pas sa voiture pour aller travailler cette semaine.

• **Il permet d'insister sur un fait ou une action**. Il est en quelque sorte sous-entendu : « Je vous assure que ce que j'énonce est vrai. »

*"Don't be so silly!" "**I'm** not be**ing** silly."* « Ne fais pas l'imbécile ! » « Mais je ne fais pas l'imbécile. »

*That's why I came back. And that's why **I'm** stay**ing**.* C'est la raison pour laquelle je suis revenue et c'est pourquoi je reste, quoiqu'il arrive / j'ai bien l'intention de rester.

*If you vote Smith, you**'re** vot**ing** for a fascist.* Si vous votez Smith, sachez bien que vous votez pour un fasciste. [Cet énoncé correspond à une mise en garde. *You vote for a fascist* serait plus factuel.]

• Ceci est notamment le cas pour les **verbes de sensation *feel, hurt, ache***.

I feel *sick. Mother, **I'm feeling** sick.* Je ne me sens pas bien [≈ j'annonce que je me sens mal], Maman, c'est vrai, je me sens vraiment mal.

Présent simple ou présent continu ?

• Au présent, l'énonciateur a rarement le choix entre la forme simple et le présent en ***be + ing***. L'emploi de ***be + ing* s'impose** quand l'énoncé décrit une action en déroulement, en train de se produire. Si je veux signaler qu'il pleut en ce moment, je ne peux pas dire : ~~it rains~~, je dois dire : ***it's raining***.

• Rappelons que **certains verbes d'état** sont **peu compatibles** avec ***be + ing*** (*understand / seem / depend / know*... : voir page 11). **Cette forme n'est pas pour autant exclue dans l'emploi de ces verbes** :

– Avec ***be + ing***, le **sens** du verbe peut être **différent**.

I think. Je pense. / *I'm thinking.* Je réfléchis.

She is American. Elle est américaine. / *She is being American.* Elle fait son Américaine.

Exceptionnellement, l'énonciateur peut vouloir imposer une **nuance d'inachèvement** à un verbe qui exprime le plus souvent un résultat.

*She **is** look**ing** more and more like her mother.* Eh bien, elle ressemble vraiment de plus en plus à sa mère.

*God knows what this meal **is** cost**ing** me!* Dieu seul sait ce que ce repas est en train de me coûter !

– Les **verbes de position *sit*** (être assis), ***stand*** (être debout) et ***lie*** (être allongé) s'emploient généralement avec ***be + ing*** au présent.

*"Where is she?" "She**'s sitting** by the fireplace."* « Où est-elle ? Elle est assise au coin du feu. » [Comme on envisage que *she / sit by the fireplace* peut s'interrompre, l'événement est conçu en déroulement.]

Quand le sujet est inanimé, on emploie la forme simple.

The house stands on solid foundations. La maison repose sur de solides fondations.

[L'événement n'est pas perçu en déroulement ; *stands* exprime plutôt un résultat.]

> Dans les exemples du type : *Whenever I go to London, it's raining!* (A chaque fois que je vais à Londres, il pleut !), *be* + *ing* signale qu'il est en train de pleuvoir non pas au moment où je parle, mais à **chaque fois que** se réalise la proposition *I / go to London.*
>
> On pourrait également dire : *Whenever I go to London, it rains.* (A chaque fois que je vais à Londres, il se met à pleuvoir.), mais dans ce cas, il se met à pleuvoir une fois que je suis arrivé à Londres (alors que dans : *it's raining*, il pleut **déjà**).

C **Les adverbes de fréquence et le présent en *be* + *ing*.**

• Accompagné d'un adverbe de fréquence *(always, continually, forever...)*, le présent en *be* + *ing* implique **un point de vue dépréciatif**. L'adverbe de fréquence utilisé avec *be* + *ing* est fortement accentué.

*You're **always** making the same mistake.* Tu t'obstines à faire toujours la même erreur.

[Cet énoncé traduit une nette irritation de la part de l'énonciateur.]

• Comparons le présent en *be* + *ing* : *he is **always** going shopping after work*, et le présent simple : *he **always** goes shopping after work.*

Le premier énoncé pourrait se traduire par : « Il **faut toujours** qu'il fasse des courses après son travail. » Il exprime un **point de vue subjectif**, **dépréciatif**.

Le second pourrait se traduire par : « Il **fait** toujours ses courses après son travail. » Il exprime un **point de vue objectif**, **factuel** (sous-entendu : « C'est comme ça, je constate simplement qu'il fait des courses après son travail. »). On trouve le même phénomène avec le prétérit.

• Il est remarquable qu'avec des adverbes comme ***always,*** on peut toujours employer *be* + *ing* (y compris avec des verbes peu compatibles avec cette forme).

*She is **always** knowing things better than anyone else.* Il faut toujours qu'elle sache mieux que les autres.

D **Le présent en *be* + *ing* et le renvoi à l'avenir.**

• Le présent en *be* + *ing* permet d'annoncer la réalisation d'une action **déjà envisagée**, d'une action convenue d'avance. L'action prévue est le fruit de préparatifs personnels.

*What **are** you **doing** tonight?* Qu'as-tu prévu de faire ce soir ?

Comparez :

*I'm **leaving** at 6 p.m.* Je pars à 6 heures. [Je me suis organisé pour partir à 6 heures.]

*I **leave** at 6 p.m.* Je pars à 6 heures. [Horaire officiel.]

• Cet emploi de **be** + **ing** permet parfois d'exprimer une **intention** : *he is coming tomorrow* signale tout d'abord que *he / come tomorrow* a été « déjà envisagé » et, selon le contexte, une intention du sujet *he*. L'emploi de **not** implique la négation de ce « déjà envisagé », d'où la valeur de volonté que l'on trouve assez souvent avec **be** + **not** + **ing**.

*I'm **not** coming tonight.* Je n'ai pas l'intention de venir ce soir.

*He **is** not entering my house anymore.* Pour moi, il est hors de question qu'il revienne ici.

• L'emploi du présent en **be** + **ing** est bien plus fréquent pour renvoyer à l'avenir que le présent simple (voir page 38).

Face aux trois emplois que nous venons de voir (renvoi au moment présent, emploi avec des adverbes de fréquence, renvoi à l'avenir), il est possible de voir un point commun : **be** + **ing** signale systématiquement un **point de vue de l'énonciateur**.

Dans le premier cas (renvoi au moment présent), il nous montre **sa façon à lui** de voir l'événement ; c'est lui qui opère un arrêt sur image, alors qu'avec le **présent simple**, l'énonciateur est **plus factuel**. Dans : *Water boils at 100 degrees,* il se contente de donner un fait brut. Dans : *Look! The water is boiling*, il se fait observateur d'un événement en train de se produire.

Dans le second cas (**be** + **ing** et les adverbes de fréquence), le point de vue dépréciatif est manifeste.

Dans le troisième cas (renvoi à l'avenir), on oppose une organisation personnelle subjective : *I'm leaving,* à un horaire officiel, objectif : *I leave.*

4 Le prétérit

Le mot « prétérit » vient du latin *praeteritus* qui signifie « passé ».
Comme pour le présent, on distingue un prétérit simple et un
prétérit composé (auxiliaire **be** + V-***ing***) parfois appelé prétérit
continu.

Pour commencer

1 Le prétérit simple

FORME

AFFIRMATION	INTERROGATION	NÉGATION
Verbes « réguliers » *He work**ed***	*Did* + Sujet + V ? *Did you work?*	Sujet + *did not* + V *He did not work*
Verbes irréguliers[1] *He went*	*Did he go?*	*They did not go*

1. Voir p.338.

• **Forme interro-négative** :

Didn't I... work? (Did I... not work?)

• **Forme contractée** :

*I... **didn't** work*

• **Prononciation de -ed** :

/ t / après les consonnes sourdes / f /, / k /, / s /, / ʃ /, / p /, / θ / :
laughed, kicked, kissed, cashed, stopped, frothed ;

/ ɪ**d** / après / t / ou / d / : *waited, succeeded* ;

/ **d** / dans tous les autres cas (après les consonnes sonores et les voyelles) : *changed, called, stayed.*

> Attention à la prononciation de *said* : / sed / et non / ~~seɪd~~ /.
> Les prétérits de *lay* et *pay* sont réguliers à l'oral : / leɪd / et / peɪd / mais s'écrivent *laid* et *paid* et non ~~layed~~ et ~~payed~~.

• **Orthographe** :

Lorsqu'un verbe se termine par **-e**, on ajoute seulement **-d** : *love* ► *loved* / *agree* ► *agreed.*

Les verbes qui se terminent par **-c** font leur prétérit en **-ck** : *panic* ► *panicked.*

Le **-y** suivant une consonne devient **-i** : *carry* ► *carried* mais *obey* ► *obeyed.*

La consonne est doublée :

– si le verbe comporte une syllabe et se termine par une voyelle brève + consonne :

stop ► *stopped* / *nod* ► *nodded* (le son reste bref ; le non-redoublement de la consonne entraînerait une diphtongaison) ;

– si le verbe comporte deux ou plus de deux syllabes, si la dernière syllabe est accentuée, ne contient qu'une seule voyelle et se termine par une consonne :

prefer (accentué sur *fer*) ► *preferred*
mais **ans**wer (accentué sur *an*) ► *answered*

Pour les verbes se terminant en **-l** ou **-p**, voir la règle de redoublement de la consonne, page 40.

EMPLOI

> Le prétérit exprime une **rupture par rapport au présent**. Cette rupture peut concerner le moment présent : le prétérit renvoie au révolu (cas le plus fréquent). Elle peut concerner la réalité présente (prétérit du non-réel).

Le prétérit exprime une **rupture** par rapport au **moment présent**.

*I **saw** her **yesterday**.* Je l'ai vue hier.

Le prétérit peut aussi renvoyer au **non-réel**.

*Oh, if you **were** here!* Si seulement tu étais là ! [*You* n'est pas là.]

> La forme la plus fréquente pour renvoyer au révolu en anglais est le prétérit simple. Il s'emploie pour renvoyer à un événement complètement terminé, **sans rapport avec le présent.**

• *Her suitcase **was** open on the bed.* Sa valise était ouverte sur le lit.

L'énonciateur parle d'un **état révolu**, classé dans le passé.

• *When he was eight, he **emigrated** to the U.S.A.* A huit ans, il a émigré (il émigra) aux Etats-Unis.

L'énonciateur parle d'un **fait révolu**, classé dans le passé.

• *In those days, he **took** the train to London every morning.* En ce temps-là, il prenait le train pour aller à Londres tous les matins.

L'énonciateur parle d'un **fait habituel révolu**, classé dans le passé.

• Le prétérit simple est la forme par excellence du **récit** (lorsque l'énonciateur relate une succession d'événements vrais ou imaginaires).

*I **got** up, and he **asked** me my name, and then he **looked** down at the list and **made** a tick with a pencil.*

Je me suis levé (je me levai) et il m'a demandé (il me demanda) mon nom, puis il a parcouru (il parcourut) la liste et y a porté (y porta) une croix au crayon.

En effet, lorsqu'on raconte quelque chose, les faits relatés appartiennent à un moment coupé du présent (en rupture avec le présent). Ils apparaissent dans leur ordre chronologique.

 Notez l'emploi du passé composé ou du passé simple en français, selon le niveau de langue.

> Etant donné que le prétérit signale une rupture avec le moment présent, il est logique de l'employer avec les indications temporelles qui expriment une rupture par rapport au présent :
>
> *yesterday, last week, in 1994, on April 28th, three months ago, during the war, formerly* (autrefois)...
>
> *I **saw** them yesterday / three months ago / in 1994...*
> Je les ai vus hier / il y a trois mois / en 1994...
>
> Avec de telles indications temporelles, l'emploi de ***have*** + V au participe passé serait **totalement agrammatical**, car ***have*** + V au participe passé exprime un lien avec le présent.

Tout comme avec le présent simple, avec le prétérit simple l'énonciateur se veut avant tout factuel : il énonce des faits bruts considérés en eux-mêmes. Avec le prétérit **simple**, ce sont les événements qui sont mis en avant ; avec **be** + **ing**, c'est la perception de l'événement par l'énonciateur qui est mise en avant ; avec **have** + participe passé, c'est le lien avec le présent.

B Rupture avec le moment présent : prétérit de discours indirect.

• Le prétérit est employé dans la mise au **discours indirect**.

*He **said**, "I want to go on holiday."* [discours direct]
*He **said** he **wanted** to go on holiday.* [discours indirect]
Il dit : « Je veux partir en vacances. » Il dit qu'il voulait partir en vacances.

Les paroles : *I want to go on holiday* ont été prononcées au présent (*want*), mais comme elles sont subordonnées à un verbe introducteur (*said*) qui est au prétérit, au style indirect on trouvera facilement le prétérit : *He said he want**ed**...*

> Le prétérit de discours indirect est une marque de dépendance par rapport à un autre verbe au prétérit.

• Le passage du présent (*I **want** to go on holiday*) au prétérit (*he **wanted** to go on holiday*) n'est cependant pas systématique. Tout dépend du contexte, du moment de l'énonciation ou du contenu du message.

Si les paroles ont été prononcées ce matin, je peux les rapporter en disant :

*This morning, he **told** me he **wants** to go on holiday.* Ce matin, il m'a fait part de son intention de partir en vacances.

La relation *he / want to go on holiday* est encore vraie ce soir, je ne marque pas de rupture.

*Galileo **showed** that the Milky Way **is** composed of stars.* Galilée a démontré que la Voie Lactée est composée d'étoiles.

La relation *Milky Way / be composed of stars* est encore vraie actuellement, c'est une vérité qui n'est pas révolue.

• Dans les propositions **subordonnées en if et when**, on emploie le prétérit et non le **would** dit « conditionnel » (voir pages 291 et 296).

*Anthony said we would talk about it when Lucy **arrived**.* Anthony a dit que nous en parlerions lorsque Lucy arriverait.

• **Le discours indirect libre** (voir page 306).

*Tears of indignation came to Lucy's eyes – partly because Miss Lavish had jilted her, partly because she had taken her guide book. How **could** she find her way home? Her first morning **was** ruined, and she might never be in Florence again.* (E. M. Forster)

Les yeux de Lucy se remplirent de larmes d'indignation : Miss Lavish l'avait abandonnée et de plus, elle avait emporté son guide. Comment pouvait-elle retrouver le chemin du retour ? Sa première matinée était gâchée alors qu'elle ne reviendrait peut-être jamais à Florence.

Nous nous situons dans la conscience du personnage Lucy, qui se retrouve abandonnée de Miss Lavish et sans guide et qui pense : *"My first morning **is** ruined."*

Ceci donne au discours indirect : *She **said** to herself that her first morning **was** ruined* (passage de *my* à *her* et du présent au prétérit). Au style indirect libre, la phrase introductrice (*she said to herself* ou *she thought to herself*) n'apparaît pas. En français, on fait appel à l'imparfait.

C **Rupture avec la réalité présente : le prétérit du non-réel.**

Le **prétérit du non-réel** ne sert pas à renvoyer au révolu, mais à l'**hypothétique**, à l'**imaginaire**. Les faits sont situés dans le non-réel (donc en rupture avec la réalité présente). Ce prétérit est parfois appelé prétérit modal.

Au prétérit du non-réel, le verbe **be** se conjugue **were** à toutes les personnes.

*If I **were** you...* Si j'étais à ta place...
*I wish he **were** here.* J'aimerais qu'il soit ici.

En anglais parlé cependant, on entend assez souvent **was** au singulier :
I wish he was here.

L'expression **as it were** (pour ainsi dire) incorpore un « prétérit du non-réel ».

Le prétérit du non-réel s'emploie :

• **Après certaines conjonctions** : *if* (si) / *as if, as though* (comme si) / *even if, even though* (même si)...

*She behaves as though she own**ed** the whole place.* Elle se conduit comme si tout lui appartenait.

*As if it **mattered**!* Comme si cela avait de l'importance !
*I would take care if I **were** you.* A ta place, je ferais attention.

Lorsque le non-réel concerne un moment révolu, l'énonciateur emploie **had** + participe passé.

*If she **had arrived** sooner, we could have gone out for a drink.* Si elle était arrivée plus tôt, nous aurions pu aller prendre un verre.

L'événement – à un moment révolu – est nécessairement nié (sous-entendu : elle n'est pas arrivée plus tôt).

• **Après certains verbes** : *imagine / suppose / wish*...

*I wish I **had** more time.* J'aimerais avoir plus de temps.

Après *if*, le prétérit signale que l'événement est nié dans le présent : *if you were here* (si tu étais là) [sous-entendu : tu n'es pas là] ou peu envisageable dans l'avenir : *if it stopped raining, we could go out* (s'il s'arrêtait de pleuvoir, nous pourrions sortir) [l'énonciateur sous-entend que la chose est peu probable].

Avec le présent, l'énonciateur est plus neutre : *if it stops raining* (s'il s'arrête de pleuvoir) [sous-entendu : il peut s'arrêter de pleuvoir comme il peut ne pas s'arrêter de pleuvoir].

Comparez ces trois énoncés :

*I wish I **had** more time.* J'aimerais avoir plus de temps.
[Ce n'est pas le cas maintenant.]
*I wish I **had had** more time.* J'aurais aimé avoir plus de temps.
[Ce n'était pas le cas à un moment du révolu.]
*I wish I **could have** more time.* Si seulement je pouvais avoir plus de temps.
[C'est encore envisageable, mais peu probable.]

• **Après certaines expressions verbales** : *would rather* ou *'d rather* (préférerais) / *it's time* (il est temps de...) / *it's about time, it's high time* (il est grand temps)...

*She would rather you **stayed** at home.* Elle préférerait que tu restes à la maison.

Pour renvoyer au révolu avec *would rather*, l'énonciateur utilise **had** + **participe passé** dans la proposition subordonnée.

*She'd rather you **had stayed** at home.* Elle aurait préféré que tu restes à la maison.

Le sous-entendu est négatif : *you* n'est pas resté à la maison à un moment révolu. En français, la marque du renvoi au révolu apparaît dans la proposition principale (elle aurait préféré). On aurait aussi pu trouver en anglais : *she would have preferred you to stay at home.*

Ces expressions verbales peuvent également être suivies d'un **infinitif**.

*They would rather **stay** at home than go out for a drink.*
Ils préféreraient rester à la maison plutôt que d'aller prendre un verre en ville.
[Structure employée quand le sujet de l'infinitif est le même que celui de *would rather*, ici *they*. Cette structure admet facilement une proposition comparative : *than go out for a drink*.]

*It's (about / high) time **to go**.* Il est grand temps de partir.
[Emploi de *to* obligatoire. Le sujet de *go* est implicite : il inclut généralement l'énonciateur et quelques personnes qui l'entourent.]

Le sujet peut être introduit à l'aide de ***for***.

It's time for you to go. Il est temps que vous partiez.

• **Dans les requêtes**, surtout à la première personne (prétérit dit de politesse).

*I **wanted** to see you about our next meeting.*
Je voulais vous voir au sujet de notre prochaine réunion.
*I **wondered** whether you could help me.*
Je me demandais si vous pouviez m'aider.

Dans ces énoncés, l'énonciateur fait comme s'il n'était pas sûr de vraiment vouloir (*I wanted*) ou de vraiment se demander quelque chose (*I wondered*).

D **Comment traduire le prétérit simple en français ?**

Quand on traduit un prétérit en français, on a le choix entre :

• **Le passé simple** (temps du récit à l'écrit) ;

*At this point the watchman **came out** of his hut.* C'est alors que le garde **sortit** de sa cahute.

• **Le passé composé** (temps du récit mais style moins soutenu) ;

*At this point... the watchman **came out**...* Alors, le garde **est sorti**...

• **L'imparfait** :

– **pour les verbes d'état** ;

*At the time, he **was** eight.* A l'époque, il **avait** huit ans.

– **pour une action qui se répète** ;

*I **went** ice skating everyday.* Je **faisais** du patin à glace tous les jours.

– **pour renvoyer au non-réel** ;

*If you really **knew** her...* Si tu la **connaissais** vraiment...

– **pour le discours indirect**.

*He said he **wanted** to go on holiday.* Il a dit qu'il **voulait** partir en vacances.

---

2 **Le prétérit continu ou prétérit en be + ing**

FORME

AFFIRMATION	INTERROGATION	NÉGATION
I / he / she / it **was** working We / you / they **were** working	**Was** I / he / she / it working? **Were** we / you / they working?	I / he / she / it **was** not working We / you / they **were** not working

• **Forme interro-négative :**

***Wasn't** I... working? (Was I... not working?)*
***Weren't** we... working? (Were we... not working?)*

• **Formes contractées :**

*I / he - she - it **wasn't** working / we / you / they **weren't** working*

• **Orthographe** de V-***ing*** : voir pages 39-40.

EMPLOI

> Le prétérit en ***be*** + ***ing*** s'emploie lorsque l'événement est perçu à un **moment de son déroulement** dans le **passé**.

A Déroulement dans le passé.

• Comme pour le présent en ***be*** + ***ing***, l'énonciateur montre l'événement arrêté dans son déroulement mais à un moment révolu.

*"What **were** you **doing** this time yesterday?" "I **was reading** a book on modern history."* « Que faisiez-vous à cette heure-ci hier ? » « Je lisais un livre d'histoire moderne. »
[Le fait de lire un livre est montré en cours de déroulement à un moment révolu correspondant à *this time yesterday*.]

• Comme au présent, l'effet permis par ***be*** + ***ing*** est un arrêt sur image. Cet **arrêt sur image** permet parfois d'insister sur un événement.

*I had never in my life felt so exhilarated. My plan **was working**!* Je n'avais jamais ressenti une telle exaltation de ma vie. Mon projet réussissait enfin.

*"I didn't want to come to your house just to play the Court Jester." "You **weren't** being asked to play that role."* « Je ne voulais pas venir chez vous juste pour jouer les bouffons. » « Ce n'est absolument pas ce qu'on attendait de vous. »
Remarquez la traduction à l'aide de : « Ce n'est absolument pas... »
La combinaison ***be*** + ***ing*** correspond à une remise en cause très forte de ce qui vient d'être dit (ou sous-entendu). Comparez avec : *You weren't asked to...* (On ne vous a pas demandé de...) qui est plus factuel.

• Remarquez l'emploi de ***always*** dans l'énoncé suivant :

*My mother was full of schemes. She **was always** reading the back pages of magazines...* Ma mère avait des tas de projets. Elle passait son temps à lire les dernières pages des magazines...

Combiné avec ***be*** + ***ing***, ***always*** est toujours accentué, ce qui confirme la mise en valeur de l'énoncé. Ce dernier a une valeur dépréciative. *She always read the back pages of magazines* correspondrait à une annonce factuelle, sous-entendu : je vous signale que *she / read the back pages* avait toujours lieu. *Always* ne serait pas accentué ici.

B **Déroulement dans le passé + valeur de contraste.**

> Le prétérit en **be** + **ing** est fréquemment utilisé en **contraste** avec un prétérit simple. Dans ce cas, l'événement rapporté à l'aide de **be** + **ing** constitue un cadre à l'intérieur duquel a eu lieu l'événement au prétérit simple.

*While he **was** cook**ing** dinner, the telephone rang.*
Pendant qu'il préparait le dîner, le téléphone a sonné.
[*he was cooking dinner* = cadre de l'événement ; *the telephone rang* = événement passé inclus dans ce cadre ; *he was cooking* est vrai avant et peut-être après la sonnerie]

*Suddenly she noticed that one of the boys **was** not work**ing**.*
Elle remarqua tout à coup qu'un des garçons ne travaillait pas.
[Le fait de ne pas travailler est vrai avant et après *she noticed.*]

*"We must get a taxi," my mother said. We **were** wear**ing** ordinary hats and coats, and it **was** rain**ing** quite hard.*
« Il faut prendre un taxi, » dit ma mère. Nous portions nos chapeaux et nos manteaux de tous les jours et il pleuvait beaucoup.
[*We were wearing* et *it was raining* sont vrais avant et après *my mother said.*]

C **Prétérit simple ou prétérit continu ?**

Précisons qu'au prétérit, l'énonciateur est plus libre qu'au présent de choisir entre la forme simple et **be** + **ing**.

• Observons quelques oppositions :

*We **were** driv**ing** to Paris when the engine broke down, so that we spent our holidays in London instead of Paris.* Nous étions en route pour la France, lorsque le moteur est tombé en panne, aussi avons-nous passé nos vacances à Londres au lieu de les passer à Paris.

We were driving to Paris : le fait d'aller à Paris était inachevé à un moment donné du révolu = *when the engine broke down* (en l'occurrence, l'événement est resté inachevé, puisque *we* n'est pas arrivé en France).

*We **were** driv**ing** to Paris, looking forward to our stay there. But when we arrived, we noticed that our hotel had been turned into a McDonald restaurant.* Nous roulions vers Paris, enchantés à l'idée de ce séjour. Mais à notre arrivée, nous avons découvert que notre hôtel avait été transformé en McDonald.

We were driving to Paris : à un moment du passé, le fait d'aller à Paris était inachevé, mais la suite du texte montre que l'événement est finalement arrivé à son terme : *but when we arrived...*

*We **drove** to Paris, spent a week there, then moved on to the Riviera before ending up in Italy.* Nous sommes allés en voiture à Paris, nous y avons passé une semaine, puis nous avons repris la route jusqu'à la Côte d'Azur pour nous retrouver finalement en Italie.

Le fait d'aller à Paris est vu de façon globale (comme un point sur la ligne du temps) ; nous savons d'emblée, en écoutant l'énoncé : *we drove to Paris,* que l'événement est arrivé à son terme.

• **Avec les verbes de position**, on trouve le prétérit simple ou *be* + *ing*.

*She **sat** by the fireplace.* Elle était assise au coin du feu.
[vision globale, comme un point sur la ligne du temps]

*She **was sitting** by the fireplace.* [vision en déroulement]

On voit ainsi que le prétérit simple propose une **vision globale** d'un événement, alors que le prétérit en *be* + *ing* montre l'événement à un **moment de son déroulement** dans le passé.

• Le prétérit en *be* + *ing* s'emploie parfois pour exprimer une **requête** polie ou une **suggestion** prudente.

*I **was wondering** if you could come round for tea this afternoon?* Est-ce que par hasard tu pourrais venir prendre le thé chez nous cet après-midi ?

*I **was thinking** of visiting them tomorrow.*
J'avais assez envie de leur rendre visite demain.

Malgré l'emploi du prétérit, ces énoncés concernent la situation présente. Le prétérit en *be* + *ing* permet une **distance** par rapport au simple fait (d'espérer ou de vouloir) : *I was hoping / I was wondering* est moins abrupt, plus hésitant que *I hope / I wonder.* C'est logique : avec la forme simple, c'est toujours le fait brut qui importe.

> Remarquez l'utilisation particulière de *want* au prétérit en *be* + *ing* dans : *Were you wanting something?* Peut-être vouliez-vous me demander quelque chose ? [emploi peu fréquent] Nous savons que *want* est peu compatible avec *be* + *ing*, mais ici *be* + *ing* n'est pas employé pour signaler que quelque chose est en cours de déroulement ; *be* + *ing* est l'expression d'une hésitation, c'est une façon de ne pas énoncer un fait brut.

Rappelons que certains verbes (voir page 11) sont peu compatibles avec *be* + *ing* (*understand, seem, know, depend...*).

We all knew that the situation was hopeless.
Nous savions tous que la situation était désespérée.

> En résumé, tout comme avec le présent simple, avec le **prétérit simple**, l'énonciateur se veut avant tout **factuel** : il énonce des faits bruts considérés en eux-mêmes, alors qu'avec *be-ing*, c'est la **perception de l'énonciateur** qui est mise en avant.

D **L'imparfait français et le prétérit en *be* + *-ing*.**

• Le prétérit en *be* + *ing* se traduit presque toujours par l'imparfait qui implique alors une action envisagée dans son déroulement.

Mais l'imparfait ne se traduit pas toujours par **be** au prétérit + V-**ing**.

On peut dégager **quatre valeurs principales de l'imparfait en français :**

• **Valeur « en train de »** : L'homme s'avanç**ait** doucement dans la nuit.

▶ Prétérit en **be** + **ing** : *The man **was walking** slowly into the night.*

• **Habitude passée** : Nous sort**ions** tous les soirs / une fois par semaine lorsque nous étions étudiants.

▶ Prétérit simple : *We **went** out every night / once a week when we were students* (ou *we used to go out* ou *we would go out*).

• **État ou fait révolu** : En 1995, j'habit**ais** Madrid, j'av**ais** 15 ans et je parl**ais** parfaitement l'espagnol.

▶ Prétérit simple : *In 1995 I **lived** in Madrid, I **was** 15 years old and I **spoke** perfect Spanish.*

• **Expression du non-réel** après la conjonction « **si** » : Si elle le voul**ait**, elle pourrait réussir.

▶ Prétérit simple : *She could make it if she **wanted** to.*

On remarque donc que l'imparfait ne se traduit par le prétérit en **be** + **ing** que lorsqu'il a la valeur « en train de ». Dans les autres cas, il se traduit par le prétérit simple (voir page 45). Voir également ***used to*** et ***would***, page 113.

Dans certains emplois dits stylistiques, l'imparfait permet un ralenti dans une succession narrative.

« L'homme se redressa et se remit à courir. Mais au même moment, une balle l'**atteignait** à la jambe et l'homme s'écroula. »

L'imparfait pourrait facilement être remplacé par un passé simple ici : « Mais au même moment, une balle l'**atteignit** à la jambe. » Dans un tel contexte, il convient de traduire l'imparfait par le prétérit simple : *But at the same moment, a bullet hit his leg* (*was hitting* impossible ici).

E   ***Be*** + ***ing*** n'a **rien à voir** avec la durée. La durée dépend du **sens** du verbe et du **contexte**.

*Queen Victoria **reigned** from 1837 to 1901.* La Reine Victoria a régné de 1837 à 1901.

[Cet énoncé exprime une durée, comme le signale le complément circonstanciel : *from 1837 to 1901*. Et pourtant *was reigning* est impossible ici, car *from 1837 to 1901* est incompatible avec une vision en déroulement, inachevée, d'un événement : ce complément circonstanciel implique quelque chose de clos, d'achevé. Attention à ne pas confondre durée et vision en déroulement.]

5 Le present perfect

On utilise le terme **present perfect** en anglais : **present** car cette forme incorpore un présent, **perfect** (ou « parfait » en français), car le parfait est un point de vue (ou un « aspect ») qui exprime un lien entre le passé et le présent.

On distingue le present perfect simple : *I have written three letters* et le present perfect en *be* + *ing* (ou continu) : *I have been writing letters.*

Si l'on veut éviter l'étiquette « present perfect », on peut parler de *have* **au présent** + **participe passé**.

1 Le present perfect simple

FORME : *HAVE* PRÉSENT + VERBE AU PARTICIPE PASSÉ

AFFIRMATION	INTERROGATION	NÉGATION
I / we / you / they **have worked** He / she / it **has worked**	**Have** I / we / you / they **worked**? **Has** he / she / it **worked**?	I / we / you / they **have not worked** He / she / *it* **has not worked**

• **Forme interro-négative :**

Haven't I... *worked*? (*Have* I... *not worked*?)
Hasn't he... *worked*? (*Has* he... *not worked*?)

• Formes contractées :

I've / *you've* / *we've* / *they've worked*
He's / *she's* / *it's worked*

I haven't ou *I've not* / *you haven't* ou *you've not* / *we haven't* ou *we've not* /
they haven't ou *they've not worked*
He / *she* / *it hasn't* ou *he's not* / *she's not* / *it's not worked*

Pour les participes passés irréguliers, voir page 338.

• Orthographe et prononciation de V + *ed* : voir pages 44-45.

EMPLOI

> Le present perfect signale un **lien entre révolu (passé) et actuel
> (présent).**

Le lien entre passé et présent s'interprète de deux façons :

– **comme une continuité temporelle** : l'action n'est pas détachée du
présent ou continue jusqu'au présent ;

– **comme un résultat présent** : on considère le **résultat présent
d'une action passée.**

Ceci est logique, puisque la forme *have* présent + **participe passé**
inclut à la fois du **présent** (l'auxiliaire *have* est au présent) et du
passé (le participe passé du verbe lexical).

A Continuité entre passé et présent.

Le present perfect marque la continuité entre le révolu et l'actuel dans
les cas suivants.

• L'action n'est pas encore détachée du moment présent.

*I **have** not **seen** her this morning, have you?* Je ne l'ai pas vue ce matin, et toi ?

La matinée (*this morning*) n'est pas terminée. Elle est encore de l'actuel au moment où parle l'énonciateur. *I didn't see her this morning*
supposerait que l'énonciateur s'exprime après la matinée en question.

On utilise fréquemment *have* + **participe passé** pour rapporter
un événement récent que l'énonciateur ne détache pas encore du
présent.

*The Queen **has visited** St Bartholomew Hospital in London.* La Reine a visité
l'hôpital St Bartholomew à Londres.
*The President **has said** that he wouldn't increase taxes this year.* Le Président
a déclaré qu'il n'augmenterait pas les impôts cette année.

On parle parfois de *hot news present perfect* dans ce cas (*hot news* =
nouvelles toutes fraîches).

• **L'action vient de se produire** (notamment avec l'emploi de l'adverbe *just*). L'action n'est pas non plus détachée du moment présent.

I've just finished. Je viens de terminer.

En anglais américain, on trouve aussi *just* + **prétérit** (*I just finished*). Avec *have* + participe passé, le moment de l'action est conçu comme non détaché de l'actuel, alors qu'avec le prétérit, il est considéré en rupture avec l'actuel.

• **L'action, commencée dans le passé, continue dans le présent.**

I've always written with my left hand.
J'ai toujours écrit de la main gauche. [*I / write with my left hand* est encore vrai.]

He hasn't written to me for nearly a month.
Cela fait presque un mois qu'il ne m'a pas écrit. [*He / not write* est toujours vrai.]

I have known her since 1991.
Je la connais depuis 1991. [*I / know her* est toujours vrai.]

She has lived in Manchester all her life.
Elle vit à Manchester depuis toujours. [*She / live in Manchester* est toujours vrai.]

How long have you been here?
Depuis combien de temps es-tu là ? [*You / be here* est toujours vrai.]

> Remarquez l'emploi du présent dans la traduction des exemples qui incluent *for / since / all... / how long*.

Le fait que l'action commencée dans le passé continue dans le présent est explicité par un marqueur temporel : *always, for nearly a month* (*for* + durée), *since 1991* (*since* + point de départ), *all her life, how long?* (depuis combien de temps ?).

Les expressions adverbiales *ever* (« jamais » / « déjà », au sens de « à n'importe quel moment »), *so far* (jusqu'à présent) et *not yet* (pas encore) s'emploient également avec le present perfect, car elles impliquent un lien avec l'actuel.

Have you ever driven a Jaguar? As-tu déjà conduit une Jaguar ?
So far, I haven't received any reply. Jusqu'à présent, je n'ai pas reçu de réponse.
I haven't read that book yet. Je n'ai pas encore lu ce livre.

B **Résultat présent d'un événement passé.**

Le present perfect permet de **faire un bilan** d'un événement passé par rapport à l'actuel. Ce qui importe, c'est le **résultat présent** de l'événement.

I can see you have washed your hair.
Tu t'es lavé les cheveux, **ça se voit**. [On a un résultat présent : les cheveux sont lavés, d'une action passée : se laver les cheveux.]

Have you already *been* to New York?
Est-ce que tu es déjà allé à New York ?

*It's the second time he **has lost** his keys.*
C'est la deuxième fois qu'il perd ses clefs. [**Actuellement** il en est à deux fois.]

Remarquez la structure : *It's the first / second... time +* ***have*** *+* **participe passé**. En français, on utilise le présent après « c'est la première fois, la deuxième fois que... » Cette expression en français suffit à indiquer un lien entre l'actuel et le révolu. L'anglais signale ce lien à l'aide d'un present perfect : marqueur du présent (*have* présent) et marqueur du passé (participe passé).

A l'aide du present perfect, l'énonciateur peut aussi signifier que ses propos sont intéressants pour la discussion présente. On peut parler dans ce cas **d'intérêt présent**.

*I must admit I **have made** mistakes, for example I **have prescribed** wrong doses of medecine.* Je dois avouer qu'il m'est arrivé de me tromper ; ainsi, j'ai prescrit de mauvaises doses de médicament.

Ce qui intéresse l'énonciateur ici (il s'agit d'un médecin britannique) n'est pas de renvoyer à un moment dans le passé où l'action a eu lieu (*make mistakes*), mais d'établir un lien entre cet événement du passé et la discussion présente sur la surcharge de travail des médecins en Grande-Bretagne.

C **Passé composé français et present perfect / prétérit.**

Le **passé composé** français se construit de la même façon que le present perfect anglais : **auxiliaire « avoir »** (parfois « **être** ») + verbe au **participe passé**. Malgré ces ressemblances, le passé composé et le present perfect **ne sont pas équivalents.**

Le passé composé a deux valeurs principales :

• **Rupture temporelle avec le moment présent**.

J'ai dû me lever de bonne heure ce matin. J'ai pris une douche rapide. Je n'ai même pas pris de petit déjeuner. J'ai fini mon travail en un temps record.

Il se traduit alors par le **prétérit**.

I had to get up early this morning. I took a quick shower. I didn't even have time to have breakfast. I finished my work in record time.

• **Résultat présent**.

Maman, j'ai fini mon travail. Je peux sortir ?

Il se traduit alors logiquement par le **present perfect** (*I have finished my homework*) qui signale un lien entre un moment passé et l'actuel.

N'oubliez pas que si l'énoncé inclut une indication temporelle en rupture avec le moment présent (*yesterday, on November 28, in 1995, ten years ago...*), le prétérit s'impose.

Nous nous **sommes rencontrés** il y a dix ans.
*We **met** ten years ago.*

Il est souvent dit que ***have*** + **participe passé** renvoie à un passé indéfini (non daté). Ce n'est pas le cas dans l'exemple : *I haven't seen her this morning*, où *this morning* est défini (ou lorsque ***have*** + participe passé exprime une continuité entre le passé et le présent).

Les grammaires affirment que lorsqu'un personnage est mort, on utilise le prétérit pour parler de lui. C'est vrai, mais lorsqu'un lien est créé avec le moment présent, on utilise ***have*** + participe passé.

Beethoven has written nine symphonies. Beethoven a écrit neuf symphonies. [Nous avons neuf symphonies de Beethoven à notre disposition.]

FOR OU SINCE ?

A **Comment traduire « depuis » ?**

« **Depuis** » est ambigu en français : « depuis trois heures » peut signifier « durant les trois dernières heures » (**depuis** + durée) ou « depuis qu'il est trois heures » (**depuis** + point de départ). L'anglais ne connaît pas une telle ambiguïté. Regardons les deux séries d'exemples suivantes :

*I have lived here **for three months / for ten years / for ages**.*
J'habite ici depuis trois mois / depuis dix ans / depuis une éternité.

*I have lived here **since October 10th / since 1994 / since the war / since they left.***
J'habite ici depuis le 10 octobre / depuis 1994 / depuis la guerre / depuis qu'ils sont partis.

Qu'observe-t-on ? En français, nous n'avons qu'un seul terme, « **depuis** », là où l'anglais utilise soit ***for*** + **durée**, soit ***since*** + **point de départ.**

« **Depuis combien de temps** » + **présent** se traduit par *How long* + present perfect.

*How long **have you been** here?* Depuis combien de temps es-tu ici ?

Le present perfect est tout à fait logique car cette forme signale un lien entre révolu et actuel ; dans : *How long have you been here?* le fait d'être là a commencé dans le passé et se poursuit actuellement.

B **Quelle forme verbale utiliser avec _for_ ou _since_ ?**

Pour répondre à cette question, il est utile de comparer l'emploi des temps en français et en anglais.

• Le **présent français** se traduit par le **present perfect** avec ou sans **be + ing**.

J'**habite** ici depuis dix ans.

► I **have lived** here for ten years ou I **have been living** here for ten years.

Dans cet emploi, il n'y a pas de rupture par rapport à l'actuel (le fait que j'habite ici est encore vrai). L'emploi du present perfect est donc logique. Si l'on compare : « J'habite ici depuis dix ans » et I _have lived here for ten years_, on remarque qu'en français le terme « **depuis** » suffit à indiquer le lien entre l'actuel et le révolu, là où l'anglais combine, logiquement, du présent (_have_) et du passé (_lived_).

• Le **passé composé** français se traduit par le **prétérit simple**.

J'**ai habité** Londres pendant dix ans.

► I **lived** in London for ten years.

Dans cet emploi, il y a rupture par rapport à l'actuel (ce n'est plus vrai maintenant), d'où l'emploi du prétérit.

• L'**imparfait** français se traduit par le **past perfect** (souvent accompagné de **be + ing**).

Il **neigeait** déjà depuis dix jours quand nous décidâmes de partir.

► It **had already been snowing** for ten days when we decided to leave.

Le past perfect (_had been snowing_) signale que l'événement _it / snow_ est antérieur à _when we decided to leave_ mais continuait à ce moment du révolu.

C **« Ça fait » + durée + « que » / « Il y a » + durée + « que »...**

Ces deux structures se traduisent également par **for**.

Ça fait trois ans **que** / **Il y a** trois ans **que** j'habite ici.

► I _have lived here_ **for three years**.

On trouve aussi, mais moins fréquemment **it is** + durée + **since**.

_It is_ three years **since** I have lived here.

Lorsque l'événement décrit après **since** exprime une **continuité** temporelle avec l'actuel, on utilise le **present perfect**. On emploie le **prétérit** s'il est en **rupture** avec l'actuel. Comparons :

It is three years **since** I **have lived** here. ► J'habite toujours ici.

It is three years **since** I last **visited** London.

Cela fait trois années que je n'ai pas visité Londres.

Ne confondez pas les deux emplois temporels de « il y a ».

• **« Il y a »** + **moment du passé** se traduit à l'aide de **_ago_**.

J'ai habité ici il y a trois ans. ► *I **lived** here three years ago.* [Il s'agit d'un moment du passé coupé du présent, d'où l'emploi du prétérit.]

• **« Il y a »** + **durée** se traduit à l'aide de **_for_** (ou plus rarement à l'aide de *it is* + durée + **_since_**).

Il y a trois ans que j'habite ici. ► *I **have lived** here for three years.*

2 Le present perfect en be + ing

On parle de **present perfect en _be_ + _ing_** car cette forme correspond au present perfect (auxiliaire **_have_** au présent + participe passé) auquel **_be_** + **_ing_** est ajouté.

*I **have** work**ed*** ► *I **have** be**en** working*
                have   participe passé

Remarquez que dans : *I have been working*, le participe passé du present perfect porte sur **_be_** (► *be**en***) et que *-ing* s'ajoute au verbe (► *work**ing***).

FORME : *HAVE BEEN* + V-*ING*

AFFIRMATION	INTERROGATION	NÉGATION
I / we / you / they **have been** *working* *He / she / it* **has been** *working*	***Have*** *I / we / you / they* **been** *working?* ***Has*** *he / she / it* **been** *working?*	*I / we / you / they* **have not been** *working* *He / she / it* **has not been** *working*

• **Forme interro-négative :**

Haven't *I...* **been** *working? (Have I... not been working?)*
Hasn't *he...* **been** *working? (Has he... not been working?)*

• **Formes contractées possibles :**

*I**'ve** / you**'ve** / we**'ve** / they**'ve** **been** working*
*He**'s** / she**'s** / it**'s** **been** working*

*I **haven't*** ou *I**'ve not** / you **haven't*** ou *you**'ve not** / we **haven't*** ou *we**'ve not** / they **haven't*** ou *they**'ve not** **been** working*

*He / she / it **hasn't*** ou *he**'s not** / she**'s not** / it**'s not** **been** working*

• **Orthographe** de **V** + *ing* : voir pages 39-40.

Tout comme le present perfect simple (*I have washed my car*), le present perfect en *be* + *ing* (*I have been washing* my car) signale un **lien entre révolu** (passé) **et actuel** (présent). La différence entre les deux formes réside dans l'emploi de *be* + *ing*.

Les verbes peu compatibles avec *be* + *ing* (*understand, know, depend...*) s'emploient, logiquement, avec le present perfect simple. On dira : *I **have known** her since 1991* (Je la connais depuis 1991) (et non ~~I have been knowing her since 1991~~).

La question qu'il faut se poser est donc la suivante : qu'apporte *be* + *ing* par rapport au present perfect simple ?

A **Continuité entre révolu (passé) et actuel (présent).**

• Le present perfect en *be* + *ing* indique que l'action commencée à un moment révolu continue dans l'actuel.

*She **has been** play**ing** tennis since she was eight / all her life.*
Elle fait du tennis depuis l'âge de huit ans / depuis toujours.

*He's **been** watch**ing** TV for two hours.*
Cela fait deux heures qu'il regarde la télévision.

*How long **have** you **been** work**ing** in London?*
Depuis combien de temps travaillez-vous à Londres ?

Cet emploi du present perfect en *be* + *ing* s'accompagne de marqueurs temporels : *since, all her life, for, how long*.

> Tous ces énoncés se traduisent par un **présent** en français (ce qui montre bien qu'ils expriment une continuité entre révolu et actuel.)
>
> Remarquez la traduction de : *How long* + present perfect en *be* + *ing* = « depuis combien de temps » + présent.

• **Present perfect simple ou present perfect en *be* + *ing* ?**

> On a nettement tendance à préférer le present perfect en *be* + *ing* au present perfect simple avec *for*, *since*... On dira : *He's been washing his car for two hours* (et non ~~He's washed his car for two hours~~.)

Toutefois, **avec certains verbes**, tels que *expect, feel, hope, learn, live, mean, rain, sleep, snow, stay, teach, wait, want, work* ou les verbes de position *lie, sit, stand*, on trouve soit le present perfect simple, soit le present perfect en *be* + *ing*.

*She **has lived** in London for twenty years.* Elle habite Londres depuis vingt ans.
*She **has been living** in London for twenty years.* Ça fait vingt ans qu'elle habite Londres.

Une nuance existe entre ces deux énoncés : **be** + **ing** permet de **mettre davantage en relief** l'énoncé. Remarquez la différence de traduction.

Elle habite Londres depuis vingt ans. [énoncé neutre]

Ça fait vingt ans qu'elle habite Londres. [sous entendu : « Rendez-vous compte ! »]

Quand le verbe décrit une activité, le present perfect en **be** + **ing** exprime plus explicitement un lien avec l'actuel. *She's been working for two hours* signale clairement que le sujet *she* n'a pas encore terminé de travailler. La nuance « pas encore terminé de » n'apparaît pas avec le present perfect simple.

She's worked for two hours. Elle travaille depuis deux heures.

She's been working for two hours. Cela fait deux heures qu'elle travaille et elle n'a pas terminé.

Dans cet énoncé, l'énonciateur insiste en outre sur la durée (*two hours*).

> Comment justifier la compatibilité forte entre « action commencée dans le révolu qui se continue dans l'actuel » et l'emploi de **be** + **ing** ? Comme nous l'avons déjà mentionné, **be** + **ing** signale un point de vue de l'énonciateur. Or la durée est très facilement l'expression d'un point de vue subjectif.
>
> On peut donc opposer durée objective (presque mathématique) : *he has worked for two hours* (c'est *for two hours* qui est important) et durée subjective : *he has been working for two hours* (sous-entendu : c'est long).
>
> Le present perfect en **be** + **ing** peut également avoir une valeur justificative. Dans : *He looks dazed. He's been watching TV for two hours* (Il est hébété. Cela fait deux heures qu'il regarde la télévision), l'énoncé au present perfect en **be** + **ing** permet de justifier l'état présent : *he looks dazed*.

B **Conséquences perceptibles d'une action passée.**

• Dans cet emploi du present perfect en **be** + **ing** , l'énonciateur signale qu'il perçoit dans sa situation présente les **traces d'une action passée**.

It has been raining. Tiens, il a plu.

[Sous-entendu : je vois des **traces présentes** (des flaques d'eau) d'une action passée, le fait de pleuvoir.]

La conséquence par rapport au moment présent peut être plus abstraite (moins visible), avec des verbes tels que *say, talk, tell, think, wonder.*

I've been thinking about it and I think we should get married. J'ai mûrement réfléchi et maintenant, je pense que nous devrions nous marier.

• Le present perfect en **be** + **ing** peut avoir une valeur de **justification**.

*"Your hands are dirty." "Of course, I **have been** repairing my car."*

  traces perceptibles   justification de ces traces

« Tu as les mains sales. » « Bien sûr, j'ai réparé ma voiture. »

Cette valeur se rencontre surtout lorsqu'on énonce en premier les traces perceptibles (*your hands are dirty*) et ensuite le segment au present perfect en ***be*** + ***ing*** (*I have been repairing my car*).

*There is a strange smell in here. **Have** you **been** cooking something?*
Il y a une odeur bizarre ici. Tu as fait de la cuisine ?

Avec : *Have you been cooking something?* l'énonciateur sent quelque chose maintenant et demande s'il a raison de déduire *you / cook something*.

• Le present perfect en ***be*** + ***ing*** permet parfois de **mettre en relief** les propos de l'énonciateur.

*You seem embarrassed: I wonder what he **has been telling** you behind my back.* Tu as l'air gêné : je me demande ce qu'il a bien pu te raconter sur moi.

Remarquez la traduction en français à l'aide de « ce qu'il a **bien** pu ». L'énonciateur est très affirmatif dans cet énoncé ; il sous-entend : « Je sais pertinemment qu'il t'a dit quelque chose. »

> Il est souvent dit que le present perfect en ***be*** + ***ing*** décrit une **action récente**. En effet, en signalant qu'une action passée a laissé des traces dans la situation présente, on sous-entend facilement que l'action a eu lieu récemment. C'est pourquoi *I have been repairing my car* peut se traduire par : « J'ai réparé ma voiture » ou « Je viens de réparer ma voiture ».
>
> D'autre part, le present perfect en ***be*** + ***ing*** ne sous-entend pas nécessairement que l'action décrite est terminée : dans *I have been repairing my car,* le sujet grammatical *I* peut ne pas avoir terminé la réparation (ce qui importe pour lui, ce sont les traces présentes du fait de réparer et non le résultat présent).

• **Present perfect simple ou present perfect en *be* + *ing* ?**
On peut dire : *I've been writing.* On ne peut pas dire : ~~I've written~~. En effet, un **verbe transitif employé sans complément** s'utilise au present perfect en ***be*** + ***ing*** et non au present perfect simple.

Lorsque le verbe est suivi d'un complément, on a le choix entre present perfect simple et present perfect en ***be*** + ***ing***. Le sens n'est pas le même.

> Le present perfect **simple** exprime un **résultat présent**. Le present perfect en ***be*** + ***ing*** insiste, lui, sur l'**activité** exprimée par le verbe.

*I **have washed** my car.* ▸ Résultat présent : ma voiture est propre.
*I **have been washing** my car.* ▸ C'est le fait d'avoir passé du temps à laver ma voiture qui importe (que la voiture soit lavée ou non maintenant est secondaire) + traces présentes (par exemple, mains mouillées).

*He **has eaten** my cake.* ➤ Résultat présent : mon gâteau a été mangé, je n'en ai plus.

*He **has been eating** my cake.* ➤ C'est le fait qu'il ait mangé de mon gâteau qui importe (il peut en rester) + traces présentes (par exemple, traces de gâteau sur les doigts).

*They **have written** letters.* ➤ Des lettres sont maintenant écrites.

*They **have been writing** letters.* ➤ C'est leur activité (celle d'écrire des lettres) qui m'intéresse.

Pourquoi ne peut-on pas dire *I have written* sans complément ? Si l'énonciateur veut simplement parler de la relation entre *I* et *write*, c'est qu'il s'intéresse à l'activité du sujet grammatical (*I*). Seul le present perfect en **be** + **ing** pourra donc convenir.

Inversement, on ne trouve pas : ~~I have been writing three letters.~~ Pourquoi ? Parce que le complément inclut un élément chiffré (*three letters*) qui suppose que l'énonciateur s'intéresse à un résultat présent (j'ai trois lettres d'écrites).

> Pourquoi le present perfect simple permet-il d'exprimer un résultat présent ? Cela tient au sens premier de **have** (c'est-à-dire « posséder ») : *I have written three letters* signifiait à l'origine *I have three letters written* (c'est-à-dire j'ai trois lettres qui sont écrites, où l'on a bien un résultat présent).

C Dans certains contextes, le present perfect en **be** + **ing** peut exprimer un **reproche**, une **accusation** vis-à-vis du sujet grammatical.

*He**'s been** eating my chocolates!* Il a mangé mes chocolats !
[*he* est accusé par l'énonciateur d'avoir mangé des chocolats]

*You**'ve been** smoking!* Toi, tu as fumé ! [*you* est accusé d'avoir fumé]

Cette interprétation dépend entièrement du contexte et de la relation entre l'énonciateur et le sujet grammatical. Elle est d'autre part permise parce que c'est le fait d'avoir fait quelque chose qui importe pour l'énonciateur, et non le simple résultat présent.

D En résumé, on trouve toujours avec **be** + **ing** le **point de vue de l'énonciateur.** Dans le cas de la **continuité temporelle** entre passé et présent, l'énonciateur met en relief l'énoncé. Dans le cas de **conséquences perceptibles d'une action passée**, l'énonciateur montre que c'est lui qui perçoit des traces présentes d'une action passée. On pourrait paraphraser : *It has been raining* par *I can see it has been raining*. La valeur fortement affirmative du present perfect en **be** + **ing** (*He has been telling you something.*) ou la mise en accusation permise par cette forme (*You've been smoking!*) témoignent également du point de vue de l'énonciateur.

6 Le past perfect

1 Le past perfect simple

FORME : *HAD* + VERBE AU PARTICIPE PASSÉ

AFFIRMATION	INTERROGATION	NÉGATION
I / he / she / it / we / you / they **had worked**	**Had** I / he / she / it / we / you / they **worked**?	I / he / she / it / we / you they **had not worked**
I / he / she / it / we / you / they **had seen**	**Had** I / he / she / it / we / you / they **seen**?	I / he / she / it / we / you / they **had not seen**

• Forme interro-négative :
Hadn't I... worked? (Had I... not worked?)

• Formes contractées :
I / he / she / it / we / you / they**'d** worked
I / she / he / it / we / you / they**'d not** ou **hadn't** worked

• Orthographe et prononciation :
Pour l'orthographe et la prononciation de V + **ed**, voir pages 44-45.
Pour les participes passés irréguliers, voir page 338.

EMPLOI

Etant donné que le past perfect inclut le prétérit (*have* au prétérit) et le perfect (auxiliaire *have* + participe passé), on retrouve dans son emploi des caractéristiques du prétérit et du perfect.

> Le past perfect permet d'effectuer un **lien entre deux moments révolus** (alors que le present perfect établit un lien entre l'actuel et le révolu).

L'énonciateur se situe à un moment révolu (T1) et fait allusion à un événement antérieur (T2).

*It all happened as she **had foreseen**.* Tout se déroula comme elle l'avait prévu.
[T1 = *happened* (premier moment dans le révolu) ; T2 = *had foreseen* (moment antérieur à T1)]

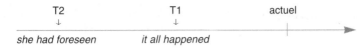

she had foreseen   it all happened

A Lien entre deux moments révolus.

On retrouve souvent dans le past perfect les valeurs du present perfect : continuité entre deux moments ou résultat d'un événement sur un autre, mais avec un décalage dans le passé.

• Continuité entre deux moments.

Le past perfect exprime une continuité temporelle entre deux moments du révolu.

– L'action venait de se produire à un moment du révolu.

*The BBC **had just received** a phone call when the bomb went off.*
La BBC venait de recevoir un appel téléphonique lorsque là bombe explosa.

Dans ce cas, on emploie ***had just*** + verbe au participe passé, qui se traduit par « venait de... »

– L'action commencée à un moment révolu continuait à un autre moment révolu.

*I **had** already **known** her for years when she decided to leave the town.*
Je la connaissais déjà depuis des années lorsqu'elle décida de quitter la ville.

Nous avons deux moments du révolu dans cet énoncé : le moment correspondant à *When she decided to leave the town* (T1) et un moment antérieur exprimé par *had known* (T2).
Le fait de connaître quelqu'un (*I / know her*) va de T2 à T1. Cette interprétation est permise par ***for years*** (= **depuis** des années).

> Quand il y a **continuité** entre deux moments, le past perfect se traduit en français par un imparfait et **non** par un plus-que-parfait.

• Résultat d'un événement sur un autre.

Le past perfect exprime le bilan, le résultat d'un événement révolu sur un autre événement révolu.

*I was able to impress Tom, simply because I **had read** Hamlet.*
J'ai réussi à impressionner Tom, tout simplement parce que j'avais lu *Hamlet*.

Nous avons deux moments du révolu : tout d'abord le moment donné par : *I was able to impress Tom*, et un moment antérieur à celui-ci, exprimé dans : *I had read* Hamlet.

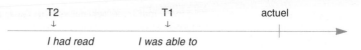

T2	T1	actuel
↓	↓	
I had read	*I was able to*	

D'autre part, le fait d'avoir lu *Hamlet* a eu un **résultat** sur un moment postérieur : au moment T1, l'énonciateur connaissait *Hamlet* et a pu impressionner Tom.

*It was the summer of 1995. It was the first time they **had swum** there.* C'était durant l'été 1995. C'était la première fois qu'ils se baignaient à cet endroit.

Remarquez la structure ***it was the first** (second...) **time** + **past perfect***. À partir d'un moment dans le passé (l'été 1995), l'énonciateur considère une période antérieure et dresse le bilan suivant : « C'était la première fois que... » Remarquez que *had swum* se traduit par l'imparfait et non par le plus-que-parfait.

Comparons les deux énoncés suivants :

*When he **had gone**, I opened the envelope.*
*When he **went**, I opened the envelope.*

Dans le **premier cas**, l'énonciateur fait un **bilan** entre deux moments passés : une fois *he / go* réalisé, *I / open the envelope* a pu se produire. On pourrait aussi dire :

After he had gone, I opened the envelope. Lorsqu'il **fut parti**, j'ouvris l'enveloppe. / J'ai attendu qu'il soit parti...

Dans le **deuxième cas**, il y a **simple succession** d'actions dans le révolu. On pourrait aussi dire :

He went, then I opened the envelope. Lorsqu'il **partit**, j'ouvris l'enveloppe. Au moment où il partit...

B **Valeur strictement temporelle de *had* + participe passé.**

• Le past perfect peut avoir une valeur strictement temporelle de passé par rapport à un autre moment passé. Dans ce cas, ***had*** + participe passé n'a plus les valeurs du parfait (continuité ou résultat).

*Shirley died in 1992. She **had led** a miserable life.* Shirley mourut en 1992. Sa vie avait été très dure.

*At the time Nancy lived in Philadelphia. Before that she **had lived** in Boston.* À l'époque, Nancy vivait à Philadelphie. Avant cela, elle avait vécu à Boston.

• Toutefois, l'emploi du past perfect n'est pas systématique pour renvoyer à un moment révolu par rapport à un autre moment révolu. Avec les marqueurs temporels ***after*, *as soon as*, *before*, *when***, on trouve souvent le **prétérit**. Ainsi, on aurait pu trouver : *At the time, Nancy lived in Philadelphia. Before that, she lived in Boston,* car ***before*** rend la relation temporelle entre les deux événements explicite. On dira de même :

*It started raining after we **left** the beach* ou *after we **had left** the beach*. Il commença à pleuvoir après que nous ayons (avions) quitté la plage.

• On notera que le plus-que-parfait français est d'usage plus fréquent que le past perfect anglais.

*It was hard to believe. The entire government gone, like that. How **did** it happen?*
C'était difficile à croire, cette disparition soudaine de tout le gouvernement. Comment cela s'**était**-il **produit** ?

L'énonciateur a employé le prétérit bien que : *How did it happen?* soit temporellement antérieur à : *The entire government was gone.*

En français, on emploie très facilement le plus-que-parfait dès qu'il y a antériorité temporelle (Comment cela s'était-il produit ?).

D'autre part, le plus-que-parfait français est parfois utilisé pour exprimer simplement une rupture par rapport au moment présent.

On va être en retard, je t'**avais dit** de te dépêcher.
*We're going to be late. I **told** you to hurry up, didn't I? (I had told you to...)*

« Je t'avais dit » n'est pas employé pour renvoyer à un moment révolu par rapport à un autre moment révolu. Le past perfect serait alors impossible.

C **Le past perfect au discours indirect.**

Le past perfect permet de **rapporter des paroles** prononcées au **prétérit** ou au **present perfect** à un moment révolu.

He said, "I met her yesterday."
*He said that he **had met** her the day before.*
Il a dit : « Je l'ai rencontrée hier. »
Il a dit qu'il l'avait rencontrée la veille.
[*he said* = T1 ; *he had met her* = T2 révolu par rapport à T1]

He asked me, "Have you ever read that book?"
*He asked me if I **had** ever **read** that book.*
Il m'a demandé : « Est-ce que tu as déjà lu ce livre ? »
Il m'a demandé si j'avais déjà lu ce livre.
[*he asked me* = T1 ; *I had read that book* = T2]

D **Le past perfect du renvoi au non-réel.**

• Nous avons vu que le prétérit permet d'effectuer une rupture avec le réel.

*I wish I **knew**!* Si seulement je savais !
[*I / know* non réalisé dans l'actuel ; *knew* = prétérit du non-réel]

Le past perfect permet également d'effectuer une **rupture avec le réel**, mais l'énonciateur se situe **dans le révolu**.

*I wish I **had** known!* Si seulement j'avais su !

[*I / know* non réalisé dans le révolu ; *had known* = past perfect du non-réel]

• **Le past perfect du non-réel s'emploie**, comme le prétérit du non-réel :

– **Après certaines conjonctions** : *if* (si) / *as if, as though* (comme si) / *even if, even though* (même si)...

*As if I **had**n't warned them!* Comme si je ne les avais pas prévenus !

– **Après certains verbes** : *suppose / wish...*

*Suppose you **had met** him.* Imagine que tu l'aies rencontré.

– **Après** *would rather* (préférerais).

*I'd rather you **had**n't invited them last night.* J'aurais préféré que tu ne les invites pas hier soir.

Remarquez que dans cet exemple, le renvoi au révolu est signalé dans la subordonnée en anglais (*hadn't invited*) et dans la principale en français (j'aurais préféré).

> Quand le past perfect renvoie au non-réel, il convient de bien distinguer la valeur du prétérit (*have* au prétérit) de celle du **participe passé** : le **prétérit** signale du **non-réel** et le **participe passé** permet de renvoyer au **révolu**. Ici, le past perfect ne renvoie donc pas à un moment révolu par rapport à un autre moment révolu.

2 Le past perfect en be + ing

Au past perfect (*had* + participe passé) s'ajoute *be* + *ing* : le participe passé s'ajoute à *be* et *ing* au verbe.

I **had** be**en** working
had   participe passé

FORME : *HAD BEEN* + V-*ING*

AFFIRMATION	INTERROGATION	NÉGATION
I / he / she / it / we / you / they **had been working**	**Had** I / he / she / it / we / you / they **been working?**	I / he / she / it / we / you / they **had not been working**

• **Forme interro-négative :**

Hadn't I... been working? (Had I... not been working?)

• Formes contractées :

I / he / she / it / we / you / they'**d been** *working*
I / he / she / it / we / you / they'**d not** *ou* **hadn't been** *working*

• Orthographe de V + *ing* **:** voir pages 39-40.

EMPLOI

> On retrouve avec le past perfect en *be* + *ing* les caractéristiques du **present perfect en *be* + *ing***, mais dans **le révolu** : continuité temporelle entre deux moments ou conséquences perceptibles d'un moment sur un autre.

A Continuité temporelle entre deux moments du révolu.

*They **had been** play**ing** golf for half an hour when a terrible storm broke out.*
Ils jouaient au golf depuis une demi-heure lorsqu'un orage éclata.

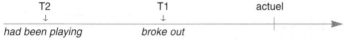

T2   T1   actuel
↓   ↓
had been playing   *broke out*

*I saw her diary lying open on the desk. Delia **had been** keep**ing** a diary since the age of 13 or 14 and by now it ran to dozens of volumes.*
Je vis son journal ouvert sur le bureau. Delia tenait un journal depuis l'âge de 13 ou 14 ans et il comprenait à présent des dizaines de volumes.

L'événement *Delia / keep a diary* a commencé au moment : *since the age of 13 or 14* et continue au moment : *I saw her diary*. Ces deux moments appartiennent au révolu.

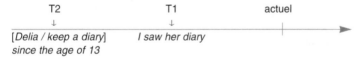

T2   T1   actuel
↓   ↓
[Delia / keep a diary]   *I saw her diary*
since the age of 13

Avec *for* et *since*, on préfère nettement employer le past perfect en *be* + *ing* (*had been keeping*) plutôt que le past perfect simple (*had kept*), sauf avec les verbes peu compatibles avec *be* + *ing* (*understand, depend, know...*, voir page 11).

 Le past perfect en *be + ing* permet de traduire l'imparfait avec « **depuis** ».

*Ils jou**aient** au golf depuis une demi-heure.* ► *They **had been** play**ing** golf for half an hour.*

Pour demander « **depuis combien de temps** » **+ imparfait**, on utilise *how long* + past perfect en *be + ing*.

How long had they been playing golf when the storm broke out?
Depuis combien de temps jouaient-ils au golf lorsque l'orage éclata ?

Conséquences perceptibles d'une action antérieure à un moment du révolu.

She looked out of the window : it had been snowing.
Elle regarda par la fenêtre : il avait neigé.

Le sujet *she* voit à un moment du révolu (correspondant à *she looked out*) des traces d'un événement antérieur (de la neige sur le sol).
Au présent, on aurait : *she looks out of the window : it has been snowing* (traces présentes d'un événement passé : neige sur le sol).

Dans ce cas, le past perfect en *be + ing* se traduit par le plus-que-parfait en français.

Comparons les deux énoncés suivants :
She looked out of the window : it had been snowing.
Elle regarda par la fenêtre : il avait neigé.
She looked out of the window : it was snowing.
Elle regarda par la fenêtre : il neigeait.

Had been snowing
had + participe passé ► l'événement appartient au révolu par rapport à *she looked* (il ne neigeait plus).
+ *be + ing* ► traces dans la situation (on pouvait voir de la neige sur le sol).

Was snowing
be au prétérit + V + *ing* ► perception d'une action en train de se dérouler dans le révolu (au moment où elle regarda par la fenêtre).

Lorsque le verbe est suivi d'un complément et qu'on s'intéresse au résultat, on utilise le past perfect simple. Comparez :
He felt sick because he had drunk three pints of beer (had been drinking).
Il a eu des nausées parce qu'il avait ingurgité trois pintes de bière.
[On considère ici un résultat chiffré : *three pints of beer.*]
He felt sick because he had been drinking beer (had drunk).
Il a eu des nausées parce qu'il avait bu de la bière.
[Ici, on s'intéresse à une activité : boire de la bière.]

Le passif

FORMES DU PASSIF : *BE* + VERBE AU PARTICIPE PASSÉ

TEMPS	FORME	EXEMPLE
Présent	*am / is / are* + participe passé	*they are built*
Présent en *be* + *ing*	*am / is / are being* + participe passé	*it is being repaired*
Prétérit	*was / were* + participe passé	*she was seen*
Prétérit en *be* + *ing*	*was / were being* + participe passé	*they were being served*
Present perfect	*have / has been* + participe passé	*I have been warned*
Past perfect	*had been* + participe passé	*we had been called*
Infinitif	*be* + participe passé	*you will be registered*
Infinitif passé	*have been* + participe passé	*he might have been hurt*

VALEUR GÉNÉRALE DU PASSIF

A Mise en valeur de l'objet de l'action.

Comparons ces deux énoncés :

Thousands of viewers watched the match last night.
Des milliers de téléspectateurs ont regardé le match hier soir.

*The match **was** watch**ed** by thousands of viewers last night.*
Le match a été regardé par des milliers de téléspectateurs hier soir.

Dans le premier énoncé, *thousands of viewers* est sujet grammatical de *watch the match*. Il est **source** de l'action (agent de l'action).

Dans le deuxième énoncé, *was* (*be* au prétérit) permet à l'énonciateur de mettre en valeur l'**objet** de l'action (*the match*) en le choisissant comme point de départ (sujet grammatical) de l'énoncé. L'énonciateur n'a pas « mis au passif » le premier énoncé. Il présente le fait décrit d'un **point de vue différent**. Il n'y a donc pas de stricte équivalence entre ces deux énoncés.

> Comme toute forme composée (auxiliaire + participe), le passif est l'expression d'un **point de vue** de l'énonciateur (il permet de **mettre en valeur** l'objet de l'action).

B On comprendra que les énoncés passifs sont fréquemment employés lorsque l'énonciateur **ne mentionne pas la source** de l'action :

– Parce qu'elle n'est pas connue.

*My watch **has been stolen**.* On m'a volé ma montre.

– Parce qu'elle n'est pas importante dans le message.

***Have** you **been shown** the new machine?* Vous a-t-on montré la nouvelle machine ?

– Parce qu'elle est évidente.

*Clinton **was elected** President in 1992.* Clinton a été élu président en 1992.

– Parce que l'énonciateur ne peut / ne veut pas la mentionner. Cet emploi est fréquent dans la langue journalistique.

*The government **is expected** to lose the next election.* On s'attend à ce que le gouvernement perde les prochaines élections.

Notez que ***be*** est souvent omis dans les titres de presse.

Clinton re-elected President.

C Si la source de l'action (l'agent de l'action) est mentionnée, elle est introduite le plus souvent par ***by***.

*This picture **was painted by Turner**, not by Whistler.* C'est Turner qui a peint cette toile, et non Whistler.

On dira que *Turner* est « complément d'agent ». L'ensemble ***by*** + complément d'agent constitue une information nouvelle.

Attention ! On dit :

*a novel **by** Charles Dickens* (un roman de Dickens) = *a novel **written by** Charles Dickens* / *a picture **by** William Turner* (un tableau de Turner) = *a picture **painted by** William Turner*

Notez que ***with*** peut être employé après un passif pour introduire l'instrument utilisé par l'agent.

*This picture was painted **with** a palette knife.* Cette toile a été peinte au couteau.

D ***Be + ing*** peut être employé avec le passif au présent et au prétérit.

*Excuse the mess, the room **is being** redecorated.* Excusez le fouillis, on est en train de refaire la chambre.

*The house **was being** repaired when the truck crashed into it.* La maison était en cours de réparation lorsque le camion l'a percutée.

Be + ing exprime la nuance « en ce moment » (pour le présent), « à ce moment-là » (pour le prétérit). Rappelons qu'avec **be + ing**, l'événement est perçu à un moment de son déroulement.

Comparez ces exemples avec :

*The room **is** redecorated.* [le travail est terminé ; la chambre est refaite ; on ne dira pas : *excuse the mess* ici, car le fouillis est normalement terminé]

*The house **was** repaired when the truck...* [la réparation était terminée quand l'accident eut lieu]

Principales traductions du passif anglais en français

• « On » + verbe actif

*You **are wanted** on the phone.* On vous demande au téléphone.

• **Forme pronominale** (« se » + verbe)

*The book **is called** Gone with the Wind.*
Le livre s'appelle *Autant en emporte le vent.*

• **Tournure impersonnelle**

*What remains to **be done**?* Que reste-t-il à faire ?

• **Forme passive**

*When **was** Queen Elizabeth **crowned**?* Quand la reine Elisabeth a-t-elle été couronnée ?

Attention à la traduction de **be born** et **was / were born**.

She was born in 1995. Elle est née en 1995.
The babies who will be born this year... Les bébés qui naîtront cette année...

DIFFÉRENCES AVEC LE FRANÇAIS

Les tournures passives sont beaucoup plus fréquentes en anglais qu'en français.

A **Tous les verbes transitifs**, à l'exception de *lack* (manquer de) et *resemble* (ressembler à), peuvent être mis au passif.

*He **was taught** English at school.* On lui a enseigné l'anglais à l'école. / Il a appris l'anglais à l'école.

A la différence du français, les verbes exprimant une **opinion générale** sont fréquemment employés au passif.

advise : conseiller / *believe* : croire / *consider* : considérer / *expect* : s'attendre à / *forbid* : interdire / *know* : connaître / *say* : dire / *think* : croire...

On trouve alors la structure : V + *to* + V.

*He **was said / known to be** jealous of her.* On disait / On savait qu'il était jaloux d'elle.

*A prisoner **is reported to be** missing*. Un prisonnier manquerait à l'appel.
*She **was advised to quit** her job*. On lui a conseillé de démissionner.

Les verbes *believe, know, report, say, think* et *understand* apparaissent également dans des structures impersonnelles.

*It **is said / known** that he was jealous of her*. On dit que / Il est bien connu qu'il était jaloux d'elle.

B Lorsque l'événement renvoie au révolu, on emploie la structure : ***to** + **have** + **participe passé** après les **verbes d'opinion***.

*A prisoner is reported **to have escaped***. Un détenu se serait évadé.

On peut trouver ***to be** + V-**ing*** après ces verbes au passif.

*He is thought **to be living** abroad*. On pense qu'il vit à l'étranger.
[sous-entendu : en ce moment]

C **Quelques verbes intransitifs** se rencontrent au passif.

*This bed **has been slept in***. Quelqu'un a dormi dans ce lit.

D **Les verbes prépositionnels** peuvent être employés au passif. C'est notamment le cas de :

> *apply for sth* : être candidat à / *break into sth* : entrer par effraction / *care for sb* : soigner / *cater for sth* : satisfaire, pourvoir à / *deal with sth - sb* : se charger de, s'occuper de / *discriminate against sb* : établir une discrimination à l'encontre de / *laugh at sb - sth* : rire de / *look into sth* : examiner / *look after sb - sth* : surveiller / *send for sb - sth* : envoyer chercher / *talk about sb - sth* : parler de / *write on sb - sth* : écrire sur…

Le participe passé est alors suivi de la préposition.

*A doctor must **be sent for***. Il faut envoyer chercher un médecin.
*This house has **been broken into***. Quelqu'un a cambriolé cette maison.

Certaines constructions **verbe + nom + préposition** peuvent également être employées au passif.

> *find fault with sb - sth* : trouver à redire à / *take advantage of sb - sth* : profiter de / *take care of sb - sth* : prendre soin de / *lose sight of sb - sth* : perdre de vue / *make fun of sb - sth* : se moquer de / *pay attention to sb - sth* : faire attention à / *put a stop to sth* : mettre un terme à...

*He does not like **being made fun of***. Il n'aime pas qu'on se moque de lui.
*The situation must **be put a stop to***. Il faut mettre un terme à cette situation.

LES VERBES À DOUBLE COMPLÉMENT

A Ces verbes peuvent, en théorie, être employés au passif de deux manières différentes.

John offered Lindsay a gold watch. John a offert une montre en or à Lindsay.
[*Lindsay* = complément d'attribution ; *a gold watch* = complément direct]

L'énonciateur peut avoir recours au passif et mettre en valeur :

– **la personne** à laquelle le cadeau a été fait ;

***Lindsay** has been offered a gold watch.* On a offert une montre en or à Lindsay.
/ Lindsay **s'est vu offrir**...

– **le cadeau** qui a été fait.

***A gold watch** has been offered to Lindsay.* Une montre en or a été offerte à
Lindsay.

Dans la pratique, c'est surtout la **première structure** (complément
d'attribution en tête de phrase) qui est employée.

B   **Verbes à double complément les plus fréquents** (voir page 311).

> *ask* : demander / *buy* : acheter / *bring* : apporter / *deny* : refuser / *give* :
> donner / *grant* : accorder / *lend* : prêter / *offer* : offrir / *present* : présenter /
> *promise* : promettre / *sell* : vendre / *send* : envoyer / *show* : montrer / *teach* :
> enseigner / *tell* : dire…

Certains de ces verbes peuvent être suivis de *to* + **verbe**.

She was asked / told to come back. On lui a demandé / dit de revenir.

Les verbes à double complément qui font appel à la préposition *for*
(*cook, find, order...,* voir page 312) n'ont qu'une construction passive.

A nice meal was cooked for his friends. (~~His friends were cooked a nice meal.~~)
Un bon repas fut préparé pour ses amis.

   Certains verbes français dits d'attribution ne correspondent pas en
anglais à des verbes à double complément : ils n'ont donc qu'une
construction passive. C'est notamment le cas de :

borrow sth from sb : emprunter qqch à qqn / *describe sth to sb* : décrire
qqch à qqn / *explain sth to sb* : expliquer qqch à qqn / *suggest sth to sb* :
suggérer qqch à qqn...

The new method was clearly explained / described to the engineers.
La nouvelle méthode a été clairement expliquée / décrite aux ingénieurs.
[et non ~~The engineers were explained / described the new method.~~]

| **MAKE** AU PASSIF / VERBES DE PERCEPTION AU PASSIF

• Certaines constructions Verbe + Verbe à l'actif correspondent à
Verbe + *to* + Verbe au passif. C'est le cas de *make* (dans le sens de
« obliger » / « contraindre »).

*We **were made to** work.* On nous a fait travailler.

• C'est également le cas des **verbes de perception**.

*He **was seen to** run out of the pub.* Littéralement : Il a été vu sortant en courant du pub. / On l'a vu sortir du pub en courant.

[*He was seen **running** out of the pub* serait également possible.]

	CONSTRUCTION ACTIVE	CONSTRUCTION PASSIVE
Make	*They made us work.*	*We were made **to** work.*
V. de perception	*I saw him run / running.*	*He was seen running / **to** run.*

Dans : *They made us work,* made exprime une contrainte et *us work* l'objet de la contrainte, mais les deux (contrainte et objet) sont conçus ensemble, simultanément.

Inversement, dans : *We were made to work,* le prédicat *work* est dissocié de *made* à l'aide de ***to****,* qui signale que la réalisation de *work* est **envisagée, visée** à partir de la contrainte exercée sur *we.* On a donc deux étapes :
– expression d'une contrainte (= *made*) ;
– ce qui est envisagé par cette contrainte (= ***to*** *work*).

| *GET* AUXILIAIRE DU PASSIF

Get verbe lexical signifie « devenir » lorsqu'il est suivi d'un adjectif ou d'un participe passé employé comme adjectif.

*I'm **getting** old.* Je deviens / me fais vieille.
*Everybody **got** bored.* Tout le monde s'est ennuyé.

Utilisé comme auxiliaire du passif, ***get*** implique le passage d'un état à un autre. L'action décrite est assez souvent fortuite.

*He **got killed** in an accident.* Il a été tué dans un accident.
*They **got arrested**.* Ils se sont fait arrêter.

[*They **got** arrested* décrit le passage d'un état : *not arrested* à un autre état : *arrested* (ils se sont fait arrêter). *They **were** arrested* exprime un état concernant *they* (ils ont été arrêtés).]

Notez les expressions verbales : *get married / divorced* (se marier / divorcer), *get dressed* (s'habiller), *get drunk* (se soûler), *get lost* (se perdre).

8 Le renvoi à l'avenir

Pour commencer

Il n'existe que deux temps grammaticaux (*tenses*) en anglais : le présent et le prétérit. Pour renvoyer à l'avenir, l'anglais a recours à différents procédés qui varient selon le point de vue de l'énonciateur, à savoir :
– les modaux exprimant les degrés du certain (voir page 87) ;
– le présent simple (voir page 38) ;
– le présent en **be** + V-**ing** (voir page 42) ;
– les tournures **be to**, **be about to**, **be going to**.

Chacun de ces procédés fait intervenir un *tense* **présent**, ce qui est logique, puisque le renvoi à l'avenir est une projection **présente** sur l'avenir.

Pour commencer

1 Procédés permettant de renvoyer à l'avenir

SHALL ET *WILL*

Shall et **will** sont les outils privilégiés du renvoi à l'avenir.

Will ('**ll**) s'emploie à toutes les personnes pour renvoyer à l'avenir.

She will be here soon. Elle sera bientôt là.

I'll see you tonight. Je vous verrai ce soir.

[L'énonciateur fait une simple projection dans l'avenir de *she / be here soon* ou de *I / see you tonight*.]

A la première personne (*I, we*), on trouve aussi **shall** en anglais britannique : *we shall see* (nous verrons).

Pour une analyse détaillée des modaux, voir page 87.
Pour **shall** et **will** combinés avec **be** + **ing**, voir page 104.

LE PRÉSENT SIMPLE

L'énonciateur fait part d'une information brute comme dans un horaire, un programme (voir page 38). Le présent simple est obligatoirement employé **avec un repère temporel** (adverbe / complément de temps).

*We **sail tomorrow** at eight.* Nous larguons les amarres demain à huit heures.
***When does** the film begin?* A quelle heure commence le film ?
***What time do** you close on Saturday?* A quelle heure fermez-vous samedi ?

LE PRÉSENT EN *BE* + *ING*

L'énonciateur signale que la réalisation de l'énoncé correspond à un **projet** personnel, à une **décision** déjà envisagée par le sujet (voir page 42).

*She **is** getting married next month.* Elle se marie le mois prochain.

Cet emploi est en particulier fréquent avec les verbes de mouvement (tels que *arrive / come / drive / fly / go / leave / start*...)

*I'm travel**ling** to Switzerland next month.* Je vais faire un voyage en Suisse le mois prochain.

AM / IS / ARE TO + V

L'énonciateur fait part d'un engagement pris, d'un fait convenu (voir page 23).

*We **are to meet** at six.* Nous devons nous rencontrer à six heures.

 Notez la traduction en français à l'aide de « **devoir** » (voir page 119).

BE ABOUT TO + V

L'énonciateur marque l'**imminence** de l'événement.

*The hurricane **is about to** hit the island.* L'ouragan va bientôt frapper l'île.

BE GOING TO + V

L'énonciateur fait part d'une **prédiction.**

*Do you think she **is going to** get the job?* Pensez-vous qu'elle va obtenir cet emploi ?

Will aurait pu être employé ici aussi.

Do you think she will get the job?

She will get the job = simple prédiction.
She is going to get the job = prédiction qui s'appuie sur des indices présents.

Will + V et *be going to* + V sont proches mais pas interchangeables.

A **Si la prédiction s'appuie sur des indices présents**, il faut employer *be going to* + V.

Look at those clouds! It's going to rain.
Regarde ces nuages ! Il va pleuvoir.
How pale she is! She is going to faint.
Comme elle est pâle ! Elle va s'évanouir.

Si on a affaire à une décision prise par le sujet **avant** le moment de l'énonciation, on emploie *be going to* + V. On parle parfois dans ce cas de « **futur d'intention** ».

I'm tired. I'm going to have an early night.
Je suis fatiguée. J'ai l'intention d'aller au lit de bonne heure.
He is going to be a dentist when he grows up.
Plus tard / quand il sera grand, il sera dentiste.
[On ne traduit pas par « aller » en français car il s'agit d'un projet à très long terme].

B **Si la réalisation de l'énoncé dépend d'une décision prise par le sujet sur le moment**, on emploie *will* + V.

"I've forgotten my purse. I can't buy a ticket." "Don't worry, I'll lend you some money." « J'ai oublié mon porte-monnaie, je ne peux pas acheter de ticket. » « Ne t'inquiète pas, je vais te prêter de l'argent. »
"This is a terribly heavy box." "I'll help you to carry it." « Cette boîte est terriblement lourde. » « Je vais t'aider à la transporter. »

Remarquez la traduction de *will* + V par « **aller** » au présent + infinitif.

Le français emploie souvent le tour « **aller** » + infinitif (appelé « futur immédiat ») lorsque l'action annoncée va avoir lieu tout de suite.
« Elle n'est pas là, mais je lui **dirai** que vous êtes venu. »
« Entrez, je **vais lui dire** que vous êtes là. »
Dans les deux cas, la traduction anglaise est : *I'll tell her.*

C Ce n'est pas un hasard si l'on est passé du verbe *go* en anglais (et « **aller** » en français) à l'expression d'un renvoi à l'avenir (*be going to*) : *go* signale un mouvement d'un point vers un autre. Ce mouvement peut être spatial (avec *go* verbe lexical : *Let's go to London*) ou temporel : avec la tournure *be going to*, l'énonciateur envisage le passage d'un moment présent à un moment dans l'avenir.

Avec le verbe **go**, un **point de départ** est toujours pris en compte.
Dans : *Let's go to London*, le point de départ est *here*, l'endroit où je me trouve, et le point d'arrivée envisagé *London*.
Avec **be going to** : *She's going to faint*, il y a également prise en compte d'un point de départ (ma situation présente : je vois qu'elle est pâle) et un point d'arrivée envisagé (la réalisation de l'événement).
On comprend ainsi que le verbe **go** permette à l'énonciateur de s'appuyer sur des indices présents (prise en compte d'un point de départ sous-jacent au verbe **go**).

Il faut bien voir que **be going to** n'est qu'un cas particulier de l'utilisation de **be** + **ing**. Comme dans tous les emplois de **be** + **ing**, le tour **be going to** exprime un **point de vue de l'énonciateur** : ce dernier montre bien qu'il est observateur de quelque chose, dans sa situation présente (ce quelque chose qui l'autorise à prédire un événement à venir).

Be going to permet d'autre part une **prise de position affirmative**. *She's going to get the job* est plus affirmatif que : *She will get the job.*

❷ Renvoi à l'avenir dans le révolu

L'énonciateur peut se situer à un moment du révolu et faire allusion à un moment postérieur.

| WAS / WERE TO

L'énonciateur fait allusion à un **événement prévu** : emploi de **was** / **were to** + V. Comparez :
*She **was to** come back at the end of the war.*
Elle devait revenir à la fin de la guerre. [On ne sait pas si elle est revenue.]
*She **was to have** come back at the end of the war.*
Elle aurait dû revenir à la fin de la guerre. [Elle n'est jamais revenue.]

| WOULD

Lorsque le verbe de la proposition principale est au prétérit, on trouve **would** à la place de **will** dans la proposition subordonnée.
*He said he **would** mow the lawn next week.* Il a dit qu'il tondrait le gazon la semaine prochaine.
*They knew they **would** succeed.* Ils savaient qu'ils réussiraient.

L'emploi de **would** correspond à **will** (renvoi à l'avenir) + prétérit **-ed** (lien au passé).

WAS / WERE + V-**ING**

L'énonciateur fait part d'une décision dans le passé.

*We didn't invite them because they **were** catch**ing** an early train.* Nous ne les avons pas invités car ils devaient prendre un train tôt.

WAS / WERE GOING TO

L'énonciateur fait part d'une intention dans le révolu. L'événement prévu n'a pas eu lieu.

*I **was going to** do it yesterday but I forgot.* J'avais prévu / J'avais l'intention de le faire hier mais j'ai oublié.

WAS / WERE ABOUT TO

L'énonciateur relate l'imminence d'un événement dans le révolu.

*I **was about to** leave when he called me.* J'étais sur le point de partir lorsqu'il m'a appelé.

③ Renvoi au révolu dans l'avenir

L'énonciateur peut se situer dans l'avenir et faire un bilan par rapport à un moment antérieur. Dans ce cas, il emploie **will have** + participe passé.

*In the year 2020, I **will have** lived in this house for 22 years.* En l'an 2020, j'aurai vécu 22 ans dans cette maison.

*By the year 2020 the world population **will have** reached 7 billion.* D'ici l'an 2020, la population du monde aura atteint 7 milliards.

9 Les modaux

Le terme « **modal** » est lié au mot « mode », qui évoque l'idée de **manière**. Avec un modal, l'énonciateur exprime une **manière** de considérer la relation sujet / prédicat.

Avec les modaux, l'énonciateur :

– exprime un **degré de certitude** ;

*He **must** be home.* Il doit être chez lui.

– s'exprime sur la **capacité**, la propriété du sujet ;

*She **can** speak German.* Elle sait l'allemand.

– exerce une **pression sur le sujet** ;

*You **must** do it.* Tu dois le faire.

– renvoie à l'**avenir**.

*The sun **will** go down in a few minutes.* Le soleil va se coucher dans quelques minutes.

 A quoi servent les modaux ?

Considérons la relation *he / come*.

L'énonciateur veut signaler un faible degré de certitude concernant cette relation. Il dira alors :

He may come. Il se peut qu'il vienne.

S'il s'intéresse avant tout au sujet grammatical, il peut vouloir l'obliger à réaliser le prédicat :

He must come. Il faut qu'il vienne.

S'il veut l'autoriser à venir, il dira :

He may come. Il est autorisé à venir. / Il a la permission de venir.

On voit ainsi que, hors contexte, *he may come* est ambigu (relation jugée peu certaine ou sujet grammatical autorisé à réaliser le prédicat *come*).

84   9. Les modaux

Les modaux sont des outils de **prise de position** sur la relation sujet / prédicat.
- Cette relation **peut être jugée** très certaine, certaine, peu certaine, incertaine, très incertaine...
- Le **sujet grammatical** peut être présenté comme incapable de, capable de, obligé de, conseillé de, autorisé à réaliser le prédicat.

Il existe d'autres procédés de modalisation, par exemple l'utilisation d'adverbes ou de locutions. Ces procédés sont moins fréquents que l'utilisation des modaux. Ainsi, on dira plus facilement : *You must work* que *It is necessary for you to* work. (Il est nécessaire que tu travailles.) En effet, avec *It is necessary...*, l'énonciateur commente la relation *you / work* de l'extérieur, alors qu'avec *you must work*, il intervient au cœur de la relation (il place ***must*** au milieu de cette relation.)

Les locutions « il faut que... » / « il se peut que... » / « il est impossible que... » sont très fréquentes en français. L'anglais préfère une **intervention plus directe** sur la relation sujet / prédicat, sous la forme d'un modal.

2 Tableau des modaux

On peut effectuer le regroupement suivant :

Présent	may	can	must	shall	will
Prétérit	might	could	—	should	would

• **Pourquoi un tel regroupement ?**
May, can, shall, will ont une forme de présent, alors que ***might***, ***could***, ***should***, ***would*** sont leurs prétérits, comme le montre la finale en ***t*** (*might*) ou ***d*** (*could*, *should*, *would*) caractéristique du prétérit.
On voit dans le tableau que ***must*** n'a pas de prétérit. C'est parce qu'il correspond historiquement à un ancien prétérit dont il a gardé la finale en ***t***. **Attention** toutefois : en anglais contemporain, il fonctionne comme un présent.

• Que signale le prétérit ?

Le prétérit peut être la marque d'une rupture avec l'actuel (renvoi au révolu) ou avec le réel (renvoi au non-réel, au non-certain). Le plus souvent, les modaux au prétérit (*might*, *could*, *should*, *would*) signalent du non-réel et se traduisent alors par un conditionnel en français (voir tableau page 88).

He might / could be home now. Il se pourrait qu'il soit chez lui maintenant.
He should be home. Il devrait être chez lui.
He would be home if he had left at 4. Il serait chez lui s'il était parti à 4 heures.

Seuls *could* et *would* peuvent renvoyer au révolu. Ils se traduisent alors par l'imparfait.

*As a child she **could** speak four languages.* Quand elle était enfant, elle **parlait** quatre langues. [expression d'une capacité passée]
*In those days they **would** go to Spain every summer.* A cette époque ils **partaient** en Espagne tous les étés. [expression d'une habitude passée]

 Prononciation

	FORME PLEINE	FORME FAIBLE
can	/ kæn /	/ kən /
could	/ kʊd /	/ kəd /
must	/ mʌst /	/ məst /
shall	/ ʃæl /	/ ʃəl /
should	/ ʃʊd /	/ ʃəd /

La forme faible est plus fréquente que la forme pleine.

 Formes contractées

A la forme négative, on trouve les formes contractées suivantes :

cannot [1]	► *can't*	*shall not*	► ***shan't*** / ʃɑːnt /
could not	► *couldn't*	*should not*	► *shouldn't*
might not	► *mightn't*	*will not*	► ***won't*** / wəʊnt /
must not	► *mustn't* / mʌsnt /	*would not*	► *wouldn't*

1. ***Cannot*** s'écrit le plus souvent en un seul mot.

 Caractéristiques grammaticales

• Les modaux ne prennent pas de -***s*** à la troisième personne du singulier.

- Ils sont toujours suivis de la base verbale : ils n'admettent donc ni **to** + V, ni V + **ing**.
- Ils ne sont pas précédés de **to** car ils n'apparaissent jamais à l'infinitif.
- On ne trouve jamais : modal + modal.
- On ne peut pas leur accoler -**ing**.
- Ils ne se conjuguent pas avec l'auxiliaire **do**.
A la forme négative, on a **modal** + **not** : *He **may not** come.*
A la forme interrogative, on a **modal** + **sujet** : *May he come?*
- Les formes *might, could, should* et *would* ne peuvent être que prétérit. Elles ne sont jamais participe passé. **Might** et **should** correspondent toujours à un conditionnel, **could** et **would** correspondent souvent à un conditionnel.

Pour commencer

1 Les degrés de certitude

- Les modaux permettent à l'énonciateur de prendre position sur la relation sujet / prédicat pour exprimer des degrés de certitude qui vont du quasi-certain à l'impossible. Entre le quasi-certain et l'impossible, il existe des degrés intermédiaires : le probable, le possible, le peu certain, le très incertain. A chaque fois, l'énonciateur se livre à un travail de **déduction** sur la relation sujet / prédicat.

- Dans ces emplois liés au degré de certitude, **le prétérit ne renvoie jamais au révolu : il exprime du non-réel**, de l'hypothétique. Plus précisément, il implique une plus grande incertitude que les modaux de forme de présent. Comparez :

*She **may** be in her room.* Il se peut qu'elle soit dans sa chambre.
*She **might** be in her room.* Il se pourrait qu'elle soit dans sa chambre.

Must La relation sujet / prédicat est déclarée **quasi certaine**. Déduction selon toute vraisemblance. *She has worked a lot. She **must** be exhausted.* Elle a beaucoup travaillé. Elle doit être épuisée.	PAS DE PRÉTÉRIT.
SHALL N'EST PAS UTILISÉ DANS CE CAS.	**Should** La relation sujet / prédicat est déclarée **quasi certaine** par référence à une **norme**, à une attente. Déduction prudente. *This road **should** take us to the village.* En principe, cette route devrait nous amener au village.
Will La relation sujet / prédicat est déclarée **probable**. Déduction raisonnable. *That'**ll** be the postman.* C'est sans doute le facteur.	***WOULD*** N'EST PAS UTILISÉ DANS CE CAS.
May La relation sujet / prédicat est déclarée **possible**. *She **may** be in her room.* Il se peut qu'elle soit dans sa chambre. *She **may** not be in her room.* Il se peut qu'elle ne soit pas dans sa chambre.	**Might** La relation sujet / prédicat est déclarée **incertaine** : l'ignorance est plus grande qu'avec ***may***. *She **might** be in her room.* Il se pourrait qu'elle soit dans sa chambre. *She **might** not be in her room.* Il se pourrait qu'elle ne soit pas...
CAN AFFIRMATIF N'EST PAS UTILISÉ DANS CE CAS.	**Could** La relation sujet / prédicat est déclarée **imaginable**, mais l'énonciateur ne prend pas position catégoriquement. *It **could** be true.* Cela pourrait être vrai.
Can't La relation sujet / prédicat est déclarée **impossible**. Déduction négative. *It **can't** be true!* C'est impossible ! / Ce n'est pas vrai !	**Couldn't** La relation sujet / prédicat est déclarée **difficilement imaginable**. *It **could** not be true.* Je ne pense pas que cela soit vrai.

- ***Might*** et ***could*** sont très proches ici.

She might be in her room. / *She could be in her room.* Il se pourrait qu'elle soit dans sa chambre.

Could apporte toutefois la nuance « en théorie ». On dira donc : ***Theoretically***, *she **could** be in her room* plutôt que : *Theoretically, she **might** be in her room.*

- A la forme négative, la différence entre ***might*** et ***could*** est plus nette.

*The river **might not** overflow.* Il se pourrait que la rivière ne déborde pas.
*The river **could not** (possibly) overflow.* Il n'est pas possible que la rivière déborde.

> On remarquera que la quasi-certitude est exprimée à l'aide de ***must*** + V. L'inverse (quasi-certitude négative) est exprimée à l'aide de ***can't*** + V.

LE RENVOI AU PRÉSENT, À L'AVENIR, AU PASSÉ

A **Pour exprimer une plus ou moins grande certitude sur un fait actuel**, on emploie :

- **Modal** + V.

*He must **be** mad!* Il doit être fou !
*She might **know**.* Il se pourrait qu'elle soit au courant.

- **Modal** + ***be*** + V-***ing***.

*He must **be** working.* Il doit être en train de travailler.

May peut aussi exprimer la **concession**.

*He **may** be rich but he's unbearable.*
Il est peut-être riche, mais il est insupportable.

B **Pour exprimer une plus ou moins grande certitude sur un fait à venir**, on emploie : **modal** + V ou **modal** + **be** + V-***ing***.

*It **may rain** this afternoon.* Il se peut qu'il pleuve cet après-midi.
*Don't call me at 9, I **might be** slogging away at revision.* Ne m'appelle pas à neuf heures, il se pourrait que je sois en train de bûcher mes révisions.

Ce sont bien sûr les indicateurs temporels *this afternoon* et *at 9* qui permettent le renvoi à l'avenir.

Must ne peut renvoyer à l'avenir **qu'avec des verbes d'action** et le plus souvent accompagnés de ***certainly***, ***probably***, ***surely***...

They must surely be flying tomorrow. Ils doivent sans doute prendre l'avion demain. [Mais on ne dira pas : ~~It must be raining this afternoon.~~]

C **Pour exprimer une plus ou moins grande certitude sur un fait révolu**, on emploie :

• **Modal** + *have* + **participe passé**.

*You **can't have met** him!* Tu n'as pas pu le rencontrer, ce n'est pas possible !
*They **may have missed** their plane.* Il se peut qu'ils aient raté leur avion.

• **Modal** + *have* + *been* + V-*ing*.

*You **must have been** day-dreaming!* Tu étais sans doute perdu dans tes rêves !

Le renvoi au révolu se fait à l'aide de *have* + **participe passé**. Le modal signale, lui, une déduction présente (qui porte sur le révolu).

*You **can't have <u>met</u>** him.* = *You / have met him* <u>n'est pas possible.</u>
   participe passé   ***can't***

RÔLE DE *BE* + *ING* APRÈS LES MODAUX

La forme *be* + *ing* signale qu'un événement est perçu à un moment de son déroulement. Cette valeur se trouve également dans : **modal** + *be* + V-*ing*.

Dans : *He must be working* (Il doit être en train de travailler), l'énonciateur imagine l'événement *he / work* en cours de déroulement, dans une situation précise. On peut en dire autant de : *He may / might / can't be working now.* (Il se peut / il se pourrait / il n'est pas possible qu'il soit en train de travailler.)

On utilise en particulier *be* + *ing* avec les verbes d'activité parce que ce sont les plus compatibles avec la valeur « perçu à un moment du déroulement ».

Lorsque le degré de certitude porte sur l'actuel ou l'avenir, *be* + *ing* est souvent indispensable avec les verbes d'activité.
Alors que : *He must be working* se comprend comme : « Il doit être en train de travailler », *He must work* signifie : « Il faut qu'il travaille. » Dans ce dernier cas, *he / work* ne peut pas être perçu en cours de déroulement puisque *he* n'est pas en train de travailler.
Inversement, dans : *He must be working,* nous trouvons **une grande certitude** (un certain nombre d'indices : bruits, lumière allumée... me permettent de déduire que *he / work* est vrai) + **action considérée dans son déroulement**.
On voit ainsi que la forme *be* + *ing* associée à un modal exprime un lien fort à une situation (réelle ou imaginaire).

2 La capacité / la propriété du sujet

Les modaux permettent à l'énonciateur de présenter le sujet comme capable de, incapable de réaliser le prédicat.

CAPACITÉ OU PROPRIÉTÉ PRÉSENTE

A *Can* + V permet d'indiquer :

• **Une capacité** (ponctuelle, occasionnelle ou permanente)**.**

Help me if you ***can****.* Aide-moi si tu peux. [capacité ponctuelle]

Come on, you ***can*** *lift it, it's not very heavy.* Allons, tu peux soulever ça. Ce n'est pas très lourd. [capacité ponctuelle]

He ***can*** *be very unpleasant.* Il sait / peut être très désagréable. [capacité occasionnelle]

She ***can*** *swim.* Elle sait nager. [capacité permanente]

Be able to s'emploie peu au présent.

Pour l'opposition ***can*** / ***be able to***, voir page 111.

• **Une propriété du sujet**.

Cigarettes ***can*** *seriously damage your health.* Les cigarettes peuvent nuire gravement à votre santé.

Can ne peut pas se paraphraser par ***be able to*** ici.

B **Emploi de** *can* **avec les verbes de perception.**

Les verbes de perception involontaire (*see / hear / smell / taste*) sont peu compatibles avec ***be*** + ***ing***. Si l'attention de l'énonciateur se porte sur l'activité du sujet grammatical, sur sa capacité à voir, écouter, sentir, goûter, il a recours au modal ***can*** qui permet de mettre en relief la capacité du sujet à voir, écouter, sentir, goûter.

I ***can*** *see you're not feeling well.* Je vois bien que tu n'es pas en forme.

Can *you hear me?* Tu m'entends ?

 La traduction française ne comporte presque jamais la mention explicite d'une capacité.

C *Cannot (can't)* + V.

Au contraire de ***can***, ***cannot*** (***can't***) attire l'attention sur une incapacité ou une propriété négative.

I ***cannot*** *do it.* Je suis incapable de le faire.

*He **can't** come tomorrow*. Il ne peut pas venir demain.
*She **can't** read*. Elle ne sait pas lire.
*Some diseases **cannot** be cured*. Certaines maladies sont incurables.

D *Will / will not (won't)* + V.

Will permet de décrire une **propriété du sujet grammatical**. Cette propriété peut être interprétée de diverses manières.

• **Propriété du sujet interprétée comme la volonté du sujet.**
Will se rencontre principalement dans ce cas à la forme interrogative (*will you* + V ?) ou à la forme négative (*won't* + V).

***Will** you **have** a drink?* Voulez-vous boire quelque chose ?
*He **won't talk** to anyone*. Il refuse de parler à qui que ce soit.

L'énonciateur peut attribuer cette « volonté » à un objet. Ce dernier est alors en quelque sorte personnifié.

*This car **will not start***. Cette voiture refuse de démarrer.

Notez la traduction de **will** par « vouloir », **will not** / **won't** par « refuser ».

• **Propriété du sujet présentée comme caractéristique, inhérente au sujet.**

*Oil **will** float on water*. L'huile flotte sur l'eau. [*Float on water* est une propriété inhérente à *oil*.]
*This machine **will** wash four kilos of laundry*. Cette machine peut laver quatre kilos de linge.
*The theatre **will** seat 2,000 people*. Ce théâtre peut contenir 2 000 personnes.

• **Propriété du sujet interprétée comme une habitude**.

*They **will sit** here for hours waiting for their son to come home*. Ils restent assis ici des heures à attendre le retour de leur fils.

Remarquez dans tous ces cas la traduction de **will** par un présent.

Will en anglais et **wollen** en allemand ont une même origine. Il ne faut pas cependant les confondre : le verbe allemand a un sens plein (*ich will* = je veux*), alors que **will** en anglais est devenu avec le temps un outil de commentaire, un modal (il n'est plus verbe lexical).

CAPACITÉ OU PROPRIÉTÉ PASSÉE

L'énonciateur emploie dans ce cas **could** ou **would**, deux modaux au prétérit utilisés ici pour renvoyer au révolu.

Could / could not (*couldn't*) + V.

Ces modaux peuvent être utilisés pour décrire une **capacité** (incapacité) ponctuelle ou permanente qui appartient au **passé**.

*When I was young, I **could** read without glasses.* Lorsque j'étais jeune, je pouvais lire sans lunettes.

*Sorry, I **could** not come.* Je suis désolée. Je n'ai pas pu venir.

Ils sont aussi employés avec les **verbes de perception involontaire**.

*When we went into the house, we **could** smell something burning.* Lorsque nous sommes rentrés dans la maison, ça sentait le brûlé.

Pour la différence entre *could* et *was / **were able to***, voir page 112.

B *Would / would not* (*wouldn't*) + V.

• Ces modaux peuvent être utilisés pour décrire une **propriété** du sujet grammatical (volonté, caractéristique, habitude) qui appartient au **passé**.

Volonté passée :
*He **would not** tell us where he had spent the night.* Il refusait de nous dire où il avait passé la nuit.

Habitude passée :
*"Each morning my sister and I **would** leave home... We **would** say goodbye to our parents...."* « Tous les matins, ma sœur et moi quittions la maison... Nous disions au revoir à nos parents... »

Pour cet emploi de *would* parfois appelé **fréquentatif**, voir également *used to*, page 113.

 Dans ces emplois, *would* se traduit par l'imparfait en français.

• Remarquez l'emploi particulier de *would* dans ces deux énoncés :
*"I have forgotten my keys." "You **would**!"* « J'ai oublié mes clefs. » « Pas étonnant ! / C'est typique ! / C'est bien de toi, ça ! »
*"You **would** go and tell her!"* « Il fallait que tu ailles lui raconter ! »

Dans le premier énoncé, *you would* sous-entend *you would forget your keys* (= cela te ressemble bien d'avoir oublié tes clefs). Nous avons bien un lien au révolu (que marque en français l'infinitif passé « avoir oublié tes clefs »).

Le second énoncé manifeste également un lien au révolu comme le montre l'imparfait dans « il fallait » et sous-entend : cela te ressemble bien (d'être allé lui raconter).

Would exprime dans ces deux exemples une caractéristique du sujet grammatical liée au passé.

- *Could* (*could not* / *couldn't*) et *would* (*would not* / *wouldn't*) peuvent également être des prétérits de **discours indirect**.

He said, "I can come any time." Il a dit : « Je peux venir n'importe quand. »
► *He said he could come any time.* Il a dit qu'il pouvait venir n'importe quand.
She wondered if he would ever write to her. Elle se demandait s'il lui écrirait jamais.

Pour le discours indirect, voir page 299.

CAPACITÉ OU PROPRIÉTÉ FICTIVE

Dans ces emplois, les formes *could* et *would* sont des prétérits du non-réel (de l'hypothétique) et se traduisent par un **conditionnel** en français.

A *Could* / *could not* (*couldn't*) peuvent être utilisés pour :

- **Atténuer l'idée de capacité contenue dans *can*.**
Cet usage est très fréquent dans le cas de suggestions ou de demandes polies.

Could you shut the door, please? Pourriez-vous fermer la porte, s'il vous plaît ?
"What shall we do this evening?" "We could go to the cinema."
« Que fait-on ce soir ? » « On pourrait aller au cinéma. »

- **Décrire une capacité non réelle**, **imaginaire**, **dans le présent.**
Why doesn't she apply for the job? She could get it.
Pourquoi ne demande-t-elle pas cet emploi ? Elle pourrait l'obtenir.
I could come earlier, if necessary. Je pourrais venir plus tôt, si nécessaire.
I wish I could go. J'aimerais pouvoir y aller.
You could succeed if you worked harder.
Tu pourrais réussir si tu travaillais davantage.

Dans ce dernier exemple, *you* est déclaré capable de... (emploi de *can*) mais la réalisation de *you / succeed* est soumise à une condition qui est pour l'instant du non-réel (*if you work**ed*** = prétérit du non-réel). Ceci explique que *can* soit employé au prétérit du non-réel = *could*.

B *Could* / *could not* (*couldn't*) + *have* + participe passé.

Forme : *can* au prétérit + *have* + participe **passé**.
[*can* = capacité ; prétérit = non-réel ; participe passé = révolu]

Cette forme correspond en français à « aurais (aurait...) pu ».

We could have gone to the cinema but we decided to stay at home. Nous aurions pu aller au cinéma mais nous avons décidé de rester chez nous.

Le sujet *we* avait la capacité d'aller au cinéma mais la relation *we / go to the cinema* n'a pas eu lieu.

Comparons les deux énoncés suivants :

• *I'm sure you **could** come.* Je suis sûr que tu pourrais venir.

You a décidé de ne pas venir, l'énonciateur déclare ***you*** capable de venir (***can***), mais cette capacité est du domaine de l'imaginaire, du non-réel dans le présent, d'où ***could*** + V. ***You*** viendra peut-être si l'énonciateur est assez convaincant.

• *I'm sure you **could have** come.* Je suis sûr que tu aurais pu venir.

You est déclaré capable de venir (***can***), mais cette capacité est du domaine du non-réel dans le passé, d'où ***could*** + ***have*** + participe passé. ***You*** n'est pas venu. Cet énoncé a valeur de **reproche**.

C ***Would / would not* (*wouldn't*) + V.**

• ***Would* / *would not*** + V. peuvent être utilisés pour atténuer l'idée de volonté contenue dans ***will***. Leur usage est très fréquent dans les **suggestions** ou l'expression de **souhaits**.

Would *you pass me the salt, please?* Pourriez-vous me passer le sel ?

Would *you type this text for me, please?* Vous voudriez bien me taper ce texte ?

• ***I wish... would...*** s'emploie souvent lorsque l'énonciateur désire que quelque chose qui ne dépend pas de sa volonté propre se produise. ~~*I wish I would*~~ est donc impossible. On pourra dire en revanche : *I wish I could!* Si seulement je pouvais !

*I wish you **wouldn't** drive so fast!* J'aimerais bien que tu conduises moins vite ! Si seulement tu **voulais** bien ralentir un peu !

*I wish it **would** stop raining!* J'aimerais qu'il s'arrête de pleuvoir ! Si seulement la pluie **voulait** bien arrêter de tomber !

Pour l'emploi du prétérit après *wish*, voir page 48.

Capacité / propriété du sujet : tableau récapitulatif

CAN		
Capacité actuelle		**Can** + V *She can speak English.* Elle parle anglais.
Capacité actuelle atténuée	prétérit du non-réel	**Could** + V *Could you repeat, please?* Pourriez-vous répéter ?
Capacité imaginaire	prétérit du non-réel	**Could** + V *I could get the job if I wanted to.* Je pourrais obtenir ce travail si je voulais.

Volonté actuelle		**Will** + V *Will you sit down?* Si vous voulez bien vous asseoir...
Caractéristique / habitude actuelle		**Will** + V *Oil will float on water.* L'huile flotte sur l'eau.
Volonté actuelle atténuée	prétérit du non-réel	**Would** + V *Would you pass me the salt, please?* Pourriez-vous me passer le sel ?

COULD / WOULD = RENVOI AU PASSÉ

Capacité passée	prétérit du renvoi au passé	**Could** + V *He could not come: he was ill.* Il n'a pas pu venir : il était malade.
Caractéristique / habitude passée	prétérit du renvoi au passé	**Would** + V *He would sit for hours, waiting for her to come back.* Il restait assis pendant des heures à attendre qu'elle revienne.

COULD + HAVE + PARTICIPE PASSÉ

Capacité non réalisée dans le passé	prétérit du non-réel + *have* + participe passé	**Could have** + participe passé *You could have told me the truth.* Vous auriez pu me dire la vérité.

Remarquez que *be* + *ing* n'apparaît pas dans ce tableau.

3 Une pression est exercée sur le sujet

Les modaux permettent également de signaler que le sujet est soumis à une pression plus ou moins forte qui va de l'obligation à la permission ou à la suggestion. L'origine de cette pression peut être l'énonciateur, les circonstances, un règlement, les convenances sociales...

SHALL + V

A Forme interrogative : première personne.

• **Shall** *I...?* **shall** *we...?* sont d'usage fréquent dans le cas de demandes, d'offres, de suggestions.

Shall *I open the door for you?* Voulez-vous que je vous ouvre la porte ?
Shall *we go?* On y va si tu veux ?

La traduction « voulez-vous » / « si tu veux » montre que l'énonciateur *I / we* demande à celui qui l'écoute s'il souhaite exercer une pression, légère, sur *I / we*.

Must I open the door for you? (Faut-il que je vous ouvre la porte ?) impliquerait une réticence de la part de l'énonciateur.

• *Let's* est repris par *shall we?*
*Let's go, **shall** we?* On y va, d'accord ?

B **Forme affirmative : deuxième et troisième personne.**

• Cette utilisation est **peu fréquente** en situation de communication ordinaire. L'énonciateur exerce une forte pression sur le sujet. Il s'agit souvent d'une menace.

*You **shall** do as I tell you.*
J'exige que tu fasses ce que je te dis. / Tu feras ce que j'exige.

• *Shall* est assez fréquent dans les textes de loi, les règlements.

*The Senate of the United States **shall** be composed of two Senators from each state.* (Article 17 de la Constitution des Etats-Unis)
Le Sénat des Etats-Unis se composera de deux Sénateurs par état.

Remarquez l'emploi biblique de *shall* :

Thou shalt not kill. Tu ne tueras point.

Dans tous ces emplois, *shall* n'est jamais abrégé.

SHOULD

Should correspond au prétérit de *shall*. Ce prétérit atténue la valeur de *shall*. Avec *should*, la pression exercée sur le sujet est donc atténuée. L'usage de *should* est très fréquent.

A *Should* + V permet d'exprimer :

• **Une obligation atténuée.**

*You **should** behave yourself.* Tu devrais te conduire correctement.

La pression exercée sur *you* est moins forte qu'avec **must** ou **shall**. Notez la traduction par un conditionnel en français également moins catégorique que le présent (Tu dois te conduire correctement).

Pour les verbes d'action, lorsque l'événement est perçu en cours de déroulement, il est possible d'employer ***should*** + **be** + V-***ing***.

*That motor cyclist **should be** wearing a crash helmet.*
Ce motard devrait porter un casque.

Le sous-entendu permis par *be* + *ing* est « en ce moment ». Ce qui est perçu en cours de déroulement est : *he* **is not** *wearing a crash helmet.*

They **shouldn**'t **be** play**ing**. They should be at school.*
Ils ne devraient pas être en train de jouer. Ils devraient être à l'école.

• Un conseil.

Should + V est souvent utilisé pour donner un conseil. L'atténuation par rapport à un ordre est parfois appuyée par l'emploi de : *I think... I don't think...*

You **should** *stop smoking.* Tu devrais arrêter de fumer.
I don't think you **should** *work so hard.*
Je pense que tu ne devrais pas travailler autant.

Lorsque l'action est perçue en cours de déroulement, on trouvera la forme **should** + **be** + V-**ing.**

You **shouldn't be** *driving so fast!*
Tu ne devrais pas conduire si vite ! Tu devrais ralentir.

La traduction par : « Tu devrais ralentir » implique en français la référence à une action en cours de déroulement, alors que « conduire si vite » pourrait faire référence à une habitude. On voit ainsi que **be** + **ing** crée un lien fort avec une situation précise.

B   **Should** + *have* + **participe passé.**

Forme : should (prétérit du non-réel) + **have** + participe **passé.**
[*should* = pression atténuée sur le sujet ; participe passé = renvoi au révolu]

Should + *have* + **participe passé** exprime souvent un reproche.

You **should have** *warn**ed** him.* Tu aurais dû le prévenir.

Pour signaler qu'une action aurait dû être en cours de déroulement, on emploie : **should** + **have** + **been** + V-**ing.**

Why were you at home yesterday? You **should have been** *work**ing**.*
Pourquoi étais-tu chez toi hier ? Tu aurais dû être au travail.

| *MUST*

Must + V est d'un emploi fréquent :

A   **Dans la formulation d'un ordre donné à autrui.**

You **must be** *careful.* Vous devez être prudents.

Must not (**mustn't**) implique un ordre négatif, donc une interdiction. La négation porte sur le verbe lexical.

You **mustn't tell** *anyone what I said.* Je vous interdis de répéter ce que j'ai dit.

> Ne pas confondre :
>
> *You **must not** tell me. Tu ne dois pas me le dire.*
> *You **don't have to** tell me. Tu n'es pas obligé de me le dire.*

B **Quand l'énonciateur donne son opinion** sur ce qui lui paraît **nécessaire**.

*The government **must do** something about unemployment.* Le gouvernement doit faire quelque chose contre le chômage.

*I **must go** now.* Je dois partir maintenant.

[L'énonciateur s'impose une contrainte, une nécessité.]

*Why **must** you always **be** so rude?* Pourquoi faut-il donc que tu sois toujours aussi impoli ?

[expression d'une ironie ; paraphrase : Pourquoi te sens-tu obligé d'être toujours aussi impoli ? / D'où vient cette **nécessité** que tu ressens d'être... ?]

Pour la comparaison *must* / *have to*, voir pages 116-117.

> Quand *must* exprime une pression exercée sur le sujet, il n'est **jamais** suivi de *be + V-ing*. C'est logique : il y a incompatibilité de sens entre la valeur « saisie en cours de déroulement » de *be + ing* et la valeur de nécessité, d'obligation ou d'ordre contenue dans *must*. Si je dis : *you must work*, c'est très précisément parce que *you* **n'est pas en train de** travailler.

C *Must* n'a pas de prétérit. Pour **renvoyer au révolu**, il faut faire appel à la structure *had to + V*.

*In 1900, most immigrants **had to** go through Ellis Island before being allowed into the United States.* En 1900, la plupart des immigrants devaient passer par Ellis Island avant d'être admis à entrer aux Etats-Unis.

Au style indirect, on peut employer *must* après un verbe au passé.

*There was no escape : he thought to himself he **must make** a decision.* Il n'y avait pas d'échappatoire : il pensa en lui-même qu'il **fallait** qu'il prenne une décision / qu'il **devait**...

Remarquez la traduction de *must* à l'aide d'un imparfait.

MAY + V / *CAN* + V

A *May* est fréquemment employé pour demander une **permission**.

***May** I have a word with you?* Puis-je vous parler un instant ?

May s'emploie à la forme affirmative pour accorder une permission.

*You **may** go now.* A présent, vous pouvez partir.

May not est utilisé pour refuser une permission.

You **may not** *use that phone*. Vous n'avez pas le droit de vous servir de ce téléphone.

May + **sujet** + **verbe** est parfois employé pour exprimer un **souhait**.

May they find peace and happiness. Puissent-ils trouver la paix et le bonheur.

> Lorsque *may* exprime une permission, la négation porte sur le modal. *You* **may not** *use that phone* = I **don't allow** *you to use that phone.* Lorsque *may* est employé pour exprimer un degré de certitude, la négation porte sur le verbe.
>
> *He is very busy at the moment, he* **may** *not come.* Il a beaucoup à faire en ce moment, il se peut qu'il **ne vienne pas**.

B **May** ou *can* ?

• *Can* est lui aussi employé afin d'accorder une **permission** ou de demander une **autorisation**.

You **can** *stay if you want to.* Tu peux rester si tu veux.

Comparons les deux énoncés suivants :

May I borrow your car? Puis-je t'emprunter ta voiture ?

Can I borrow your car? Je peux t'emprunter ta voiture ?

May est considéré ici comme plus poli car la réponse attendue avec *may* peut être oui ou non. *Can* sous-entend une réponse positive. Remarquez, d'ailleurs, la possibilité de traduire par une forme quasi affirmative en français dans une situation de communication ordinaire.

• Dans les deux cas (*May I...* et *Can I...*), la réponse : *Yes, you can* ou *No, you can't* est beaucoup plus fréquente que : *Yes, you may* ou *No, you may not.* L'emploi de *may* impliquerait de la part de l'énonciateur la mise en avant de son autorité ou de sa supériorité. Avec *of course*, on emploie *can* (autorisation évidente).

Of course, you **can**. Bien sûr que oui.

• *Cannot* (*can't*) est utilisé pour refuser une autorisation.

You **can't** *use that telephone.* Tu ne peux pas te servir de ce téléphone.

May not est plus autoritaire = « tu n'as pas le droit de... »

| *MIGHT* + V

Might est le prétérit de *may*.

• *Might* exprime du non-réel, du non-certain, et représente une atténuation de *may*.

Il est utilisé à la forme interrogative dans un style soutenu et surtout précédé de : *I wonder if...*

Might I suggest...? Puis-je suggérer... ?

*I wonder if I **might** borrow your car.*
Je me demande si je pourrais t'emprunter ta voiture.

• ***Might*** peut aussi exprimer une suggestion (***might*** + verbe) ou un reproche (***might*** + ***have*** + participe passé).

*You **might** try again.* Tu pourrais essayer encore une fois.

*You **might** have tried again.* Tu aurais pu essayer une fois de plus.

• Il peut correspondre à ***may*** dans le discours indirect (style recherché).

You may come back whenever you like.
Vous pouvez revenir quand il vous plaira.

► *He assured me I **might** come back whenever I liked.*
Il m'a assuré que je pouvais revenir quand je voulais.

COULD + V

• *Could*, rappelons-le, est le prétérit de ***can***. ***Could*** est souvent employé pour exprimer du non-réel, de l'hypothétique. Il est d'usage courant à la forme **interrogative** pour demander timidement une permission.

*Do you think I **could** use your telephone?* Pourrais-je me servir du téléphone ?

• ***Could* ne s'emploie pas** pour accorder (ou refuser) une permission.

Could** I borrow your pen? Yes, you **can (ou *Yes, you may*), mais non ~~Yes, you could~~.

En effet : *Yes, you could* (Oui, tu pourrais*)* supposerait une permission non certaine. Or on ne peut pas accorder une permission non certaine, une permission s'accorde ou se refuse.

• ***Could*** peut correspondre à ***can*** dans le discours indirect.

"Can I borrow your pen?" he asked her.
« Je peux emprunter votre stylo ? » lui demanda-t-il.

► *He asked her if he **could** borrow her pen.*
Il lui demanda s'il pouvait emprunter son stylo.

Pression exercée sur le sujet : tableau récapitulatif

	EMPLOIS FRÉQUENTS	EMPLOIS MOINS FRÉQUENTS
Pour contraindre, donner un ordre	***Must* + V** *We must hurry up!* Il faut qu'on se dépêche !	***Shall* + V** *He shall do as I tell him.* Il fera ce que je lui dis.
Pour interdire	***Must not* + V** *You must not smoke.* Tu ne dois pas fumer.	***Shall not* + V** *Thou shalt not kill.* Tu ne tueras point.

	EMPLOIS FRÉQUENTS	EMPLOIS MOINS FRÉQUENTS
Pour offrir / suggérer de...	**Shall + I** + V *Shall I open the window?* Désirez-vous que j'ouvre la fenêtre ?	**Might** + V *You might try again.* Tu pourrais encore essayer.
Pour donner un conseil	**Should** + V *You should hurry up!* Tu devrais te dépêcher ! *You should be working!* Tu devrais être en train de travailler !	
Pour accorder une permission	**Can** + V *You can come if you want.* Tu peux venir si tu veux.	**May** + V *Here, a girl may marry at 15.* Ici, les jeunes filles ont le droit de se marier à 15 ans.
Pour demander une permission	**May** + Sujet + V ? **Can** + Sujet + V ? **Could** + Sujet + V ? *May I / can I borrow your car?* Puis-je vous emprunter votre voiture ? *Could I get some more?* Pourrais-je en avoir encore un peu ?	**Might** + Sujet + V ? *Might I keep this book?* Pourrais-je garder ce livre ?
Pour refuser une permission	**Can't** + V *You can't use that telephone.* Tu ne peux pas te servir de ce téléphone.	**May not** + V *You may not smoke in class.* Vous n'avez pas l'autorisation de fumer en classe.

Be + **ing** ne s'emploie qu'avec **should**. Pour les autres modaux (qui expriment un ordre, une autorisation), l'énonciateur ne s'intéresse aucunement à un quelconque déroulement.

4 Shall / will : le renvoi à l'avenir

S'exprimer sur l'avenir, c'est prendre position sur des faits à venir. L'anglais, n'ayant pas de temps grammatical pour le futur, a souvent recours à des modaux (outils de prise de position sur la relation sujet / prédicat) pour s'exprimer sur des faits à venir. ***Shall*** et ***will***, par leur origine, se prêtent particulièrement bien à ce rôle.

> ***Shall*** provient du vieil-anglais *sculan* qui signifiait « devoir » et ***will*** de *willan* qui signifiait « vouloir ». « Devoir » et « vouloir » sont deux verbes orientés vers l'avenir : ce que je **dois** ou **veux** faire ne pourra être réalisé que dans un moment à venir. Les origines de ***shall*** et de ***will*** permettent de comprendre le glissement de sens de ces deux modaux vers l'expression du renvoi à l'avenir.

FORMES

• **1re personne** (singulier et pluriel)

Forme affirmative : ***shall*** / ***will*** + V

I shall / will go; we shall / will go.

Forme interrogative : ***shall*** I / *we* + V ?

Shall we go?

Forme négative : I ***shall not*** / ***will not*** + V

I shall not / will not go.

> *I* ***shall*** et *we* ***shall*** sont de moins en moins employés, au profit de *I* ***will*** et ***we will***.

• **2e et 3e personnes** (singulier et pluriel) : ***will*** / ***will not*** + V

They will go. Will you go? He will not go.

• **Formes contractées :**
shall / ***will*** ► *'ll* ; ***shall not*** ► *shan't* ; ***will not*** ► *won't*

I'll go. He'll go. They'll not go. We'll not go.
I shan't / won't go. He won't go.

La forme contractée se rencontre surtout avec les pronoms personnels (*I, you, he, she...*). On écrit : *The sun will go down in a few minutes,* même si on entend le plus souvent : *The sun'll go down in a few minutes.*

A ***Will (shall)*** + V s'emploie :

• **Pour parler d'un événement à venir**, pour exprimer une simple prédiction.

*We'll all **be** back before dark.* Nous serons tous de retour avant la nuit.
*You'll **regret** it some day.* Un jour, tu le regretteras.

• **Pour énoncer une décision ponctuelle**, prise au moment actuel.

*I can't do it now. I'**ll do** it tomorrow.*
Je ne peux pas m'en occuper maintenant. Je le ferai demain.
[Le téléphone sonne] *I'**ll get** it.* Je réponds. / J'y vais.

Pour la comparaison avec ***be going to*** + V, voir page 80.

Will (***shall***) + V est souvent employé après les expressions ou mots suivants :

> *probably* : probablement / *(I) think* : je pense / *(I'm) sure* : je suis sûr /
> *(I) expect* : je m'attends à ce que

*They'**ll** probably **find** it very easy.*
Ils trouveront sans doute cela très facile.
*I'm sure a week's holiday **will do** her good.*
Je suis sûr qu'une semaine de vacances lui fera du bien.

B ***Will have*** + participe passé.

• **Forme :** ***will*** + ***have*** + participe passé.
[*will* = référence à l'avenir ; participe passé = lien avec le passé]

• ***Will have*** + participe passé s'emploie pour faire référence à une action qui sera du passé à un moment à venir. Cette tournure correspond au futur antérieur français.

*The snow **will** **have** disappeared before the end of April.*
    à venir   achevé   à venir

La neige aura disparu avant la fin du mois d'avril.

    moment présent   *the end of April*
- →
    ↓   ↓
           La disparition de la neige se situe
           à l'intérieur de ce cadre temporel.

C ***Will (shall)*** + ***be*** + V-*ing*.

• L'emploi de ***be*** + V-*ing* implique l'idée **d'une action en cours de déroulement**. ***Shall*** / ***will*** + V-*ing* permet d'effectuer un arrêt sur image de l'activité du sujet à un moment donné à venir.

This time next week, he'll be flying to Montreal.
A cette heure-ci, la semaine prochaine, il sera dans l'avion pour Montréal.

• L'emploi de **be** + V-**ing** implique un **commentaire de l'énonciateur.** Il est sous-entendu : ça a été décidé, c'est inévitable.

*We **shall be** landing shortly.* Nous allons atterrir dans quelques minutes.
Now you know well what we can take and what we can't take. We'll be camping out: a few pots to cook in...
Voyons, vous savez très bien ce qu'on peut emporter ou non. On va camper : il nous faut quelques récipients pour la cuisine...

• **Will be** + V-**ing** est d'un usage fréquent à la forme interrogative.

"Will you be using your laptop tomorrow?" "No, you can take it." « Est-ce que tu te serviras de ton ordinateur portable demain ? » « Non, tu peux le prendre. »

Nous avons là une demande de renseignement alors qu'avec **will** + V, nous aurions facilement une nuance de volonté, d'intention.

Will you use your laptop tomorrow...?
As-tu l'intention de te servir de ton portable demain ?

Notez que l'ajout de **be** + **ing** à **shall** / **will** permet souvent de gommer toute nuance de volonté.

5 Should / would : le conditionnel

| FORME

Would + V est employé à toutes les personnes pour former le « conditionnel ».

*I / he - she - it / we / you / they **would** do it.*

On trouve souvent la forme contractée **'d**.

*I'**d** / he'**d** do it...*

En anglais britannique, on emploie parfois **should** à la première personne.

*I **should** do it if I were you.* Je le ferais si j'étais à ta place.

Cependant, **I would** / **we would** est maintenant beaucoup plus fréquent. Le plus souvent, *I should do it* / *we should do it* s'interprètent comme : « Je devrais » / « Nous devrions le faire » (voir page 97).

A *Would* (*should*) + V.

• **Would** (**should**) + V s'emploie dans les propositions principales lorsque la subordonnée comporte *if* + **verbe au prétérit**.

I would do it if I were you. Je le ferais si j'étais toi. / A ta place, je le ferais.

Would exprime une prédiction hypothétique et *if I were you* du non-réel.

• La condition peut être sous-entendue.

I'd be happy to come along. J'aimerais me joindre à vous.
[sous-entendu : *if I could,* si je pouvais].

Les structures *I should think* (je pense), *I should hope* (j'espère), *I should imagine* (j'imagine) sont employées pour atténuer une opinion.

I should imagine it won't take long. J'imagine que ça ne prendra pas longtemps.

B *Would* au discours indirect.

• **Would** (**'d**) + V est dans ce cas l'équivalent de **shall** / **will** au discours direct.

He said, "I'll come." ➤ *He said he would come.*
Il a dit : « Je viendrai. » Il a dit qu'il viendrait.

He wrote to say he would be back on Friday.
Il a écrit pour dire qu'il serait de retour vendredi.

• Ce **would** apparaît également au discours indirect libre.

He was lost. He would never find his way back home.
Il était perdu. Il ne retrouverait jamais son chemin.

[discours indirect] *He said to himself that he would never find...*
[discours direct] *He said to himself, I shall / will never find...*

C *Would* (*should*) *have* + **participe passé**.

Ces formes sont employées dans les propositions principales lorsque la subordonnée comporte *if* + **past perfect** (*had* + participe passé).

He would have done it if you had asked him.
Il l'aurait fait si vous lui aviez demandé.

Le past perfect exprime le non-réel, le non-vrai dans le passé ; *if you had asked him* sous-entend : *you did not ask him.*

D *Must* n'a pas de conditionnel propre. L'expression de l'obligation au conditionnel s'effectue grâce à **should** + V ou **would have to** + V.

You should behave yourself. Tu devrais te tenir convenablement.

If you went to London you would have to visit aunt Lucy. Si tu allais à Londres, il faudrait que tu rendes visite à tante Lucy. [= obligation soumise à condition]

Pour l'emploi de ces différentes formes, voir pages 97 et 115.

Can et **may** ont une forme de conditionnel qui leur est propre : **could** et **might**.

She **could** do it if necessary. Elle pourrait le faire si nécessaire.
He **might** have done it if only you had asked him. Il aurait pu le faire si tu le lui avais demandé.

Le conditionnel en français correspond parfois à « on dit que » / « on croit que... » / « il semble que... ». Dans ce cas, il ne se traduit pas par **would**, mais par **is said to**.

Trois prisonniers **auraient pris** la fuite. Three prisoners **are said** to have escaped. / **It is said** that three prisoners have escaped.

Le conditionnel, en français comme en anglais, n'est jamais qu'un **futur hypothétique**. En effet, dans la phrase : « Si nos amis arrivaient ce soir, nous pourrions partir dès demain matin », le conditionnel « pourrions » renvoie à un moment futur, mais la réalisation de « nous / partir demain » est hypothétique, c'est-à-dire soumise à condition (il faut d'abord que la condition « si nos amis arrivaient ce soir » soit réalisée). On comprend ainsi l'étiquette « conditionnel ».
On remarque d'ailleurs que la forme du conditionnel est très proche de celle du futur (comme en français, « je chanterai » / « je chanterais »). En anglais, on a **shall** / **will** et **should** / **would**. Le rôle du prétérit (dans **should** / **would**) est de signaler du non-réel et plus précisément de l'hypothétique (**shall** et **will** exprimant, bien sûr, un renvoi à l'avenir).

6 Les emplois non conditionnels de should

Should peut être employé **à toutes les personnes** après :

LA CONJONCTION **IF**

If you **should see** him this evening, can you tell him to call me?
Si jamais vous le voyez ce soir, pouvez-vous lui dire de m'appeler ?

Should renforce l'incertitude de l'énonciateur par rapport au présent :
if you see him... (si vous le voyez...)

Cette tournure est rendue en français par « au cas où... », « si jamais... », « si par hasard... »

Should peut également poser de lui-même une condition. On aura alors la structure : ***should*** + **sujet** + **verbe**.

Should you ***see*** him this evening, tell him to call me. Si vous le voyez ce soir, dites-lui de m'appeler.

Cette structure correspond à : ***If you see*** him this evening... Il s'agit d'un niveau de langue élevé.

IN CASE

Dans un contexte présent, avec ***in case*** + ***should*** + V, l'énonciateur est moins sûr de ce qu'il dit qu'avec ***in case*** + **présent**.

In case you ***meet*** him... Au cas où vous le rencontrez...

In case you ***should meet*** him... Au cas où vous le rencontreriez...

In case + ***should*** + V est fréquent dans un contexte passé.

He took a map in case he ***should get*** lost. Il prit une carte au cas où il se perdrait.

(IT IS) + ADJECTIFS EXPRIMANT UNE OPINION, UN JUGEMENT...

> (It is) necessary / vital / essential / important / strange / odd / funny / typical / natural / interesting / surprising... (I'm) surprised...

It is necessary that he ***should*** be told.
Il est nécessaire qu'on lui en parle / de lui en faire part.
They're delighted that she ***should*** still want to see him.
Ils sont ravis à l'idée qu'elle veuille encore le voir.

Pour les structures du type : That he ***should*** be told is necessary, voir page 287.

Avec ***it is*** + adjectif, on trouve plus facilement la structure : ***for*** + complément + ***to*** + verbe.

It is necessary ***for us to*** tell him. Il est nécessaire de lui en faire part.

LES VERBES EXPRIMANT UN ORDRE, UNE DEMANDE

> demand : exiger / insist : insister / propose : proposer / recommend : recommander / suggest : suggérer...

They demanded that I ***should*** apologize to them. = They demanded that I ***apologize*** to them. Ils ont exigé que je m'excuse auprès d'eux.
What do you suggest we ***should*** do? = What do you suggest we ***do***? Que suggérez-vous que nous fassions ?

A la place de **should**, on peut trouver le subjonctif après l'expression d'un **ordre** ou d'une **demande**.

*It is necessary that he **be** told.*
*They demanded that I **apologize** / **he apologize**.*

Mais on ne dira pas : ~~It is interesting that he be told~~ car *interesting* n'exprime pas un ordre.

L'emploi du subjonctif correspond à de l'anglais plutôt recherché. Son usage est plus fréquent en américain qu'en anglais britannique (voir aussi page 122).

FOR FEAR THAT / LEST (DE PEUR QUE...)

Il s'agit là d'un registre de langue écrite.

*He made him sign the contract immediately **lest** / **for fear that** he **should change** his mind...* Il lui fit signer le contrat sur le champ, de peur qu'il ne change d'avis.

Pour l'emploi de **should** après **so that**, **in order that**, voir page 292.

Dans tous ces emplois, **should** n'est **jamais utilisé** sous la forme contractée **'d**.

Rappelons que **should** correspond à **shall** + prétérit. Dans tous ces emplois, **should** exprime logiquement une projection dans l'avenir (rôle de **shall**), projection incertaine (rôle du prétérit).

10 Autres façons d'exprimer la modalité

Pour commencer

Il existe d'autres procédés pour intervenir sur la relation sujet / prédicat, moins fréquents que l'emploi d'un modal.

Pour commencer

1 L'expression de la plus ou moins grande certitude

A Celle-ci peut s'exprimer à l'aide d'**adverbes** tels que :

certainly / unmistakably : certainement / sans doute
very probably : très probablement
surely : certainement
maybe / perhaps / possibly : peut-être

Possibly / perhaps *they have gone already.* Peut-être sont-ils déjà partis.

B La certitude peut s'exprimer à l'aide des expressions :

(be) likely / unlikely to : il est probable / improbable que
(be) sure to : il est sûr que
(be) bound to : il est certain que

Ces expressions se construisent de deux façons :

It is likely *that she will succeed.* Il est probable qu'elle réussira.
[construction impersonnelle comme en français]
She is likely *to succeed.* Elle a des chances de réussir.
[*she* est le sujet grammatical mais la certitude exprimée est celle de l'énonciateur]

C **Ought to** peut être l'équivalent de **should** indiquant une quasi-certitude par référence à une norme.

Fireball **ought to** *win the Derby.* Fireball devrait logiquement gagner le Derby.

2 L'expression de la capacité du sujet

BE ABLE TO + V / BE UNABLE TO + V

A *Be able to* remplace *can* là où *can* est impossible. *Be unable to* remplace *cannot* dans les mêmes cas :

• **Sous la forme d'une base verbale**.

I might not be able to come tomorrow. Il se pourrait que je ne puisse pas venir demain.
I might be unable to come tomorrow.

• **Au futur**.

You will soon be able to pay for all your purchases with cybercash. Vous pourrez bientôt régler tous vos achats avec de l'argent électronique.
He will be unable to come. Il ne pourra pas venir.

• **Au present perfect et au past perfect**.

I haven't been able to sleep recently. Dernièrement, je n'ai pas pu dormir.
I have been unable to...

B *Can* + V ou *be able to* + V ?

Am / is / are able to peut exprimer une capacité (physique ou intellectuelle) présente. *Can* est beaucoup plus fréquent cependant. D'autre part, *be able to* décrit davantage une idée d'effort à fournir.

This child is not yet able to write. Cet enfant ne sait pas encore écrire.

Be able to ne s'emploie pas pour décrire une propriété caractéristique du sujet.

Cigarettes can (are able to) seriously damage your health. Les cigarettes peuvent nuire à votre santé.

DARE (OSER)

Dare se conjugue comme un verbe lexical ou comme un modal (avec le même sens). En tant que verbe lexical, il peut être suivi de *to*. En tant que modal, il s'emploie sans *do*.

She does not dare (to) sing. Elle n'ose pas chanter.
She dare not (daren't) sing. Elle n'ose pas chanter.

L'emploi modal se rencontre au présent et au prétérit.

She dared not sing. Elle n'osa pas chanter.

Notez les emplois suivants :

How dare you? Comment oses-tu ?
Don't you dare! Je te le déconseille !
I dare you! Chiche !

COULD + V / WAS (WERE) ABLE TO + V

A Ils font tous deux référence au révolu, mais ils ne sont **pas** interchangeables. **Was** (**were**) **able to** fait allusion à une occasion particulière, alors que **could** décrit une capacité générale.

*Fortunately, he **was able to** open the door and jump out before the car fell into the river.* Heureusement, il put ouvrir la porte et sauter avant que la voiture ne tombe dans la rivière.

*I ran fast, so I **was able to** (= managed to) catch the bus.* J'ai couru vite et ainsi j'ai pu attraper le bus.

mais : *When he was young, he **could** climb any tree in the forest.* Quand il était jeune, il pouvait grimper à n'importe quel arbre de la forêt.

▶◁
> Remarquez la différence de traduction.
> **Could** ▶ « pouvait » (imparfait) ≠ **was able to** ▶ « put », « a pu »
> (passé simple ou passé composé).

B Cette différence entre **could** et **was able to** s'estompe avec les verbes de perception.

I could (was able to) see him through an open window. J'ai pu / Je pouvais le voir par une fenêtre ouverte.

C Cette différence s'estompe également à la forme négative. **Was** (**were**) **unable to** + V est pratiquement équivalent à **could not** + V.

I could not (was unable to) understand a word. Je n'ai pas pu comprendre le moindre mot.

3 L'expression de la préférence : would rather + V

- **Forme interrogative** : **would** + sujet + **rather** + V.
*__Would__ you **rather stay** here?* Préfèrerais-tu rester ici ?

- **Forme négative** : **would rather not** + V.
*She **would rather not** drink wine.* Elle préfèrerait ne pas boire de vin.

- **Forme contractée** : **'d rather** + V.

A Cette tournure est utilisée pour exprimer la préférence.

"Do you want to go out this evening?" "I'd rather not." « Voulez-vous sortir ce soir ? » « Je préférerais ne pas sortir. »

He **would rather** read *than* talk. Il préfère lire plutôt que de parler.

Remarquez la construction à l'aide de *than* (*than* talk) car *rather* est un comparatif.

B Notez la structure **sujet 1** + *would rather* + **sujet 2** + **prétérit** lorsque le sujet de *would* (sujet 1) diffère de celui de la subordonnée (sujet 2).

*I'd rather he **kept** quiet about it.* J'aimerais mieux qu'il n'en parle pas.

Le prétérit *kept* est un prétérit du non-réel : *he / keep quiet about it* est décrit comme non vrai.

C Pour renvoyer au révolu, on emploie le **past perfect** après *would rather*.

*I'd rather you **hadn't told** her.* J'aurais mieux aimé que tu ne lui dises pas.

Would sooner s'emploie dans les mêmes conditions que *would rather*, mais est moins fréquent. On peut aussi employer la structure *would prefer* + *to* + verbe.

I'd prefer not to go out. Je préférerais ne pas sortir.

I would have preferred you not to tell her. J'aurais préféré que tu ne lui dises pas.

4 L'expression de l'habitude passée

Would + V peut être employé pour décrire une caractéristique du sujet appartenant au révolu. Cette structure est souvent comparée à *used to* + V.

A *Used to* en anglais contemporain se conjugue à l'aide de *did* + V aux formes interrogative et négative.

Did you use to work at night? Tu travaillais le soir à cette époque-là ?

They didn't use to work at night. [*They usedn't to work at night.* = variante formelle] Ils ne travaillaient pas le soir à cette époque-là.

Used to signale essentiellement un **contraste** entre l'événement décrit et le moment présent.

"Do you go to the cinema very often?" "Not now but I used to." « Vas-tu souvent au cinéma ? » « Non, mais autrefois j'y allais souvent. »

There didn't use to be a tree in this garden. Autrefois, il n'y avait pas d'arbre dans ce jardin.

*I'm just the shadow of the man I **used to** be*. Je ne suis plus que l'ombre de l'homme que j'étais.

Selon le contexte, ***used to*** peut exprimer une habitude, mais pas nécessairement. *There didn't use to be a tree* ne décrit pas une habitude.

B ***Would*** + V est l'expression d'une habitude passée. Cette habitude est décrite comme caractéristique, prévisible. ***Would*** + V s'emploie avec un sujet animé (humain ou animal).

*When he was young, he **would** spend every penny he earned on books*. Quand il était jeune, il dépensait chaque sou qu'il gagnait à s'acheter des livres.

> **Ne pas confondre *used to* + V et *be used to* + V-*ing*. *Be used to*** + V-*ing* exprime une habitude du sujet.
>
> *I **am used to** living alone*. J'ai l'habitude de vivre seul.
> *When they arrived, they **were not used to** driving on the left*. Lorsqu'ils sont arrivés, ils n'avaient pas l'habitude de rouler à gauche.

C On trouve aussi ***get used to*** + V-*ing* qui décrit une habitude subie par le sujet.

*She never **got used to** being called Mother*. Elle ne s'est jamais habituée à s'entendre appeler Maman.

On trouve *to* + V-*ing* car *to* est ici une préposition (voir p.18).

> ***Be used to*** + V-*ing* se traduit le plus souvent par « avoir l'habitude de... », ***get used to*** + V-*ing* par « s'habituer à... » / « se faire à... » et ***used to*** + **verbe** par l'imparfait et « autrefois ».

5 Une pression est exercée sur le sujet

L'EXPRESSION DU CONSEIL

A ***Ought to.***

- ***Ought to*** a certaines caractéristiques d'un modal :
- il n'a pas de -*s* à la troisième personne du singulier ;
- il se conjugue sans auxiliaire aux formes interrogative et négative ;
- il n'apparaît jamais à l'infinitif.

*He **ought not to** tell you*. Il ne devrait pas vous le dire.

• **Ought to** ou **should** + V ?

Ought to + V permet d'exprimer le conseil, mais il est moins fréquent que **should**. Avec **ought to**, l'énonciateur se réfère à l'usage, à des règles objectives, au sens commun.

You **ought to** *finish your work before going out.* Tu devrais finir ton travail avant de sortir.

Avec **should**, le conseil émane directement de l'énonciateur ; il est plus personnel, plus subjectif.

Let me tell you how I feel about it: you **should** *definitely dump him.* Je vais te dire ce que j'en pense : tu devrais vraiment le plaquer.

• **Ought to** + **have** + **participe passé** est utilisé pour exprimer l'idée d'un devoir qui n'a pas été accompli.

It **ought to** *have been done long ago.* Cela aurait dû être fait il y a longtemps.

B **Had better** + V.

Forme négative : **had better not** + V.

You **had better not go**. Tu ferais mieux de ne pas y aller.

Forme interro-négative :

Hadn't we better go? Il vaudrait mieux qu'on parte, non ?

La forme **interrogative** sans **not** s'emploie peu.

Forme contractée : **'d better** + V.

• Cette expression composée de *had* (prétérit du non-réel) + **better** (comparatif de **well**) est utilisée pour exprimer un conseil assez souvent assorti d'une idée de menace.

"I'm ready." "You'd better be!" « Je suis prêt. » « Il vaudrait mieux ! / T'as intérêt ! »

L'idée de menace disparaît quand le sujet est *I* ou *we*.

• **Had better** exprime davantage un sentiment d'urgence que **should** ou **ought to**.

"Do you think we **should** *be leaving?" "Well, we'***d better** *leave right now."*
« Tu ne penses pas qu'on devrait partir ? » « Oui, je crois que ça vaudrait mieux / qu'on aurait intérêt. »

I **had better go** *right now rather than arrive late.* Il vaudrait mieux que je parte tout de suite plutôt que d'arriver en retard.

L'EXPRESSION DE L'OBLIGATION

A **Have to.**

• **Have to** n'est pas un modal. Il se conjugue comme un verbe lexical. Les formes interrogative et négative comportent donc l'auxiliaire **do** (**did**).

Does he have to...? They didn't have to...

Tout comme le verbe lexical **have** au présent, **have to** peut être conjugué en employant **got**.

I've got to speak to you. Il faut que je te parle.

Have *you really* **got to** *go?* Faut-il vraiment que vous partiez maintenant ?

I **haven't got to** *do it.* Je ne suis pas obligée de le faire.

Ces formes sont d'un usage courant en anglais britannique.

• *Have to* **est utilisé, entre autres, là où** *must* **est impossible :**
– en base verbale ;

The letter **will have to** *be written tomorrow.*
Il faudra que la lettre soit écrite demain. [emploi « futur »]

If you wanted to arrive before him, you **would have to** *get up early.*
Si vous vouliez arriver avant lui, il vous faudrait vous lever tôt. [emploi « conditionnel »]

– au prétérit (temps de la narration passée) ;

He **had to** *pay a parking fine.* Il a dû payer une contravention.

– au present perfect et au past perfect.

Have *you ever* **had** *to go to the police station?* Avez-vous déjà eu à vous rendre au commissariat de police ?

• *Have to* **ou** *must* **?** *Have to* **et** *must* entrent en concurrence au présent mais ils ne sont pas interchangeables. Comparez :

You **must** *try and work harder.* Tu dois essayer de travailler davantage.

You **have to** *try and work harder.* Il faut que tu essayes de travailler davantage.

Avec **must**, l'énonciateur exerce une pression sur *you* en donnant un avis personnel, subjectif. Avec **have to**, l'énonciateur dresse un constat qui se veut objectif : *you* possède (emploi de **have**) une certaine obligation, en l'occurrence *work harder*.

Au présent, on trouve soit *have to,* soit *have got to.*

I **have (got) to** *go now.* Maintenant il faut que je parte.

Her eyes are not very good. She **has (got) to** *wear glasses for reading.*
Elle n'y voit pas très bien. Elle est obligée de porter des lunettes pour lire.

 Remarquez qu'en français, dans un registre de langue orale, « avoir à » peut également s'employer dans le sens d'une obligation. « Je vais rentrer tard, **j'ai à** faire des courses. »

• **Absence d'obligation.**
Don't have to + V fonctionne de manière très différente de *must not* + V. Comparons les deux énoncés suivants :

You **must not** *tell them the truth.* Tu ne dois pas leur dire la vérité.

You **don't have to** *tell them the truth.* Tu n'es pas obligé de leur dire la vérité.

Le premier énoncé équivaut à une **interdiction**. Le second implique une **absence d'obligation**.

*Didn't **have to*** + V exprime l'absence d'obligation dans le révolu.

*It was my day off, so I **didn't have to** get up early.* C'était mon jour de congé, je n'étais donc pas obligée de me lever tôt.

---

*You must **not tell** them the truth.* Tu ne dois pas leur dire la vérité.
[*must not* = obligation de **ne pas** = interdiction]

*You **don't have to** tell them the truth.* Ce n'est pas la peine de leur dire la vérité.
[**you** ne possède **pas l'obligation** de = absence d'obligation]

	MUST	HAVE TO
FORME AFFIRMATIVE		
Présent	**Obligation imposée par l'énonciateur** *He must go now.* Il doit...	**Obligation qui ne dépend pas de l'énonciateur** *He has (got) to go now.* Il faut que...
Prétérit	**Discours indirect** *He said he must go.* Il a dit qu'il devait...	**Narration** *He had to go.* Il devait / a dû ...
FORME INTERROGATIVE		
Présent	*What must I do?* Que dois-je...?	*Does he have to work on Sundays?* Doit-il...? Faut-il qu'il...?
Prétérit		*Did he have to work on Sundays?* Devait-il...? Fallait-il qu'il...?
FORME NÉGATIVE		
Présent	**Obligation de ne pas ; interdiction** *I must not be late.* Je ne dois pas...	**Absence d'obligation** *He doesn't have to work on Sundays.* Il n'est pas obligé de...
Prétérit	**Discours indirect : obligation de ne pas...** *She thought she must not be late.* ... qu'elle ne devait pas...	**Absence d'obligation dans le révolu** *They didn't have to come.* Ils n'étaient pas obligés...

B *Need not* = absence de nécessité.

Le verbe ***need*** se conjugue de deux façons : comme un verbe lexical ou comme un modal.

- En tant que **verbe lexical** aux formes interrogative et négative, il se conjugue avec **do** au présent et avec **did** au prétérit. Il est suivi de **to + V** ou d'un groupe nominal.

Do we *need to* make reservations? Avons-nous besoin de faire des réservations ?

- Comme **modal**, on trouve **need** à toutes les personnes.

*She **need** not...*

Need n'est pas suivi de **to**.

*She need not **write**.* Elle n'a pas besoin d'écrire.

Il est employé surtout à la forme négative **need not** ou **needn't**, parfois à la forme interrogative.

Need I put my name down? Dois-je écrire mon nom ?

- **Le verbe lexical *need*** signifie « avoir besoin de ».

La tournure modale *need not* signale l'absence de nécessité.

*We **needn't** buy our tickets in advance.* Il n'est pas nécessaire d'acheter nos billets à l'avance.
*He **need not** worry.* Il n'a pas besoin de s'inquiéter.

On pourrait également dire :

*We **don't need to** buy... / He **doesn't need to** worry.*

La différence de sens est à peine perceptible.

We needn't signifie : Il n'est pas nécessaire / utile de... ***We don't need to...*** : Nous n'avons pas besoin de...

- Lorsque l'absence de nécessité exprimée par **need not** porte sur un fait révolu, **need not** est suivi de **have** + participe passé.

*We **needn't have** worried after all.* Ce n'était pas la peine de nous inquiéter après tout.

Il y a une nuance entre : **needn't have** + **participe passé** et **didn't need to** + V. Comparez :

*You **didn't need to** do it.* Tu n'avais pas besoin de le faire.
*You **needn't have** done it.* Il n'était pas nécessaire que tu le fasses.

Dans le premier cas, l'énonciateur fait un simple constat : *do it* est présenté comme inutile. L'action n'a pas forcément été accomplie.

*The door was open: we **didn't need** to ring.* La porte était ouverte : nous n'avons pas eu besoin de sonner.

Dans le deuxième cas, l'énonciateur porte un jugement (utilisation d'un modal) : l'action a été accomplie mais est jugée non nécessaire (il n'était pas nécessaire que tu le fasses).

C *Is to (are to) / was to (were to)* + V.

- La tournure *is to* se veut l'expression d'une autorité abstraite, impersonnelle. On comprend pourquoi *is* / *are to* est employé dans les instructions et les modes d'emploi (par nature impersonnels).

No bicycle is to be left on these grounds. Défense de laisser sa bicyclette ici.
This medecine is to be taken every day. Prendre ce médicament tous les jours.

- On l'emploie notamment lorsque l'on donne un ordre à un enfant.

You are to go to bed at once. Il faut que tu ailles au lit immédiatement.
You are not to play by the river. Tu ne dois pas jouer près de la rivière.

D Comment traduire « devoir » ?

- Le verbe « devoir » en français est source de confusions. Il peut exprimer :
- **une grande certitude** : « Il **doit** être en train de regarder la télévision. »
- **l'obligation** : « Tu **dois** travailler si tu veux réussir. »
- **l'idée « il est prévu que... »** : « La Reine **doit** se rendre aux Etats-Unis... »

- L'anglais possède plusieurs outils pour traduire « devoir ».

- **Pour exprimer une grande certitude**, la seule traduction possible est *must*.

He must be watching TV.

- **Pour exprimer l'idée d'obligation**, l'anglais utilise *must* + V / *have to* + V / *is to* + V.

I don't want to see him ànymore. He must go. Je ne veux plus le voir. Il doit s'en aller.
You have to go now if you want to catch your train. Tu dois partir maintenant si tu veux être à l'heure pour ton train.
You are not to play by the river. Tu ne dois pas jouer près de la rivière.

- **Pour exprimer l'idée « il est prévu que... »**, la seule traduction possible est *is to*.

The Queen is to visit the USA in September. La Reine doit se rendre aux Etats-Unis en septembre.
South Africa is to host the next international conference. L'Afrique du Sud doit organiser le prochain colloque international.

Pour renvoyer au révolu, on utilisera *was to* + V ou *was to* + *have* + participe passé.

The Queen was to visit the USA in September. La Reine devait se rendre aux Etats-Unis en septembre.
[On ne sait pas si la Reine s'est rendue aux Etats-Unis ou non.]

*The Queen **was to have visited** the USA in September.* La Reine aurait dû se rendre aux Etats-Unis en septembre.

[Sous-entendu : l'événement projeté (*visit the USA*) ne s'est pas réalisé.]

L'EXPRESSION DE L'AUTORISATION

A **Be allowed to** + V.

La forme passive du verbe ***allow*** (autoriser*)* s'emploie, entre autres, là où ***may*** de permission est impossible :

– en base verbale ;

*They will not **be allowed to** use a dictionary.* Ils n'auront pas le droit / ne seront pas autorisés à utiliser un dictionnaire. [emploi « futur »]

– au prétérit de narration ;

*He **was not allowed to** come.* Il n'a pas été autorisé à venir.

– au present perfect et au past perfect.

*Since his accident, he **hasn't been allowed to** drive.* Depuis son accident, il n'a plus le droit de conduire.

B Au présent, ***may*** + V est plus bien fréquent à la forme interrogative que *be allowed to.*

***May** I leave the room now?* Puis-je sortir ? [Plutôt que *Am I allowed to...?*]

A la forme négative, ***be supposed to*** est souvent utilisé pour atténuer l'idée d'autorisation contenue dans ***be allowed to**.*

*You know, you **are not supposed to** park on a double yellow line.* Vous savez, vous n'êtes pas censé vous garer sur une double ligne jaune.

Les verbes lexicaux ***let*** et ***permit*** sont aussi employés pour exprimer la permission.

> ***To*** apparaît dans nombre de tournures permettant d'exprimer la modalité : *have **to** / be **to** / ought **to** / ablᵉ **to** / allowed **to**...* A chaque fois, ***to*** signale que la relation sujet / prédicat est envisagée, visée dans un moment à venir.
> Dans : *We have **to** leave / we ought **to** leave*, la relation *we / leave* est envisagée dans un moment à venir par rapport au présent.
> Dans : *He was able **to** climb that mountain*, la capacité exprimée par *able* concerne la relation *he / climb that mountain* qui a été envisagée (visée) à un moment passé.

Le subjonctif et l'impératif

1 Le subjonctif

Le subjonctif est un mode que l'on oppose généralement à l'indicatif. En français, le subjonctif est le mode du non-certain ; il exprime un jugement de l'énonciateur.

Il est possible qu'il **revienne** bientôt.

En anglais, ce mode est beaucoup moins fréquent qu'en français et se limite au subjonctif présent. Seul **be** possède un subjonctif passé.

LE SUBJONCTIF PRÉSENT

A Forme.

On emploie la base verbale à toutes les personnes :

> I / he / she / it / we / you / they **be**
> I / he / she / it / we / you / they **have**
> I / he / she / it / we / you / they **write**

*I recommended that he **write** to them.* J'ai recommandé qu'il leur écrive.
[Remarquez l'absence de -**s** dans : *he **write**.]

La forme négative s'obtient en faisant précéder la base verbale de **not**.

*She had insisted that he **not come**.* Elle avait insisté pour qu'il ne vienne pas.

B Emploi.

Le subjonctif présent peut s'employer :

• Dans les propositions subordonnées qui suivent un verbe ou une expression **décrivant une demande, une exigence, une suggestion.**

> *ask* : demander / *demand* : exiger / *insist* : insister / *recommend* : recommander / *request* : exiger / *suggest* : suggérer / *It is essential / important / necessary / vital... that...*

*She requested that she **not be** disturbed.* Elle a demandé qu'on ne la dérange pas.

*He suggested that we **stop** and **have** a look at the castle.* Il a suggéré que nous nous arrêtions pour regarder le château.

*It is important that she **be** present at the meeting.* Il est important qu'elle soit présente à la réunion.

Ces tournures sont plus fréquentes en américain qu'en anglais britannique. En anglais britannique, on emploie plutôt ***should*** + V dans la subordonnée.

*She requested that she **should** not be disturbed.*

*He suggested that we **should** stop and have a look at the castle.*

*It is important that she **should** be present at the meeting.*

On trouve parfois dans un style familier le présent simple.

*It is important that she **is** present...*

Sous l'influence de l'américain, le subjonctif est de plus en plus utilisé en anglais britannique, notamment dans la presse.

Pour l'emploi du modal ***should*** dans les subordonnées, voir page 107.

• Dans les propositions conditionnelles.

Il s'agit là d'un registre de langue soutenu.

*If that **be** the case, our position is indefensible.* Si tel est le cas, notre position est indéfendable.

L'énoncé : *If that be the case* exprime une probabilité moins forte que : *If that **is** the case...* On pourra avoir recours à une traduction du type « si jamais... » pour marquer cette nuance.

Notez un certain nombre d'expressions figées incluant un subjonctif présent. Elle sont d'un emploi courant.

*If need **be**...* Si nécessaire...

***Come** what may...* Quoi qu'il advienne...

***Be** that as it may...* Quoi qu'il en soit...

***Suffice** it to say that...* Je me contenterai de dire que...

• Dans certaines tournures figées exprimant un souhait.

*Long **live** the Queen!* Vive la Reine !

*Heaven **forbid**!* Dieu m'en préserve !

*God **bless** America!* Que Dieu bénisse l'Amérique !

Le fait que le subjonctif présent corresponde morphologiquement à la base verbale n'est pas dû au hasard : dans les deux cas, l'énonciateur est non affirmatif, c'est-à-dire qu'il n'affirme pas la relation sujet / prédicat. Ainsi dans : *She requested that **she not be disturbed**,* l'énonciateur ne dit pas que la relation *she / not be disturbed* a été actualisée.

Il n'existe que pour le verbe **be**. Sa forme est **were** à toutes les personnes. Il se réfère toujours à du non-réel (et non au passé.)

*If she **were** to come tomorrow, you would be able to tell her.* Si jamais elle devait venir demain, vous pourriez lui dire.

*If I **were** you...* Si j'étais à votre place...

Notez également les expressions :

as it were : pour ainsi dire / *were it only because...* : ne serait-ce que parce que...

2 L'impératif

En français, l'impératif apparaît à la deuxième personne du singulier (chante) et du pluriel (chantez) et à la première personne du pluriel (chantons) : c'est la terminaison (-e / -ez / -ons) qui indique la personne. **En anglais, l'impératif n'est pas marqué par une terminaison.** Si l'on entend par « énoncé à l'impératif » un énoncé dont le but est de donner un ordre, on peut considérer qu'il n'existe en anglais qu'une forme de l'impératif : la deuxième personne. En effet, à la première personne du pluriel : *Let's sing (*chantons), nous n'avons pas tant un ordre qu'une incitation, une suggestion.

LA 2e PERSONNE (SINGULIER ET PLURIEL)

A A la deuxième personne, l'impératif se forme en ayant recours à la forme verbale la plus élémentaire : la **base verbale**.

• **Forme affirmative** : base verbale.

Hurry up! Dépêche-toi ! / Dépêchez-vous !
Be quiet! Tais-toi ! / Taisez-vous !

La reprise interrogative se fait à l'aide de *will you?*

*Hurry up, **will you**?* Tu veux bien te dépêcher ?

• **Forme négative** : ***do not*** (***don't***) + V.

Don't *mention it!* N'en parlez pas !

L'expression *don't mention it* correspond aussi à « je vous en prie ».

B Le pronom *you* est parfois utilisé avant la base verbale. L'ordre prend alors souvent une allure de menace.

You sit down (Vous, asseyez-vous) est plus menaçant que : *Sit down.*

Don't you dare! Ose donc ! / Je te déconseille d'essayer !

C L'impératif est également utilisé pour donner une consigne ou des instructions.

Put the verbs in brackets into the correct tense.
Mettez / Mettre le verbe donné entre parenthèses au temps qui convient.

LA 1re PERSONNE DU PLURIEL : *LET'S* + V

A Forme affirmative.

A la première personne du pluriel, l'impératif se forme à l'aide de *let's* (*let us*) + V.

Let's go, shall we? Allons-y, vous êtes d'accord ?

La reprise interrogative se fait à l'aide de *shall we?* qui reprend *let's*. Si la réponse est positive, elle peut être formulée en reprenant *let's* : *Yes, let's.*

B Forme négative.

La structure est : *let's not* + V ou *don't let's* + V.

Let's not quarrel about it. / Don't let's quarrel about it. Ne nous disputons pas à ce sujet.

La seconde structure est plus familière que la première.

La forme abrégée (*let's*) est bien plus fréquente que la forme pleine (*let us*), d'autant qu'un énoncé tel que *let us go* peut être ambigu : « partons » ou « laissez-nous partir ». *Let's go,* forme abrégée, ne peut signifier que « partons ».

LA 1re PERSONNE DU SINGULIER
ET LA 3e PERSONNE (SINGULIER ET PLURIEL) : *LET*

A *Let* est également utilisé dans un emploi impératif avec la première personne du singulier (*let me*) et surtout avec la troisième personne.

Let me see. Voyons.

Let him wait. Qu'il attende. *Let him try.* Qu'il essaie.

Let the children go to bed. Que les enfants aillent au lit.

B Hors contexte, ces énoncés sont ambigus. *Let the children go to bed* peut en effet signifier :

« Que les enfants aillent au lit. » ou « Laisse les enfants aller au lit. »

C'est le contexte qui enlève toute ambiguïté à l'énoncé.

The children look tired. Let them go to bed. Les enfants ont l'air fatigués. Qu'ils aillent / Il faut qu'ils aillent se coucher.

C A la forme négative, on trouve : ***don't let*** + V.

Don't let *them wait.* Qu'ils n'attendent pas.

Don't let *me keep you.* Que je ne vous retienne pas. Je ne veux pas vous retenir.

Ne confondez pas cet emploi de ***let*** avec *let* verbe lexical qui signifie « permettre », « laisser ».

*She **let her son** go to the cinema.* Elle a laissé son fils aller au cinéma.

*She **let us** go to the cinema.* Elle nous a laissés aller au cinéma.

Us ne peut pas être abrégé dans ce cas.

EMPLOI DE *DO* AUX FORMES AFFIRMATIVES

Do peut être utilisé avant la base verbale ou avant ***let***.

Do *help yourself to some more!* Resservez-vous, **je vous en prie** !

Do *be quiet!* **Je t'en prie**, tiens-toi tranquille !

Do *let's go now!* **Maintenant**, on y va ! / Allons-y, **il est temps** !

Cette forme est parfois appelée « impératif emphatique ». ***Do*** a ici une valeur d'insistance, comme en français l'emploi de « je vous en prie ». Pour ***do***, voir page 29.

12 Les reprises elliptiques

Pour commencer

 Les reprises elliptiques servent à reprendre un énoncé qui précède. Elles le font à l'aide d'un sujet et d'un auxiliaire (*be*, *have*, *do* ou **modal**).

"Did he borrow John's car?" "Yes, he did."

[*he* = sujet ; *did* = auxiliaire]

He did représente l'ensemble *he borrowed John's car*. Dans les reprises elliptiques, le verbe lexical (ici *borrow*) et les compléments éventuels (*John's car*) sont omis. Rappelons qu'ellipse signifie « omission ».

 Les **auxiliaires** *be*, *have*, *do* et les **modaux** sont utilisés dans les reprises elliptiques.

• ***Be.***

*"**Are** you hungry?" "Yes, **I am.**" / "No, **I am not.**"* « Tu as faim ? » « Oui. » / « Non. »

[*Yes, I am = Yes, I am hungry. No, I am not = No, I am not hungry.*]

*I'm hungry. **Aren't you**?* J'ai faim. Pas toi ?

Be apparaît dans la reprise elliptique (***Aren't** you*) parce qu'il se trouve dans le premier énoncé : *I'**m** hungry*.

• ***Have.***

*"**Have** you ever been to Canada?" "Yes, I **have.**" / "No, I **haven't**."* « Etes-vous déjà allé au Canada ? » « Oui. » / « Non. »

[*Yes, I have = Yes, I have been to Canada. No, I haven't = No, I have not been to Canada.*]

Ici aussi, on trouve le même auxiliaire dans la reprise elliptique (*I **have***) que dans le premier énoncé.

• Do (does).

*"**Did** you like it there?" "Yes, I **did**." / "No, I **didn't**."* « Ça vous a plu ? »
« Oui. » / « Non ».
[*Yes, I did = Yes, I liked it. No, I didn't = No, I didn't like it.*]

Do apparaît lorsque l'énoncé repris est au présent simple. **Did**
apparaît lorsque l'énoncé repris est au préterit simple.

• Modaux.

*"**Will** you help me?" "Yes, I **will**." / "No, I **won't** (I will not)."* « Tu veux bien
m'aider ? » « Oui. » / « Non. »

Le modal de la reprise elliptique est le même que dans le premier
énoncé.

Les **formes contractées** sont très fréquentes dans les reprises
elliptiques.

3 On peut envisager quatre cas de figure dans les reprises elliptiques :
– les réponses brèves ;
– les questions brèves ;
– les énoncés repris par **so**, **neither**, **but**... ;
– les question tags.

Pour commencer

1 Les réponses brèves

A Elles permettent au co-énonciateur de déclarer la relation sujet / prédicat vraie ou fausse.

"Is she American?"
[*She / be American* est vrai ► réponse : *"Yes, she **is**."*
She / be American est faux ► réponse : *"No, she **is not**."*]
*"You liked him?" "Yes I **did**, very much."* « Tu l'as apprécié ? » « Oui, beau-
coup. »
*"You didn't like him?" "Yes, I **did**."* « Tu ne l'as pas apprécié ? » « Si. »

B Elles permettent de répondre à une question en **who**? (ou **which**?).

"Who can help me?" "I can. / I can't." « Qui peut m'aider ? » « Moi. / Pas moi. »

"Who came first?" "Lola (did)." « Qui est arrivé en premier ? » « Lola. »

C **So** peut être utilisé comme instrument de reprise pour confirmer l'énoncé précédent. On le rencontre immédiatement après des verbes exprimant **la croyance** (*believe* : croire / *guess* : supposer / *imagine* : imaginer / *suppose* : supposer / *seem* : sembler / *think* : penser), **le désir** (*hope* : espérer / *expect* : s'attendre à) ou **le regret** (*be afraid* : avoir bien peur...).

"Will he come?" "I expect so." « Viendra-t-il ?» « Je m'y attends. » / « Oui, je pense. »

"Will he come?" "I'm afraid so." « Viendra-t-il ? » « Hélas oui. » / « J'en ai bien peur. »

Avec V + *so*, on trouve deux formes négatives :
– ***don't*** + V + ***so*** : *I don't expect so.* Je ne pense pas.
– V + ***not*** : *I expect not.*

Toutefois, avec *hope* et *be afraid*, on ne trouve que V + ***not***.

I hope not. J'espère que non.

I'm afraid not. J'ai bien peur que non.

D Une réponse brève peut se terminer par **to**.

"Will you come to our party?" « Viendrez-vous à notre soirée ? »

"I'd love to." « Ça me ferait vraiment plaisir. » / *"If you want me to."* « Si vous voulez. » / *"I'm not supposed to."* « Je ne suis pas censé y aller. » / *"I'm not allowed to."* « Je n'ai pas l'autorisation d'y aller. »

"Should we invite Simon?" « Est-ce qu'on doit inviter Simon ? »

"I'd prefer not to." « J'aimerais mieux pas. » / *"I don't know how to."* « Je ne sais pas comment. » / *"If you choose to."* « Si tu veux. »

To est elliptique et sous-entend : *come to our party / invite Simon.*

2 Les questions brèves

Les questions brèves sont utilisées afin de marquer un intérêt pour ce qui vient d'être dit ou de manifester l'étonnement, la surprise, la colère...

"I'm living in London now." "Are you?" « Je vis à Londres actuellement. » « Ah oui ? »

"I borrowed your car." "Oh, did you?" « J'ai emprunté ta voiture. » « Ah bon, tu as fait ça ? »

"I have received a letter from Nick." "Oh, have you?" « J'ai reçu une lettre de Nick. » « Ah bon ?»

L'énonciateur peut aussi reprendre ce qu'il a entendu, suivi d'une question brève (pour manifester l'étonnement, la colère...).

*So you're getting married, **are you**?* Alors comme ça, vous vous mariez ?

3 Les énoncés repris par so / neither / but...

Avec les reprises en **so**, **neither**, **but**..., l'énonciateur approuve ou compare l'énoncé qu'il vient d'entendre.

A **Le co-énonciateur approuve ce qu'il vient d'entendre**, à savoir :

• **Un énoncé affirmatif**.

La structure est alors : **Yes / Of course / So + sujet + auxiliaire**.

*"He could work more." "**Of course he could**."* « Il pourrait travailler davantage. » « Bien sûr que oui. »

On aurait pu dire : *Yes, he could* (Oui.) / *He could indeed* (En effet.) / *You're right, he could* (Tu as raison.) / *I know he could* (Je sais.)

*"They were very lucky." "**So they were**."* « Ils ont eu beaucoup de chance. » « Ma foi, c'est vrai. » / « C'est bien vrai. » / « Eh oui ! »

• **Un énoncé négatif**.

La structure est alors : **No + sujet + auxiliaire**.

*"His parents didn't like it." "**No, they didn't**."* « Ses parents n'ont pas apprécié. » « C'est vrai. » / « Effectivement. »

Si la réponse avait été : "*Yes, they did* ", ce serait une contradiction de l'énoncé : "*His parents didn't like it* " et on traduirait en français par : « Mais si, ils ont apprécié. »

B **L'énonciateur** (ou le co-énonciateur) **signale une comparaison** avec ce qui précède.

• **Comparaison positive**.

La structure est alors : **So + auxiliaire + sujet.**

She reads The Economist, ***so does he***. Elle lit *The Economist,* lui aussi.

*"I passed the exam." "**So did Helen**."* « J'ai été reçue à l'examen. » « Helen aussi. »

On aurait aussi pu dire : *He does too. / Helen did too.*
Notez que, à l'oral, « moi aussi » peut se dire : **me too**.

• **Comparaison négative**.

La structure est alors : **Neither** (moins souvent **nor**) **+ auxiliaire + sujet.**

*I haven't got much time, **neither have they***. Je n'ai pas beaucoup de temps, eux non plus.

*"I'm not going." "**Neither am I.**"* « Je n'y vais pas. » « Moi non plus.»

On aurait aussi pu dire : *I'm not either.*
Me neither ou *Nor me* (= moi non plus) s'emploient à l'oral.

• **Comparaison qui contredit l'énoncé de départ**.

La structure est alors :
– **énoncé positif** + *(but)* + **sujet** + **auxiliaire négatif** ;
– **énoncé négatif** + *(but)* + **sujet** + **énoncé positif**.

*He doesn't like strong drinks **but I do***. Il n'aime pas les boissons fortes mais moi oui / moi j'aime ça.

*The Smiths will accept **but the Joneses won't***. Les Smith vont accepter mais pas les Jones.

4 Les question tags

Tag signifie « étiquette », « marque ». En général, les question tags sont des marques qui correspondent à une demande de confirmation de ce qui vient d'être énoncé. La structure des question tags est : **auxiliaire (*n't*) + pronom sujet**.

| CONSTRUCTION

A **A un énoncé affirmatif correspond un tag négatif**.

*This is Jerry, **isn't** it?* C'est Jerry, non ?
    +   −

*He helped her, **didn't he**?* Il l'a aidée, non ?
   +   −

A un énoncé négatif correspond un tag positif.

*You haven't seen that film, **have you**?* Tu n'as pas vu ce film, si ?
      −   +

*The foreigners couldn't understand, **could they**?*
          −   +
Les étrangers n'ont pas pu comprendre, n'est-ce pas ?

Le sujet d'un question tag est toujours un pronom.

"I am" est repris par *"aren't I?"*.
"I am late, aren't I?" « Je suis en retard, non ? »

> « N'est-ce pas ? » est assez peu employé en français. Les question tags correspondent beaucoup plus souvent à des interjections familières telles que « non ? »,« par hasard ? »,« hein ? », « pas vrai ? » On trouve aussi parfois des expressions comme : *by any chance* (par hasard) ou *I suppose* (je suppose, j'imagine) à la place d'un question tag.

B **Les énoncés comprenant des termes négatifs** sont repris par des tags positifs. C'est le cas des énoncés comprenant *no* / *none* / *no one* / *nobody* / *nothing* / *scarcely* / *barely* / *hardly* / *ever* / *seldom*.

*She **hardly ever** goes to the cinema, **does she**?* Elle ne va que très rarement au cinéma, non ?

C *Anybody* / *anyone* / *neither* / *none* / *no one* / *everybody* / *everyone* / *somebody* / *someone* sujets sont repris par le pronom *they*.

*Neither of them complained, **did they**?* Ni l'un ni l'autre ne s'est plaint, n'est-ce pas ?

*Everybody is here, **aren't they**?* Tout le monde est là, non ?

D **Les énoncés commençant par *let's* + V** sont repris par *shall we*?

***Let's** start, **shall** we?* Commençons, vous voulez bien ?

Notez la reprise de l'impératif (2e personne) par *will you*? ou *won't you*?

*Sit down, **will** you?* Asseyez-vous, je vous prie.

*Sit down, **won't** you?* Vous ne voulez pas vous asseoir ?

Après un impératif, le question tag a une intonation montante.

E **Les énoncés en *there is / there are...*** sont repris par : **auxiliaire + there**.

*There were too many people around, **weren't there**?* Il y avait trop de monde, tu ne trouves pas ?

F **Les démonstratifs** sont repris par *it* ou *they*.

***That's** nice, isn't **it**?* C'est sympathique, non ?

***Those** are better, aren't **they**?* Ceux-là sont mieux, non ?

INTONATION ET QUESTION TAGS

• En général, avec un question tag, l'énonciateur ne pose pas une véritable question. L'intonation est alors **descendante**.

She's got a nice dress, hasn't she? Elle a une belle robe, non ?

• Le question tag peut avoir une valeur interrogative, ce qui est parfois le cas après des énoncés négatifs. L'énonciateur attend alors une réponse ; l'intonation est **montante**.

*You haven't seen him, **have you**?* Tu ne l'aurais pas vu par hasard ?

*You don't know where she is, **do you**?* Tu ne sais pas où elle est, ou si, tu sais ?

Dans ces deux énoncés, il faut marquer une pause intonative avant le question tag. Comparez avec :

*You don't know where she is, **do you**?* Tu ne sais pas où elle est, hein ?

On peut aussi trouver la structure suivante : *They are inside, **are they**?* Le question-tag n'est pas interro-négatif. Ces structures sont employées lorsqu'on essaie de deviner quelque chose. Le question-tag (intonation montante) sert alors à demander si l'on a raison.

PARTIE 2

Le groupe nominal

1 Le genre et le nombre du nom · 134

2 Les déterminants du nom · 145

3 This / That · 163

4 Les quantifieurs · 169

5 La mise en relation des noms · 195

6 Les adjectifs · 202

7 Les comparatifs / Les superlatifs · 213

8 Les pronoms personnels et possessifs · 222

9 Les pronoms réfléchis et réciproques · 233

1 Le genre et le nombre du nom

1 Un groupe nominal se compose d'un déterminant (article, quantifieur...) suivi d'un **nom**.

2 Le groupe nominal peut être modifié par des adjectifs (*these lovely books*), des compléments prépositionnels (*a flock of sheep*) ou des propositions relatives (*An express is a train which travels at a high rate of speed*).

3 Il convient de bien dissocier **nature** et **fonction** :

John likes rugby. [*John / rugby* : nature = nom]

La fonction du groupe nominal dans un énoncé peut être :

• **Sujet** :

These books belong to him. [*these books* : sujet du verbe *belong*]

• **Attribut du sujet** :

She is a nurse. [*a nurse* : attribut du sujet ; l'attribut est relié – littéralement attribué – au sujet par un verbe d'état]

• **Complément d'objet direct** :

They bought this wine in France. [*this wine* : COD]

> *This wine* est dit **complément** car il complète le sens de *bought* ; il est dit **objet** car il est ce sur quoi porte l'action du verbe ; il est direct car il est relié **directement** au verbe (sans préposition).

• **Complément d'objet indirect** (introduit par une préposition) :

Look at the moon. [*at* : préposition ; *the moon* : COI]

Pour commencer

1 Le genre du nom

Il existe trois genres en anglais : le masculin, le féminin et le neutre. La notion de genre affecte l'emploi :
– des pronoms personnels sujets (*he, she, it*) et compléments (*him, her, it*) ;
– des pronoms possessifs (*his, hers, its*) ;
– des déterminants possessifs de troisième personne (*his, her, its*) ;
– de certains noms.

FORMES DIFFÉRENTES AU MASCULIN ET AU FÉMININ

A Certains noms ont des **formes différentes** au masculin et au féminin.

man / woman : homme / femme	*girl / boy* : fille / garçon
father / mother : père / mère	*cow / bull* : vache / taureau
lion / lioness : lion / lionne	*dog / bitch* : chien / chienne
actor / actress : acteur / actrice	*waiter / waitress* : serveur / serveuse

B Un certain nombre de noms formés à l'aide de *-man* ou de *-woman* ont été transformés ces dernières années, sous l'influence des mouvements féministes, en noms formés à l'aide de *-person* afin de ne pas marquer de discrimination sexiste.

a chairperson : un président   *a spokesperson* : un porte-parole

On trouve encore *chairman* et *spokesman*.

FORMES SEMBLABLES AU MASCULIN ET AU FÉMININ

A La plupart des noms s'appliquant à une personne peuvent **indifféremment** faire référence au masculin ou au féminin.

friend : ami / amie   *nurse* : infirmier / infirmière

Le contexte lève généralement toute ambiguïté.

She *is a nurse*. Elle est infirmière.

B Lorsque l'on veut délibérément marquer qu'il s'agit :

• D'un homme ou d'une femme, on fait précéder le nom de ***male*** ou ***female*** ou de ***man*** ou ***woman***.

Women often prefer **women (female) doctors.**
Les femmes préfèrent souvent les médecins femmes.

• D'un mâle ou d'une femelle, on fait précéder le nom de ***he*** / ***she***.

a goat : une chèvre   *a he-goat* : un bouc
a bear : un ours   *a she-bear* : une ourse

• Deux noms sont traditionnellement féminins : ***ship*** (lorsqu'il s'agit de bateaux d'une certaine importance) et ***cat***.

*What a lovely cat! What's **her** name?*
Quel beau chat ! Quel est son nom ?

• Lorsque l'on parle d'un animal familier, on emploie souvent *he* ou *she* selon le sexe de l'animal.

*Who wants to walk the dog? **He** hasn't been out all day.*
Qui veut aller promener le chien ? Il n'est pas sorti de la journée.

• Les noms de véhicule ainsi que les noms de pays lorsqu'ils sont utilisés avec une nuance affective peuvent être féminins.

Fill it ou ***her** up, please.* Faites le plein, s'il vous plaît.
*I enjoyed travelling around Britain. I especially enjoyed **her** southern cities.*
J'ai aimé parcourir la Grande-Bretagne. J'ai surtout apprécié ses villes du sud.

L'emploi de ***it*** /***its*** est plus fréquent ici que ***she*** / ***her***.

• ***Baby*** est assez souvent repris à l'aide du pronom ***it*** ou du déterminant possessif ***its***.

*"How is her baby?" "Well, **it** never stops crying."*
« Comment va son bébé ?» « Oh, il n'arrête pas de pleurer. »

2 Le nombre du nom

A Lorsque l'on parle de nombre, on s'intéresse à **l'opposition singulier / pluriel**. La notion de nombre affecte :
– la forme du nom (singulier : *a girl* ► pluriel : *girls*) ;
– les accords, en particulier l'accord sujet / verbe.

Maria speaks very good English.
[*Maria* : singulier ; -***s*** : marque de la 3e personne du singulier]
Maria and her sister speak very good English.
[*Maria and her sister* : pluriel ; *speak* : 3e personne du pluriel]

L'accord en nombre est obligatoire lorsqu'à plusieurs possesseurs correspondent plusieurs « choses » possédées.

What are the names of the victims? Quel est **le** nom des victimes ?
The neighbours decided to walk their dogs at the same time.
Les voisins ont décidé de promener **leur** chien à la même heure.

B La distinction traditionnelle entre **noms dénombrables et indénombrables** est le reflet de deux **modes de fonctionnement** des noms en anglais. Ces modes de fonctionnement affectent :

– **l'emploi des déterminants** ;

I love Ø music. J'aime la musique.
[*music* : nom indénombrable ► emploi de Ø]

*She has **a** wonderful voice.* Elle a une voix merveilleuse.
[*voice* : nom dénombrable ► emploi de *a*]

– **l'accord des noms.**

*There **are** three chairs in my room.* Il y a trois chaises dans ma chambre.
[*chairs* : nom dénombrable pluriel ► accord *are*]

LES NOMS DÉNOMBRABLES

Comment reconnaître un nom dénombrable ?

> Les noms dénombrables peuvent être précédés de *one*, *two*, *three* et de l'article *a* (*an*).

A **Pluriels réguliers.**

La plupart des noms dénombrables peuvent porter la marque du pluriel *-s*. Ce *-s* s'ajoute immédiatement après le nom.

a dog ► *dogs :* un chien / des chiens

Cas particuliers

• Les noms se terminant par *-o* / *-ch* / *-s* / *-sh* / *-x* / *-z* ont un pluriel en *-es*.

tomato ► *tomatoes*   *peach* ► *peaches*   *boss* ► *bosses*

flash ► *flashes*   *box* ► *boxes*   *quiz* ► *quizzes*

Toutefois, les noms d'origine étrangère ou les noms abrégés se terminant par *-o* ont un pluriel en *-s*.

piano ► *pianos / photo* ► *photos*

• Les noms se terminant par une consonne + *-y* ont un pluriel en *-es*.

lady ► *ladies* mais *boy* ► *boys*

Penny a deux pluriels : *pennies* lorsqu'il s'agit des pièces et *pence* lorsqu'il s'agit de la valeur.

*You need **two pennies** to go to the toilets.*
Il vous faut deux pièces d'un penny pour aller aux toilettes.

*"How much is it?" "**50 pence.**"*
« Combien cela coûte-t-il ? » « 50 pence. »

• Certains noms se terminant par **-f** ou **-fe** ont un pluriel en **-ves**.

thief ► *thie**ves** / knife* ► *kni**ves***

Ces noms sont les suivants :

> *calf* (veau) / *half* (moitié) / *knife* (couteau) / *leaf* (feuille) / *life* (vie) /
> *loaf* (miche de pain) / *self* (personnalité / le « moi ») / *sheaf* (gerbe) / *shelf*
> (étagère) / *thief* (voleur) / *wife* (femme / épouse) / *wolf* (loup)

Les noms *hoof* (sabot), *scarf* (écharpe), *wharf* (quai) ont un pluriel
en **-ves** ou **-s**.

scarf ► *scarf**s*** ou *scar**ves***

Les autres noms se terminant par **-f** ou **-fe** ont un pluriel en **-s**.

cliff (falaise) ► *cliff**s***

Prononciation du **-s** marque du pluriel

Le **-s** (ou **-es**) du pluriel est **toujours prononcé**. Les règles de prononciation sont les mêmes que pour la troisième personne du singulier du présent des verbes (voir page 36).

Le **-s** du pluriel se prononce :

– / z / après les consonnes sonores et les voyelles :

bells / cars / ideas / tomatoes

– / s / après les consonnes sourdes / p /, / t /, / k /, / f / et / θ / :

groups / cooks / lights

– / ɪz / après les sons / s /, / z /, / ʃ / et / ʒ / :

princesses / quizzes / wishes / peaches / badges

B **Pluriels irréguliers.**

• Un certain nombre de noms ont une forme différente au pluriel et au
singulier.

child (enfant) ► *children*	*foot* (pied) ► *feet*	*goose* (oie) ► *geese*
louse (pou) ► *lice*	*man* (homme) ► *men*	*mouse* (souris) ► *mice*
ox (bœuf) ► *oxen*	*tooth* (dent) ► *teeth*	*woman* (femme) ► *women*

• C'est également le cas de certains **noms d'origine étrangère**.

SINGULIER		PLURIEL	
-is	*crisis*	**-es**	*crises*
-on	*criterion* (critère)	**-a**	*criteria*
-us	*stimulus*	**-i**	*stimuli*

C **Noms dénombrables invariables.**

Certains noms dénombrables ne changent pas de forme au pluriel :
ils sont invariables.

• **Noms désignant des animaux que l'on chasse ou que l'on
pêche** : *deer* (daim), *bear* (ours / pluriel : *bear* ou *bears*) et *fish* (pois-
son) ainsi que certains noms de poissons.

*He has caught several **fish**: two **trout** and three **salmon**.*
Il a pris plusieurs poissons, deux truites et trois saumons.

*Fish**es*** est également possible et désigne des variétés de poissons.

He studies the fishes of the Mediterranean.
Il étudie les poissons de la Méditerranée.

• ***Sheep*** (mouton).

a sheep : un mouton ► *a flock of **sheep*** : un troupeau de moutons

• ***Aircraft*** (avion) / ***craft*** (embarcation / avion) qui ne prennent pas la
marque du pluriel. Le verbe s'accorde au singulier ou au pluriel.

*The first re-usable spacecraft **was** the space shuttle.*
Le premier vaisseau spatial réutilisable a été la navette.

*Three aircraft **were** missing.* Trois avions manquaient.

Certains noms dénombrables ont un -*s* au singulier.

barracks (caserne) / ***crossroads*** (carrefour) / ***means*** (moyen) /
series (série) / ***species*** (espèce) / ***works*** (usine)

*He has found **a** good **means** to do it.*
Il a trouvé un bon moyen de le faire.

*His financial **means are** small.*
Ses ressources financières sont maigres.

*This building looks like **a barracks**.*
Cet immeuble a l'air d'une caserne.

These barracks **were** built in the 18th century
Cette caserne a été construite au 18ᵉ siècle.

LES NOMS COLLECTIFS

A Les noms collectifs désignent un ensemble de personnes qui peuvent
être considérées **soit comme un groupe**, **soit comme un ensemble
d'individus**. C'est le cas, entre autres, de :

> *army* (armée) / *audience* (spectateurs) / *cast* (distribution des acteurs) /
> *company* (société, entreprise) / *crew* (équipage) / *crowd* (foule) / *family*
> (famille) / *government* (gouvernement) / *group* (groupe) / *public* (public) /
> *press* (presse) / *staff* (personnel) / *team* (équipe)…

B **Lorsque ces noms représentent le groupe**, l'accord se fait au singulier. Ils sont alors repris par *it* ou *which* et peuvent être déterminés par *its*.

*The government, **which is** controlled by right-wing ministers, want**s** to reduce **its** expenses.* Le gouvernement, qui est dirigé par des ministres de droite, veut réduire ses dépenses.

C **Lorsqu'ils désignent un ensemble d'individus,** l'accord se fait au pluriel. Le nom est alors repris par *they* ou *who* et peut être déterminé par *their*.

*The staff **are**n't happy with **their** working conditions.*
Le personnel n'est pas satisfait de ses conditions de travail.
*My family **are** all tall and **they** are rather pleased with it.*
Tous les membres de ma famille sont grands et ils en sont plutôt contents.

D **Lorsqu'ils désignent plusieurs groupes**, ces noms peuvent porter la marque du pluriel.

*The successive government**s** have done nothing to improve the situation.*
Les gouvernements successifs n'ont rien fait pour améliorer la situation.

E Certains noms collectifs ne portent pas la marque du pluriel, mais s'accordent **toujours** au pluriel.

> *Cattle* (le bétail) / *management* (la direction) / ***people*** (les gens) / ***police*** (la police) / *vermin* (les animaux nuisibles) **s'accordent toujours au pluriel**.

*The police **have** arrested the murderer.*
La police a arrêté le meurtrier.
*Do **many** people agree?*
Y a-t-il beaucoup de gens qui sont d'accord ?

Certains de ces noms peuvent être comptés.

*Over **2,000** people attented the meeting.*
Plus de 2000 personnes ont participé au meeting.
***Ten police** were injured.*
Dix policiers ont été blessés.
***200,000 cattle** will have to be put down to eradicate the disease.*
200.000 têtes de bétail devront être abattues pour faire disparaître la maladie.

People peut porter la marque *-s* du pluriel lorsqu'il signifie « peuple ». Cet emploi est rare.

*the people**s** of the East* : les Orientaux

Comment reconnaître un nom indénombrable ?

> Les noms indénombrables ne peuvent pas être quantifiés à l'aide de *one*, *two*, *three*. Ils ne sont pas précédés de l'article ***a*** (*an*).

When the fire alarm rang, there was Ø complete chaos.
Lorsque l'alerte d'incendie a retenti, il y a eu une confusion épouvantable.
You should follow his advice.
Vous devriez suivre ses conseils.

Remarquez l'emploi de Ø là où l'on trouve « **un** » en français. Suivant le contexte, les noms indénombrables peuvent être précédés d'un déterminant (***the***, ***his***, ***some***, etc...) mais toujours à l'exclusion de ***a*** (***an***).

A **S'accordent au singulier :**

• La plupart des noms de **matières** : *milk* (lait) / *steel* (acier*)* / *wool* (laine) / *ice* (glace) / *fruit* (fruits)...

• *Baggage* (bagages) / *furniture* (meubles) / *luggage* (bagages) / *rubbish* (ordures)…

• La plupart des noms **abstraits** désignant des notions, des qualités, des défauts, des sentiments... : *beauty* (beauté) / *wisdom* (sagesse) / *courage* (courage) / *love* (amour)…

• Les noms décrivant une **activité humaine** (entre autres, les sports) : *cricket* / *darts* (fléchettes) / *cooking* (cuisine) / *travel* (voyages)…

• Les noms de **langues** : *Spanish* (l'espagnol) / *French* (le français*)*…

• La plupart des noms de **maladies** : *tuberculosis* / *chicken-pox* (varicelle)…

• Les noms de **couleur** : *yellow* (le jaune) / *red* (le rouge)…

• ***News*** (nouvelles / informations).

• Les noms désignant un ensemble d'éléments (vêtements dans le cas de noms formés à l'aide de ***-wear*** et articles de consommation dans le cas de noms formés à l'aide de ***-ware***) : *sportswear* (les vêtements de sport) / *software* (les logiciels)…

*All luggage that **is** left unattended will be destroyed.*
Tous les bagages abandonnés seront détruits.
*Darts **is** a predominantly British game.*
Les fléchettes sont essentiellement un jeu britannique.
*The news **was** devastating.*
Cette nouvelle a fait l'effet d'une bombe.

> Ces noms ne portent pas la marque du pluriel.

En anglais, on ne peut pas employer **a** devant les noms indénombrables. On ne peut pas dire ~~a luggage~~ contrairement au français « un bagage ».

un bagage ► **a piece of** luggage
un meuble ► **a piece of** furniture
un renseignement ► **a piece of** information
une nouvelle ► **a piece of** news
un fruit ► **a piece of** fruit

Tu veux un café ? ► *Would you like* **a cup of** *coffee?* ou *Would you like* **some** *coffee?*

Comparez :

I usually have **fruit** *for dessert.* Habituellement, je mange des fruits au dessert.
I'll just have **a piece of fruit**. Je prendrai juste un fruit.

On trouve également **some** devant ces noms pour traduire « un » ou « des ».

some *information* ► **un** ou **des** renseignements
some *advice* ► **un** ou **des** conseils

Pour l'emploi de l'article Ø, voir pages 147 et 149.

B **S'accordent au pluriel :**

• Les noms suivants qui désignent des objets doubles.

> *bermudas* (un bermuda) / *binoculars* (des jumelles) / *compasses* (un compas) / *glasses* (des lunettes) / *jeans* (un jean) / *pyjamas* (un pyjama) / *scales* (une balance) / *scissors* (des ciseaux) / *shorts* (un short) / *trousers* (un pantalon)

Pyjamas **are** *tacky.* **Le** pyjama, c'est ringard.
His jeans **were** *torn.* **Son** jean **était** déchiré.

Ces noms peuvent être précédés de **a pair of**.

a pair of trousers (un pantalon)   *a pair of jeans* (et non ~~a jeans~~)

• Les noms : *brains* (le cerveau / l'intellect) / *customs* (la douane) / *goods* (les biens) / *looks* (l'apparence) / *manners* (la conduite) / *remains* (les restes, la dépouille) / *stairs* (l'escalier) / *wages* (le salaire)…
Her looks **are** *stunning but her manners* **are** *very poor.*
Elle a vraiment de l'allure mais sa conduite laisse à désirer.

C **Les noms indénombrables en -*ics*.**

Ces noms s'accordent au singulier s'ils désignent la science.
Mathematics **is** *an exact science.*
Les mathématiques sont une science exacte.

Ces noms s'accordent au pluriel s'ils désignent un comportement particulier.

*What **are** your politics?* Quelles sont vos opinions politiques ?

LES NOMS DÉNOMBRABLES OU INDÉNOMBRABLES

A Un certain nombre de noms peuvent avoir un fonctionnement dénombrable ou indénombrable. Leur sens est alors légèrement différent. Les plus courants sont :

FONCTIONNEMENT INDÉNOMBRABLE	FONCTIONNEMENT DÉNOMBRABLE
business (les affaires)	*a business* (une entreprise)
cloth (de la toile)	*a cloth* (une nappe)
clothes (des vêtements)	*cloths* (des nappes)
country (la campagne)	*a country* (un pays)
glass (du verre)	*a glass* (un verre)
hair (les cheveux)	*a hair* (un poil)
work (le travail)	*a work* (une œuvre)

B Les noms de matières tels que *beer / cereal / cheese / coffee / fruit / tea / wood...* peuvent avoir un fonctionnement dénombrable lorsque l'on désigne des « variétés de... ».

Many fruits taste sweet.
Beaucoup de variétés de fruits ont un goût sucré.

LES NOMS PROPRES ET LES ABRÉVIATIONS

A **Les noms de pays au pluriel** s'accordent le plus souvent au singulier.

*The United States **is** 17 times as big as France.*
Les Etats-Unis sont 17 fois plus grands que la France.

*The Netherlands **was** occupied by the Germans in the 2nd world war.*
Les Pays-Bas ont été occupés par les Allemands pendant la deuxième guerre mondiale.

Dans la presse, lorsque *England* désigne l'équipe d'Angleterre, le verbe peut s'accorder au pluriel.

[Titre de journal] *England **win** world cup.* L'Angleterre gagne la coupe du monde.

Wales (le Pays de Galles) s'accorde toujours au singulier.

*Wales **is** the smallest land of the United Kingdom.*
Le Pays de Galles est le plus petit territoire du Royaume-Uni.

B Les **noms propres** désignant une famille portent la marque du pluriel.

*I've invited the Smith**s** and the Jones**es**.*
J'ai invité les Smith et les Jones.

C **Les abréviations** peuvent porter la marque du pluriel.

an MP = a Member of Parliament (un député) ► *MP**s***
a VIP = a very important person (une personnalité importante) ► *VIP**s***
a UFO = an unidentified flying object (un OVNI) ► *UFO**s***

LES NOMS COMPOSÉS

Les noms composés sont des noms qui comportent plus d'un élément.
Pour la formation des noms composés, voir page 200.

A **Pluriel des noms composés.**

En règle générale, seul le **deuxième** élément du nom composé porte
la marque du pluriel.

a tea-cup ► *tea-cup**s*** : des tasses à thé
a horse-race ► *horse-race**s*** : des courses de chevaux

B **Cas particuliers.**

• Quand le dernier élément est invariable, c'est le premier qui porte la
marque du pluriel.

a passer-by ► *passer**s**-by* : des passants

• Quand les deux éléments sont invariables, c'est le second qui porte
la marque du pluriel.

a grown-up ► *grown-up**s*** : des adultes

• Quand le premier élément est *man* ou *woman* marquant le genre, les
deux éléments portent la marque du pluriel.

a manservant ► *menservants :* des serviteurs
a woman pilot ► *women pilots :* des femmes pilotes
mais *a man-eater* ► *man-eater**s** :* des anthropophages
a woman hater ► *woman hater**s*** : des misogynes

En effet, dans *man-eaters* le mot *man* ne précise pas le genre des
mangeurs. Comparez de même : *women doctors* (femmes médecins)
et *woman doctors* (gynécologues).

Les déterminants du nom

Pour commencer

« **Déterminer** » signifie littéralement « marquer les limites de... »
Les « déterminants » précèdent toujours un nom. Ils constituent
un groupe d'outils grammaticaux qui permettent à l'énonciateur
de délimiter le concept exprimé par le nom, d'apporter un plus ou
moins grand degré de détermination au nom qui suit.

That man was a prince. Cet homme était un prince.
[*That* délimite le concept *man* et permet de désigner un individu particulier, dans une situation particulière.]

Ce groupe comprend :
– les articles (∅ - *a* - *the*) ;
– les possessifs (*my* - *your*...) ;
– les démonstratifs (*this* - *that*, voir page 163) ;
– les quantifieurs (*all* - *each* - *every* - *some* - *any*, voir page 169).

Chaque déterminant a une façon particulière de délimiter le
concept du nom auquel il s'applique. Il est important de savoir
qu'il existe :

• **Deux grands modes de fonctionnement** des noms en
anglais : **dénombrable** et **indénombrable** (voir pages 137 et
141).

• **Une différence entre deux types d'emploi** des noms : **générique** et **spécifique**.

 Noms dénombrables / noms indénombrables

Les noms **dénombrables** peuvent être quantifiés à l'aide de
numéraux (*one* - *two* - *three*...). Ils peuvent être précédés de
l'article *a*. Ils peuvent porter la marque du pluriel.

dog - *one* dog - *a* dog possible - pluriel : *dogs*
► *dog* = nom dénombrable

Les noms **indénombrables** ne peuvent pas être quantifiés directement à l'aide de numéraux. Ils ne sont pas précédés de l'article *a*.

tennis - ~~one tennis~~ - ~~a tennis~~ ; *courage* - ~~one courage~~ - ~~a courage~~ - *milk* - ~~one milk~~

► *tennis* - *courage* - *milk* = noms indénombrables

Cette classification est **grammaticale** : un nom indénombrable peut évoquer quelque chose qui, dans la réalité, peut être compté, dénombré. ***Money*** (l'argent) est grammaticalement indénombrable. On ne peut pas dire ~~one money~~.

Référence générique / référence spécifique

Un nom peut avoir, selon le contexte :

• **une référence générique** (référence au général, à universel) ;
• **une référence spécifique** (référence au particulier).

*Who invented **the wheel**?* Qui a inventé la roue ?
[*the wheel* : référence générique = la roue en général]

*The man behind **the wheel** was chewing gum loudly.* L'homme qui était au volant mâchait du chewing-gum bruyamment.
[*the wheel* : référence spécifique = le volant de la voiture qu'il conduisait]

Déterminant ou pronom ?

Les **déterminants** précèdent un nom (***that*** *man*) ; les **pronoms** renvoient à un autre groupe de mots.

*Give me **that** book. **It**'s mine.* Donne-moi ce livre. Il est à moi.
[*It* renvoie à *that book*. C'est un pronom.]

Certains termes ne sont que déterminants (les articles et les possessifs), d'autres sont soit déterminants, soit pronoms.

Some *people never learn but **some** can.* Certaines personnes n'apprennent jamais mais certaines peuvent apprendre.

Le premier *some* est déterminant (*some* + nom), le second *some* est pronom (il renvoie à *some people*).

Pour commencer

① L'article zéro (Ø)

L'article zéro (Ø) symbolise l'absence d'article devant un groupe nominal, à l'endroit où il aurait pu y avoir un déterminant (*a*, *the*, *some*...). Il correspond à un degré minimal de détermination. Ø est beaucoup plus employé en anglais qu'en français.

L'ARTICLE ZÉRO (Ø) DANS UN CONTEXTE GÉNÉRIQUE

A On emploie l'article Ø dans un contexte générique (qui exprime le général) avec les dénombrables pluriels et les indénombrables singuliers.

Ø + INDÉNOMBRABLE SINGULIER	Ø + DÉNOMBRABLE PLURIEL
I prefer Ø tea to Ø coffee. J'aime mieux le thé que le café.	*I like Ø sports cars.* J'aime les voitures de sport.
Ø Life begins at forty. La vie commence à quarante ans.	*Ø Children no longer know how to behave.* Les enfants ne savent plus bien se tenir.

Dans un contexte générique, Ø exprime une généralité. On sous-entend : *tea, coffee in general / sports cars in general / life in general / children in general.*

> Le français fait appel à « **le** / **la** / **les** » pour traduire Ø dans un contexte générique.
>
> J'aime mieux **le** thé que **le** café. / J'aime **les** voitures de sport.

B **L'article zéro (Ø) et les noms dénombrables.**

Tous les noms dénombrables peuvent être employés dans un sens générique, précédés de Ø et au pluriel.

Books should be cheaper.
Les livres – en général – devraient être moins chers.

L'adjonction d'un adjectif n'implique pas l'utilisation de *the*.

Ø Imported books should be cheaper.
Les livres importés devraient être moins chers.
[*imported books = imported books in general*]
I like Ø fast cars. J'aime les voitures rapides.

⚡ *Man* et *woman* ont un fonctionnement particulier : si l'on veut parler de l'homme ou de la femme en général, on utilise Ø + *man* ou Ø + *woman*, bien qu'ils soient dénombrables.

Ø *Man often fails where* Ø *woman sometimes wins.*
L'homme échoue souvent là où la femme réussit parfois.

C L'article zéro (Ø) et les noms indénombrables.

Les indénombrables suivants sont employés avec Ø pour désigner une généralité.

Noms « abstraits » / Noms de disciplines scolaires / Noms de jeux	*joy, sadness, love, philosophy, mathematics, literature, music, tennis...* Ø *Love is blind.* L'amour est aveugle.
Noms de matériaux Noms d'aliments	*wood, iron, bread, sugar...* Ø *Iron is much heavier than wood.* Le fer est beaucoup plus lourd que le bois.
Noms de repas	*lunch, dinner...* Ø *Breakfast is served at 7.* Le petit déjeuner est servi à 7 heures.
Noms de saison	*winter, spring...* Ø *Winter always seems to last longer than* Ø *spring.* L'hiver semble toujours plus long que le printemps.
Noms de couleur	*blue, yellow, red...* Ø *Green is a mixture of* Ø *yellow and* Ø *blue.* Le vert est un mélange de jaune et de bleu.
Noms de langue	*English, French, German...* Ø *English is widely spoken throughout the world.* L'anglais est parlé presque partout dans le monde.
Noms de maladies	*cholera, cancer...* Ø *Tuberculosis* (ou *TB*) *is an infectious disease.* La tuberculose est une maladie infectieuse.

Les maladies désignées à l'aide d'un vocabulaire familier sont dénombrables.

a fever : de la fièvre
a toothache : une rage de dents

a headache : un mal de tête
a temperature : de la température

L'ARTICLE ZÉRO (Ø) DANS UN CONTEXTE SPÉCIFIQUE

A On emploie l'article zéro Ø dans un contexte spécifique (particulier) avec les noms indénombrables mentionnés dans le tableau page 148.

• Noms abstraits...

There is Ø sadness in this letter. Il y a de la tristesse dans cette lettre.
Do you still feel Ø love for me? Éprouvez-vous toujours de l'amour pour moi ?
John is always playing Ø tennis with friends. John est sans cesse en train de jouer au tennis avec des amis.

• Noms de matériaux...

This table is made of Ø solid wood. Cette table est en bois massif.
What do you want to drink: Ø tea or Ø coffee? Que désirez-vous boire : du thé ou du café ?
There is Ø tomato sauce on your trousers. Tu as de la sauce tomate sur ton pantalon.

• Noms de repas non précédés d'un adjectif...

I had Ø lunch with her yesterday. J'ai déjeuné avec elle hier.
Mais : *I had **a good** lunch.* J'ai bien déjeuné.

• Noms de langue...

Do you speak Ø Chinese? Parles-tu le chinois ?

• Noms de maladie...

She survived Ø cancer. Elle a survécu au cancer.

B Cependant, avec les **noms de saison** dans un contexte spécifique, on emploie le plus souvent ***the***.

I'll spend the summer in Australia. Je vais passer l'été en Australie.

D'autre part, avec les **noms de couleur** dans un contexte spécifique, on emploie le plus souvent ***some***.

Why don't you add some blue to your painting? Pourquoi n'ajoutes-tu pas un peu de bleu à ta peinture ?

C On emploie également l'article zéro (Ø) dans un contexte spécifique avec **les noms dénombrables au pluriel.**

There are Ø children playing in the street. Des enfants jouent dans la rue.
[Il s'agit d'enfants en particulier et non de tous les enfants possibles.]

▷◁ Dans ces emplois, le français utilise souvent l'article partitif « **du /
de la / des** » qui signale qu'une partie est extraite d'un tout.

Notez l'emploi de **Ø *people*** ou **Ø + adjectif + *people*** dans le sens
d'un ensemble de personnes.

Ø People began to wonder if he had gone mad.
Les gens commencèrent à se demander s'il était devenu fou.

His parents are Ø very nice people. Ses parents sont des gens très gentils.

D Dans un contexte spécifique, l'article zéro s'emploie en outre dans les
cas suivants :

Noms de lieux utilisés ou fréquentés dans leur usage premier (*the* + nom renvoie à un objet ou un bâtiment précis)	*school, bed, prison, university...* *He went to Ø bed.* Il alla au lit. **Mais** : *He went to the bed.* Il se dirigea vers le lit. *I have spent a week in Ø hospital.* J'ai passé une semaine à l'hôpital. **Mais** : ***The** hospital is near the station.* L'hôpital est près de la gare.
Ø + *home* lorsque *home* n'est ni précédé ni suivi d'une expression qui en délimite le sens	*They got Ø home late.* Ils sont rentrés tard chez eux. **Mais** : *This was **the** only home he had ever known.* C'est la seule maison qu'il ait jamais connue.
Nom de moyen de transport : ***by** + Ø + nom*	*by train, by bus, by car...* *I went by Ø bus.* J'y suis allé en autobus.
Ø + *television* lorsqu'il est fait allusion au moyen de transmission	*I often watch Ø television.* Je regarde souvent la télévision. **Mais** : *Could you turn off **the** television, please?* Pourriez-vous éteindre la télévision ? [renvoi au poste de télévision]
Ø + adjectif *weather*	*We're having Ø terrible weather.* Il fait un temps affreux. **Mais** : *What's **the** weather like?* Quel temps fait-il ?

L'énonciateur utilise Ø quand c'est à la notion qu'il se réfère et non à la quantité ou au nombre. Dans : *Do you like Ø tea?* l'énonciateur s'intéresse à la notion, à la **qualité** exprimée par le nom. Il demande à *you* si ce dernier aime ce qui correspond à la qualité, à la définition du thé.

Dans : *Would you like **some** tea?* l'énonciateur ajoute un commentaire d'ordre **quantitatif** (Veux-tu une quantité non spécifiée de thé ?).

L'ARTICLE ZÉRO (Ø) ET LES NOMS PROPRES

A **Noms de personnes.**

Les noms propres renvoient à des personnes supposées connues. Ils sont auto-déterminés. Il est donc inutile de les « surdéterminer » en employant *the* suivi d'un nom. C'est pourquoi on dit :

Ø *John*   Ø *Mary*   Ø *Mrs Smith*

C'est également le cas pour un titre suivi d'un nom.

Ø *Queen Elizabeth :* la reine Elizabeth Ø *President Clinton* : le président Clinton

B **Noms de lieu.**

• Noms de pays, d'états, de continents, de comtés…
On utilise Ø devant les noms de pays, sauf s'ils sont formés à partir d'un nom commun.

Ø *France /* Ø *England /* Ø *Africa /* Ø *Texas /* Ø *Kent*

Mais ***the U.S.A. (*** the United **States** of America) / **the Republic** of Ireland / **the** United **Kingdom** / **the** Nether**lands**

Ø est également utilisé devant *East / West / North / South* suivis immédiatement d'un nom propre.

Yucatan is in Ø *North America.* Le Yucatan est en Amérique du Nord.

• Noms d'entités géographiques.
Seuls les noms de sommets et de lacs s'emploient avec Ø.

Ø *Mount Everest* : l'Everest / Ø *Lake Constance* : le lac de Constance

Les noms d'entités géographiques construits à partir d'un nom commun sont employés avec *the*.

the (river) *Thames* : la Tamise / *the* *Atlantic (ocean)* : l'Atlantique / *the* *Alps (mountain range) :* les Alpes / *the* *Rocky Mountains (the Rockies) :* les montagnes Rocheuses / *the* *Sahara (desert)*

• Noms de rues, de bâtiments.
A l'exception de *the Mall* (célèbre avenue de Londres), on utilise Ø + nom de rue, de place.

Ø *Regent Street*   Ø *Piccadilly Circus...*

On utilise Ø devant les noms de lieu composés de **nom propre + nom de bâtiment**.

Ø *Westminster Abbey* : l'abbaye de Westminster / Ø *Edinburgh Castle* : le château d'Edimbourg / Ø *Buckingham Palace* : le Palais de Buckingham / Ø *Gatwick airport* : l'aéroport de Gatwick

C **Noms de jours et de mois.**

Les noms de jours et de mois sont traités comme des noms propres en anglais. Ils s'emploient toujours avec des majuscules et avec Ø.

I'm leaving on Ø Monday. Je pars lundi.

He'll spend Ø September away. Il ne sera pas ici en septembre.

2 L'article a

L'article **a** s'appelle traditionnellement article « indéfini ». Il n'a **pas de forme au pluriel** : *an apple* (une pomme) ► *apples* (des pommes).

Ce qui est sous-entendu lorsque l'on parle d'article indéfini est : l'identité du nom n'est pas (complètement) définie / déterminée.

Le pluriel de « un » en français est « des ». Lorsque « des » implique une notion de nombre ou de quantité, il se traduit à l'aide d'un quantifieur (voir page 169).

Il a apporté **des** fleurs.
► *He has brought **some** flowers.* [= quelques fleurs]
► *He has brought Ø flowers.* [C'est le fait que ce soit des fleurs et non des gâteaux qui importe.]

A OU *AN* ?

• *A* s'emploie devant tout mot commençant par un **son** de consonne (y compris *u* et *eu* prononcés comme le pronom *you*).

a house / a yacht / a university / a Eurocheque / a yellow armchair

• *An* s'emploie devant tout mot qui commence par un **son** de voyelle (y compris devant ceux qui commencent par un *h* non prononcé : *heir* (héritier) / *honest* / *honour* / *hour*).

an elephant / an hour / an honest man

• Une certaine ambiguïté existe devant les mots commençant par *h* et qui ne sont pas accentués sur la première syllabe.

On rencontre soit *a historical event,* soit *an historical event,* parce que le *h* est à peine prononcé.

• Lorsque *a* est accentué, il se prononce / eɪ /.

> L'article *a* permet de présenter un élément nouveau, de donner une information nouvelle. *A* est présentatif.

Ce qui est nouveau peut être :

A Ce à quoi renvoie le nom.

For lunch, I had a sandwich and an apple.
[*a sandwich / an apple* non mentionnés auparavant]
Pour mon déjeuner, j'ai mangé un sandwich et une pomme.

Celui qui m'écoute n'est pas au courant de la composition de mon déjeuner. Si plus tard, je continue à en parler, je pourrai dire :

The sandwich was very nice.
[*the sandwich* déjà mentionné]

Dans l'exemple ci-dessus, on pourrait remplacer *a / an* par **one**. On parle parfois d'emploi **quantitatif** de *a* dans ce cas.

> On emploie aussi *a* + **nom** lorsque l'on introduit dans un énoncé un nom nouveau auquel on donne une valeur **générique** (le nom représente l'ensemble d'une classe).
>
> *A car must be insured.* Une voiture, il faut l'assurer.
> [On pourrait aussi dire : *All cars / any car must be insured.*]
> *A dog is a faithful animal.* Un chien, c'est fidèle.

B La description que l'on fait du nom.

Thank you for a wonderful evening. Merci de cette merveilleuse soirée.

L'existence de la soirée en question n'est pas nouvelle puisqu'il s'agit de la soirée où nous nous situons. Ce qui est nouveau, en revanche, c'est la description, la qualification à l'aide de l'adjectif *wonderful*. On ne peut pas, dans cet emploi appelé parfois **qualitatif,** remplacer *a* par **one**.

C L'appartenance à un groupe.

She is a doctor. Elle est médecin.

Le fait qu'elle soit médecin est nouveau pour celui à qui l'on parle. *A doctor* apporte donc une caractéristique nouvelle concernant *she*.

*Look! That thing is **a** little mouse.* Regarde ! C'est une petite souris.

On parle parfois d'emploi **classifiant** dans ce cas (car un élément *that thing* est classé dans une catégorie *mice*).

> Tout emploi de *a* suppose un lien entre du particulier et du général. Si je dis : *She is a doctor*, je renvoie à une personne en particulier, mais j'établis parallèlement un lien avec un groupe, celui des *doctors*. L'article *a* me permet de **dissocier,** d'extraire un élément d'un groupe.

RÈGLES D'EMPLOI

A L'article *a* et les noms dénombrables.

L'emploi du déterminant *a* est assez proche de celui de « un » en français. *A* + **nom** se traduit donc souvent par « un » + nom. Il existe toutefois quelques différences. *A* s'emploie :

• **Devant un nom de métier ou de fonction attribut**...

*She is **a** doctor.* Elle est médecin.

... sauf lorsque la fonction décrite par le nom ne peut être occupée que par une seule personne à un moment donné.

*Dr Arnold was **Ø** headmaster of that school in 1930. Before that, he was **a** teacher in that same school.* Le Docteur Arnold était directeur de cette école en 1930. Avant, il avait été professeur dans cette même école.

• **Dans les appositions.**

*Edward Hopper, **a** famous American painter, came to Paris in 1907.* Edward Hopper, célèbre peintre américain, est venu à Paris en 1907.

• **Après une préposition** lorsque le nom est dénombrable singulier.

*as **a** teacher* : en tant que professeur
*in **a** bad mood* : de mauvaise humeur
*Don't go out **without an** umbrella.* Ne sors pas sans parapluie.

• **Après *what* et *such*** lorsque le nom est dénombrable singulier.

*What **a** beautiful day!* Quelle belle journée !
*It's such **a** lovely trip!* C'est un si beau voyage !

• **Devant une unité de temps, de mesure** pour donner une indication **de fréquence**, **de prix** ou **de vitesse**.

*twice **a** week* : deux fois par semaine / *$5 **a** litre* : cinq dollars le litre / *60 miles **an** hour* : 60 miles à l'heure

Mais on trouve : *by* + ***the*** + mesure.

*This is sold by **the** pound.* Ceci se vend à la livre.

L'article *a* ne s'utilise pas directement devant les noms indénombrables. Pour désigner un élément particulier, on aura recours à un dénombreur (principalement *a piece of*).

NOM INDÉNOMBRABLE	UN ÉLÉMENT DE L'ENSEMBLE
accommodation : le logement	*a house / a flat...*
advice : des conseils	*a piece of advice* : un conseil
chaos : le chaos	*a state of chaos* : un chaos
evidence : des preuves	*a piece of evidence* : une preuve
furniture : les meubles	*a piece of furniture* : un meuble
information : des renseignements	*a piece of information* : un renseignement
leisure : le loisir	*a hobby / a leisure activity* : un loisir
luck : de la chance	*a stroke of luck* : une chance
luggage : des bagages	*a piece of luggage* : un bagage
music : la musique	*a sort of music* : une musique / *a piece of music* : un morceau de musique
news : des nouvelles	*a piece of news / a news item* : une nouvelle
progress : des progrès	*an improvement / an advance* : un progrès
travel : les voyages	*a trip / a journey* : un voyage
work : le travail	*a job* : un travail

• Les noms indiqués dans la colonne de gauche ne sont **jamais directement** précédés de *a* / *an*. Ils ne portent **jamais** la marque du pluriel.

I'm looking for Ø accommodation. Je cherche un logement.

• ***News*** s'accorde au **singulier.**

*No news **is** good news.* Pas de nouvelles, bonnes nouvelles.

• On peut aussi utiliser ***some*** devant certains de ces noms pour renvoyer à une partie de l'ensemble.

*She gave me **some** good advice.* Elle m'a donné de bons conseils.

*I'd like **some** information on your opening hours.* J'aimerais des renseignements sur vos heures d'ouverture.

• Il est possible d'utiliser *a* devant un nom indénombrable si ce nom est suivi d'une proposition relative.

They live in Ø harmony. Ils vivent en harmonie.

They live in Ø perfect harmony. Ils vivent en parfaite harmonie.

*They live in **a** harmony that you have no idea of.*
Ils vivent dans une harmonie dont vous n'avez pas idée.

On trouve parfois **a** + **adjectif** + nom indénombrable.

*She has **a good** education.* Elle a une bonne éducation.
*We all need **a good** sleep.* Nous avons tous besoin de bien dormir.

C Structures particulières.

• Avec les adverbes **as**, **so** et **too**, on trouve la structure :
adverbe + **adjectif** + **a** + **nom**.

*It's **too** / **so** difficult a job.* C'est un travail trop / si difficile.

L'ordre est le même qu'en français si l'adjectif est attribut.

*This job is **too** / **so** difficult.* Ce travail est trop / si difficile.

• Avec **half**, deux structures sont possibles :
a + **half** + **nom** / **half** + **a** + **nom**.

a half pint of lager / half a pint of lager : une demi-pinte de bière
a half hour / half an hour : une demi-heure

Notez cependant :

half a dozen : une demi-douzaine

D **Not** + **a** + nom / **no** + nom.

Comparons les énoncés suivants :

*He is **not a** singer. / He is **no** singer.*

Dans le premier énoncé, c'est l'ensemble *he is a singer* qui est nié. *He* n'appartient pas à la catégorie *singers*.

Dans : *He is no singer*, **no** porte sur le nom *singer* : *he* n'a pas les qualités d'un chanteur.

On peut faire apparaître la différence en traduisant en français :

He is not a singer. ► Il n'est pas chanteur.
He is no singer. ► Ce n'est vraiment pas un chanteur.

Notez également :

He's not much of a singer. Ce n'est pas un très bon chanteur.

E (**A**) + **little** + nom singulier / (**a**) + **few** + nom pluriel.

L'adjonction de **a** devant **little** ou **few** est comparable à l'apport de « un » devant « peu de » en français. Cette adjonction fait passer de l'expression d'une très / trop petite quantité, à une petite quantité.

*There is **little** milk left.* Il reste peu de lait. [sous-entendu : trop peu de lait]
*There is **a little** milk left.* Il reste un peu de lait.

***few** people* : peu de gens / ***a few** people* : quelques personnes

Little signale un lien avec une quantité proche de zéro. *A* signale un éloignement du zéro. La combinaison *a* + *little* permet à l'énonciateur de constater simplement l'existence d'une petite quantité. Avec Ø + *little*, cette quantité est commentée (elle est jugée insuffisante).

De même, *a few* pose l'existence d'un petit nombre alors que *few* commente un (trop) petit nombre.

A few people attended the meeting. Quelques personnes assistèrent à la réunion.

Ø *Few people attended the meeting.* Peu de gens assistèrent à la réunion.

 3 **L'article the**

L'article *the* s'appelle traditionnellement l'article défini parce que l'identité du nom est connue (définie). *The* peut être suivi d'un nom au singulier ou au pluriel : *the dog / the dogs.*

A l'écrit, il n'apparaît que sous une forme : *the.*

A l'oral, on le prononce / ðə / devant un son de consonne et / ðɪ/ devant un son de voyelle. La règle d'emploi est la même que pour *a* + consonne / *an* + voyelle (voir page 152).

The peut porter un accent d'insistance (il apparaîtra en italique ou souligné à l'écrit). Il se prononce alors / ðiː /.

This is the book to read. C'est le livre à lire / le livre par excellence.

The provient historiquement d'un démonstratif. Il a d'ailleurs gardé une valeur plus démonstrative que son homologue français « le / la / les ».

Look at the mess! Regarde-moi **ce** désordre !

Il s'emploie moins fréquemment que « le, la, les ».

Dans *the*, on trouve *th-* tout comme dans *this* / *that* / *there* / *then* / *thus* ; *th-* dans tous ces termes exprime **un lien au connu.**

A QUOI SERT *THE* ?

The signale fondamentalement que l'on se situe dans **du connu, de l'identifié.** *The* correspond à un degré de détermination maximal.

Alors que *a* apporte une information nouvelle, ***the*** fait appel à la mémoire. ***The*** exprime un lien au « déjà » : déjà dit, déjà repéré, déjà connu, déjà pensé. ***The*** suppose toujours l'existence d'une étape antérieure. Cette étape antérieure peut être matérialisée dans le texte.

*On the square there were Ø **soldiers** facing students. **The soldiers** were armed to the teeth.* Sur la place il y avait des soldats, face aux étudiants. Les soldats étaient armés jusqu'aux dents.

*I had **some** red wine and some champagne. **The** wine was Australian.* J'ai pris du vin rouge et du champagne. Le vin était australien.

RÈGLES D'EMPLOI DE *THE*

L'article ***the*** s'emploie aussi bien avec des noms dénombrables que des noms indénombrables.

A *The* renvoie à du déjà-dit.

• Le nom apparaît dans le contexte précédent.

*I saw a film last night. **The** film was about a poor boy...* J'ai vu un film hier soir. Le film parlait d'un pauvre garçon...

• Le nom renvoie indirectement à un nom qui apparaît dans le contexte précédent.

*I bought a beautiful house on the coast. **The** door is made of wood.* J'ai acheté une belle maison sur la côte. La porte est en bois.

The door renvoie à *house*. L'existence d'une porte est déduite culturellement de l'emploi de *a house*. Il est inutile d'énoncer :

I bought a house. The house has a door. The door is made of wood. J'ai acheté une maison. Cette maison a une porte. La porte est en bois.

B *The* renvoie à un élément de la situation présente.

• L'élément désigné par ***the*** + **nom** renvoie à la situation dans laquelle se trouvent l'énonciateur et le co-énonciateur.

*Could you pass me **the** salt, please?*
Pourriez-vous me passer le sel, s'il vous plaît ? [le sel qui est sur la table]
*Where is **the** dog?*
Où est le chien ? [le chien de la maison dans laquelle je me trouve]

• La situation peut être plus large que l'espace réduit qui nous entoure.

*Let's go out, I'd like to visit **the** Cathedral.*
Sortons, j'aimerais visiter la cathédrale. [il s'agit de la cathédrale de la ville dans laquelle je me trouve]

C *The* renvoie à du déjà-connu culturel.

• Le déjà-connu culturel concerne des personnes.

*The Pope and **the** Queen were to meet for the first time in history.*
Le Pape et la Reine allaient se rencontrer pour la première fois dans l'histoire.

L'existence du Pape et de la Reine est connue de mon co-énonciateur par sa culture. Je peux donc dire *the Pope, the Queen* sans avoir parlé précédemment d'un pape ou d'une reine.

The Queen, de même que *the President*, est ambigu hors contexte : tout dépend du pays où je me trouve. Si je dis *the Queen* alors que je me trouve aux Pays-Bas, le référent a de fortes chances d'être la reine de ce pays.

• Le déjà-connu culturel ne se limite pas à des personnes. Il concerne également des noms géographiques, historiques, spatiaux.

the sun : le soleil / *the moon* : la lune / *the earth* : la terre / *the world* : le monde / *the air* : l'air / *the Great War* : la grande guerre / *the Republic* : la république / *the mass media* : les media...

Cependant, on emploie Ø avec *nature, society, space*.

I prefer Ø society to Ø nature.
Je préfère la société à la nature.

D *The* devant un nom déterminé par ce qui suit.

The s'emploie devant tout nom déterminé :

• Par un complément introduit par une préposition.

*The President **of** the US is to visit Japan.* Le Président des Etats-Unis doit se rendre au Japon.
*I like **the** wines **in** this bar.* J'aime les vins de ce bar.

• Par une proposition relative.

*I didn't like **the** oysters **we had for dinner**.* Je n'ai pas aimé les huîtres qu'on nous a servies pour le dîner.
*The love **he felt for her** was unique.* L'amour qu'il ressentait pour elle était exceptionnel.

• Par un superlatif placé à droite de *the*.

*He is certainly **the** most talented writer I have read this year.*
C'est certainement l'écrivain le plus talentueux que j'aie lu cette année.

Il faut remarquer que dans ces emplois, *the* préserve un lien avec du connu. Lorsqu'il dit *the President of the US*, l'énonciateur omet une première étape de présentation : *the US has **a president***, pour passer directement à la deuxième étape : *the President of the US*.
Dans *the most talented...*, l'énonciateur passe aussi directement à *the* + **nom** sans étape intermédiaire.

• ***The* + nom dénombrable au singulier.**

On parle dans ce cas de l'**emploi générique** de *the*. Il est assez limité et concerne ***the*** + nom d'animal au singulier, ***the*** + nom dénombrable utilisé en tant que concept.

The dog is a faithful animal. Le chien est un animal fidèle.
The wheel may have been invented by the Etruscans. La roue a peut-être été inventée par les Etrusques.

Quelques adjectifs sont employés comme des noms. Comme en français, ils sont alors précédés d'un article défini lorsqu'ils désignent la notion abstraite.

the unknown : l'inconnu / *the unexpected :* l'inattendu / *the sublime :* le sublime / *the necessary* : le nécessaire

Cet emploi de ***the*** renvoyant à une généralité peut paraître surprenant étant donné que ***the*** s'accommode bien du particulier, du connu, de l'identifié. Or, ici, le renvoi à une généralité se fait par le biais d'un seul élément au singulier, lequel est considéré comme représentant typique de l'ensemble auquel il appartient.

Pour exprimer une généralité, on peut dire : ***A dog*** *is a faithful animal* ; ***The dog*** *is a faithful animal ;* Ø ***Dogs*** *are faithful animals.* Ces trois énoncés ne sont toutefois pas équivalents. Dans les deux premiers, le point de départ est l'individu, alors que dans le troisième, c'est l'ensemble indifférencié des chiens qui est envisagé. D'autre part, alors que *a dog...* sous-entend tout individu pouvant être défini comme chien, *the dog* implique davantage « le chien typique », le chien par excellence.

• ***The* + nom pluriel renvoyant à des groupes humains.**

Il s'agit soit de noms de nationalité (***the*** *French /* ***the*** *Germans /* ***the*** *Iraqis)*, soit des adjectifs utilisés en tant que noms pour désigner des groupes sociaux (***the*** *rich /* ***the*** *unemployed /* ***the*** *blind*) (voir page 209).

4 Les déterminants possessifs

Les déterminants possessifs sont issus des pronoms personnels. Nous les présentons donc ensemble.

SINGULIER		PLURIEL	
Pronom personnel	Déterminant possessif	Pronom personnel	Déterminant possessif
I	*my*	*we*	*our*
you	*your*	*you*	*your*
he / she / it	*his / her / its*	*they*	*their*

• Les déterminants possessifs sont des génitifs des pronoms personnels comme en témoigne le *s* de *his* et *its*.

• La forme archaïque de 2e personne du singulier *thou* (pronom personnel) / *thy* (déterminant possessif) apparaît dans les textes religieux, en poésie ou dans le théâtre classique.

• *One's* correspond au possessif de *one* (voir page 231). C'est la forme que l'on trouve dans le dictionnaire lorsque l'on cherche la traduction de certains verbes. N'oubliez pas de choisir le déterminant approprié lorsque vous conjuguez le verbe.

se laver les mains = *(to) wash one's hands*
► *He should wash his hands.* Il devrait se laver les mains.

• L'interrogatif correspondant au déterminant possessif est *whose*.

Whose glasses are they? They are my glasses. A qui sont ces lunettes ? Ce sont mes lunettes.

L'ACCORD DES DÉTERMINANTS POSSESSIFS

A *His / her / its.*

• A la différence du français, le déterminant possessif de troisième personne rappelle **le genre et le nombre du possesseur**. Si je parle de *Peter's sister* (la sœur de Peter), je dirai : *his sister* (**sa** sœur). Si je parle de *Elizabeth's father* (le père d'Elizabeth), je dirai : *her father* (**son** père).

• *Its* est employé lorsque le possesseur n'est ni féminin, ni masculin, par exemple un végétal ou un animal dont on ne connaît pas le sexe.

This tree sheds its leaves in autumn. Cet arbre perd ses feuilles en automne.
The common adder is a snake. Its bite is rarely fatal to man. La vipère commune est un serpent. Sa morsure est rarement mortelle pour l'homme.

B *Our / your / their.*

Our et *their* sont employés lorsque le possesseur est pluriel. Avec *your*, on peut avoir un seul ou plusieurs possesseurs. Deux cas peuvent se présenter :

• Plusieurs personnes ont une possession commune. On a alors :
our / your / their + **nom singulier**.

The neighbours sold their house in 1996. Les voisins ont vendu leur maison en 1996.

• Plusieurs personnes ont une possession semblable. On a alors :
our / your / their + **nom pluriel**.

The children came with their mothers. Les enfants sont venus avec leurs mères.

On emploie souvent un singulier dans de tels cas en français.

Put up your hands. Levez **la** main.

EMPLOI PARTICULIER DES DÉTERMINANTS POSSESSIFS

A On emploie un déterminant possessif devant les noms désignant les **parties du corps**, les **vêtements** ou **objets portés**.

*He speaks with **his** hands in **his** pockets.* Il parle **les** mains dans **les** poches.

Cette règle ne s'applique que si le possesseur est sujet d'un énoncé actif. Dans les autres cas, on emploie ***the***.

*He was shot through **the** heart.* Une balle lui a traversé le cœur.
[Ici, on a un énoncé **passif**.]

*They shot him in **the** head.* Ils l'ont touché à la tête.
[Le possesseur est **complément** d'un énoncé actif.]

B ***Own*** ajouté après le déterminant possessif souligne la possession.

*I saw it with my **own** eyes.* Je l'ai vu de mes propres yeux.

 Own ne peut être précédé que d'un autre déterminant possessif.

*Do many people in England have **their own** house?* Beaucoup de gens en Angleterre ont-ils une maison à eux / leur propre maison ? [*an own house* est impossible]

This / That

Pour commencer

SINGULIER	PLURIEL	SINGULIER	PLURIEL
this	*these*	*that*	*those* / ðəʊz /

This et *that* sont traditionnellement rangés dans la catégorie des démonstratifs.

Il s'agit là de mots qui, associés à un geste, permettent à l'énonciateur de **montrer** un objet, une personne ou un phénomène dans la réalité environnante.

*Whose book is **this**?* A qui appartient ce livre ?

*I don't like **those** paintings over there.* Je n'aime pas les toiles qui sont là-bas.

This et *that* peuvent aussi être utilisés pour renvoyer à du texte ou à des paroles.

*"I've always been faithful to you." "**That's** a lie."*

« Je t'ai toujours été fidèle. » « C'est un mensonge. »

Dans cet exemple, *that* désigne le segment qui précède.

Pour signaler que l'on n'a pas compris ce qui vient d'être dit, on peut dire :

*What was **that** again?* Qu'est-ce que tu as dit ?

Comme on le voit, il convient de bien distinguer deux cas :

–*This / that* renvoyant à un référent dans l'espace concret (*Look at that!*) ou à un moment dans le temps (*This week*).

–*This / that* renvoyant à du texte ou à des paroles.

• Lorsque **that** renvoie à du texte (ou à des paroles), il désigne un segment à gauche.

"I've always been faithful to you." "That's a lie."

• **This**, en revanche, peut désigner un segment à gauche ou un segment à droite.

"We've lost." "This is very bad news."

« Nous avons perdu. » « C'est une très mauvaise nouvelle. »

And then she told me this : "I want to resign."

Et puis elle m'a dit ceci : « Je veux démissionner. »

 This et **that** peuvent être :

– **Déterminants** : *this / these, that / those* accompagnent un nom précédé ou non d'adjectifs.

– **Pronoms** : *this / these, that / those* sont alors des substituts (employés à la place de...).

– **Adverbes** : seules les formes du singulier **this** et **that** sont concernées (voir page 168).

Pour commencer

1 This et that déterminants ou pronoms

• **This** et **that** déterminants s'accordent avec le nom qui les suit.

th**is** girl ► pluriel : th**ese** girl**s**   that boy ► pluriel : th**ose** boy**s**

• **This** et **that** peuvent être des substituts de noms au singulier ou de toute une phrase.

"I've always been faithful to you." "That's a lie."

These et **those** peuvent être des substituts de noms au pluriel.

I much prefer these apples to those. Je préfère de beaucoup ces pommes-ci à celles-là.

• **This** et **that** sont suivis de **one** :

– lorsque l'on oppose deux éléments d'un ensemble.

Take this one, that one is broken. Prends celle-ci, celle-là est cassée.

– Lorsque l'on a *this* / *that* + adjectif.

*"Which pen do you want?" "This green **one** will do."*
« Quel stylo voulez-vous ? » « Le vert m'ira très bien. »

• *These* et *those* s'emploient **sans** *one* sauf avec un adjectif qualificatif.

*If you can carry those books, I'll take **these**.* Si vous pouvez transporter ces livres, moi je prends ceux-là.

*"Come on, make up your mind!" "OK. Then, give me **those red ones**."* « Allez, décidez-vous ! » « Bon, eh bien, donnez-moi celles-ci, les rouges. »

> *This*, *these*, *that* et *those* pronoms, à la différence du français
> « celui-ci » / « ceux-ci »... ne sont **jamais** utilisés pour reprendre
> un nom de personne. Il faut dans ce cas employer un pronom per-
> sonnel ou répéter le nom.
>
> Pour qui elle se prend, **celle-là** ? ► *Who does she think **she** is?*

THIS : PROXIMITÉ / *THAT* : NON-PROXIMITÉ

A *This* est utilisé pour désigner ce qui est proche, *that* pour désigner ce qui est lointain. Cette distance peut être comprise comme distance dans l'espace, le temps ou l'affectivité.

THIS : PROCHE	THAT : NON PROCHE
dans l'espace	
This beach was empty last year. Cette plage était déserte l'an dernier.	*What is that thing in the sky?* Qu'est-ce que c'est que cet objet dans le ciel ?
dans le temps	
He's leaving this week, this Friday. Il part cette semaine, ce vendredi.	*Life was better in those days.* La vie était meilleure en ce temps-là.
dans l'affectivité	
I like this photo better than that one. J'aime mieux cette photo-ci que celle-là.	*I hate that sort of music.* J'ai horreur de ce genre de musique.

B Comme *this* sert à désigner un référent proche dans l'espace, on l'emploiera pour **présenter** une ou plusieurs personnes (nécessairement proches dans l'espace). On n'emploie pas *these* dans ce cas.

This is my sister and my brother. Voici ma sœur et mon frère.

• *This* s'emploie pour désigner une unité de temps appartenant au **présent** ou au **futur**.

Are you going out this evening? Est-ce que tu sors ce soir ?
[La journée n'est pas terminée, *this evening* en fait partie.]
They should meet this coming month.
Ils devraient se rencontrer dans le mois qui vient.

• *That* s'emploie pour désigner une unité de temps révolue, classée dans le **passé**.

That Saturday she got up at 6:30 as usual.
Ce samedi-là, elle se leva à 6 heures 30 comme d'habitude.

This s'accommode ainsi d'une unité de temps **ouverte** (le présent et le futur), alors que *that* est lié au **clos**, à l'achevé.

> D'une façon plus nuancée, on peut dire que *this* désigne ce que l'énonciateur rattache à son « **ici / maintenant** ».
>
> *Let's talk this out.* Parlons-en, ça m'intéresse.
>
> Ce qui est en cours d'exploration (lien au maintenant), ce que l'énonciateur n'a pas encore complètement assimilé sera désigné à l'aide de *this*.
>
> *This is how to do it.* Voici comment faire.
>
> *Could you explain this to me?* Pourriez-vous m'expliquer ça ?
>
> Inversement, *that* désigne ce que l'énonciateur détache de son « **ici / maintenant** ».
>
> *Why did you do that?* Pourquoi as-tu fait ça ?
>
> Dans cet exemple, l'emploi de *that* implique un rejet de ce qui a été fait. Il y a une nuance de reproche dans de telles paroles.

D Nous avons vu que lorsque *this* et *that* renvoient à du texte (ou à des paroles), *that* ne pouvait désigner qu'un segment à gauche alors que *this* peut désigner un segment à gauche ou à droite.

• Quelle différence existe-t-il entre *this* et *that* lorsqu'ils renvoient à un segment à gauche ?
Lorsque *this* / *that* renvoient à un segment à gauche, *that* signale que ce qui précède est connu, prévisible, clair, classé.

Of course I know that. Je le sais, bien sûr.
That's asking for trouble. Là, tu cherches des ennuis.
You're not going and that's that. Tu n'y vas pas, un point, c'est tout.

Quand *this* est employé pour renvoyer à un segment à gauche, l'énonciateur signale qu'il a l'intention de continuer à parler du sujet.

The policeman asked: "Now, then, what's all this?". Le policier demanda :
« Voyons, que se passe-t-il ? » [Littéralement : Qu'est-ce que tout cela ?]

En général, on peut retenir que pour renvoyer à un segment à gauche, **that** est souvent d'un emploi plus neutre que **this** : **that** peut exprimer un simple renvoi à ce qui précède, alors que **this** signale que ce qui précède est en cours d'exploration, de présentation.

• Pourquoi seul **this** peut-il renvoyer à un segment à droite ?
Seul **this** peut renvoyer à un segment à droite car ce qui va être dit ou écrit ne peut pas être considéré comme totalement connu, classé.

THAT (THOSE) + PRÉPOSITION

A **That** et **those** peuvent être associés à des prépositions (en particulier **of** / **at** / **from** / **with**). L'énonciateur reprend un nom situé dans le contexte précédent. **Seuls that** ou **those** peuvent effectuer cette reprise. L'énonciateur se situe en effet dans le totalement connu.

*My mother's portrait was hung beside **that of** my father.* Le portrait de ma mère se trouvait près de celui de mon père.
*His answers are **those of** a bright child.* Ses réponses sont celles d'un enfant intelligent.
*The letters from your fans have arrived. **Those from** New York are on your desk.* Les lettres de tes fans sont arrivées. Celles de New York sont sur ton bureau.

B Le génitif (nom + '**s**) est également employé pour effectuer de telles reprises (voir page 199).

My mother's portrait was hung beside my father's. Le portrait de ma mère se trouvait près de celui de mon père.

> On ne peut dire ni ~~this of~~, ni ~~these of~~. ~~The one(s) of~~ est également impossible.

THOSE + PROPOSITION RELATIVE

A Seul **those** peut être accompagné d'une proposition relative.

***Those who** were late were not served.* Ceux qui sont arrivés en retard n'ont pas été servis. [*who were late* : proposition relative]
*These cherries are not half good as **those** we had last year.* Ces cerises sont beaucoup moins bonnes que celles que nous avons eues l'année dernière. [*we had last year* : proposition relative ; emploi du pronom relatif Ø]

A la place de **those** + proposition relative, on peut trouver **the ones** + proposition relative pour reprendre de tels énoncés.
*These cherries are not half good as **the ones** Ø we had last year.*

B *That* **ne peut pas être suivi d'une proposition relative**. Pour signifier « celui qui » / « celle qui... », on emploie en anglais ***the one who
/ the one that / the one Ø***.

*I prefer this novel to **the one** I read last week.* Je préfère ce roman à **celui que**
j'ai lu la semaine dernière.

The one ne peut être le substitut que d'un nom dénombrable. Pour
reprendre un indénombrable, il faut effectuer une répétition.

*I prefer the news on BBC1 to **the news** on CNN.* J'aime mieux les informations
de BBC1 que celles de CNN.

| *THIS* / *THAT* + *OF* + PRONOM POSSESSIF (OU NOM AU GÉNITIF)

Cette tournure sert à mettre en valeur l'appartenance d'un objet (voire
d'une personne) à quelqu'un. Cette mise en valeur permet souvent
une interprétation ironique, péjorative ou humoristique (voir page 228).

That *car **of his** (**That** car of **John's**) is always breaking down.* Sa sacrée voiture tombe tout le temps en panne. [*his car...* serait plus factuel]

---

2 This / that adverbes de manière ou de degré

This ou ***that*** adverbes de degré sont suivis d'un adjectif. Il s'agit là
d'un emploi surtout oral.

• ***That* + adjectif** apparaît surtout dans un contexte négatif. Son sens
est voisin de ***so***.

*I didn't know it was **that** simple.* Je ne savais pas que c'était aussi simple que ça.
*Can you really type **that** fast?* Tu peux vraiment taper aussi vite que ça ?

• ***This* + adjectif** (et moins souvent ***that* + adjectif**) sert à montrer un
ordre de grandeur. L'énonciateur joint alors le geste à la parole.

*It's about **this** wide.* C'est à peu près large comme ça.

4 Les quantifieurs

Les quantifieurs sont des outils grammaticaux qui permettent d'isoler ou de désigner une plus ou moins grande **quantité** / un plus ou moins grand **nombre** d'un ensemble d'éléments décrit à l'aide d'un nom ou d'un pronom.

*I need **some** money.* J'ai besoin d'argent.
[quantifieur **some** ► il s'agit d'une certaine quantité d'argent]
Ø *Money makes the world go round.* L'argent fait tourner le monde.
[absence de quantifieur, article zéro ► il s'agit de l'argent en général]
***Some** people like him.* Certains l'aiment bien.
[quantifieur **some** ► il s'agit d'un certain nombre de personnes]
Ø *People like him.* Les gens l'aiment bien.
[absence de quantifieur, article zéro ► il s'agit de tout le monde, en général]

La quantité ou le nombre isolé grâce au quantifieur est le plus souvent **indéfini**. Son appréciation dépend de la situation, du co-énonciateur...

***Lots of** people voted in favour of it.* Beaucoup de gens ont voté pour.

Avec les numéraux ou ***no***, le nombre ou la quantité est **défini**.

*It's open **seven** days a week.* C'est ouvert sept jours sur sept.
*There is **no** tea left.* Il n'y a plus de thé. [quantité définie comme nulle]

Les quantifieurs sont employés pour exprimer :
- La totalité : ***both*** / ***the two*** ; ***all*** / ***whole*** ; ***each*** / ***every***.
- L'abondance : ***plenty***, ***a lot***, ***much***, ***many***.
- Une quantité suffisante, un nombre suffisant : ***enough***.
- Une certaine quantité, un certain nombre : ***some*** / ***any***.
- Une petite quantité, un petit nombre : ***a little*** / ***a few***.
- Une quantité insuffisante : ***little*** / ***few***.
- Une quantité nulle, un nombre nul : ***neither*** / ***no*** / ***none***.
- Un nombre : ***one***, ***two***...

Pour commencer

Pour désigner les deux éléments d'un ensemble, l'anglais possède trois outils : *both / the two / either*.

BOTH

A *Both* + ∅ nom.

Both permet de désigner deux éléments ensemble : l'un **et** l'autre. Il est **directement suivi du nom** auquel il s'applique.

Both Tom and Peter were late. Tom et Peter étaient tous les deux / l'un et l'autre en retard.

Both men were found guilty. Les deux hommes ont été déclarés coupables.

B *Both (of)* + déterminant + nom.

Both peut s'appliquer à un nom déterminé à l'aide, notamment, d'un démonstratif ou d'un possessif. Il est alors suivi ou non de *of*.

both my parents = both of my parents : mon père et ma mère

C *Both of* + pronom personnel.

Lorsque *both* est suivi d'un pronom personnel, *of* est obligatoire.

They invited both of us. Ils nous ont invités tous les deux.

D *Both* seul.

Il reprend deux éléments nommés auparavant.

She has two sons. Both are taller than she is. / They are both taller than she is. Elle a deux fils. Tous deux sont plus grands qu'elle.

> *Both* n'est **jamais** précédé du déterminant *the*.
> *I like ∅ both.* J'aime **les** deux.

THE TWO

« Les deux » en français peut se traduire soit par *both*, soit par *the two*, mais ils ne sont pas synonymes. Avec *the two*, les deux éléments sont considérés **ensemble**. Avec *both*, les deux éléments peuvent être dissociés : ce qui intéresse l'énonciateur, c'est l'existence d'une **propriété commune** aux deux éléments.

Comparez :

Both of them got married on June 3rd.
Ils se sont, l'un **et** l'autre [chacun de son côté], mariés le 3 juin.

The two of them got married on June 3rd. Ils se sont mariés – l'un **à** l'autre –
le 3 juin.

*The book by Dickens costs $5, the one by Hardy $7, but you can have **the two**
for $10 and really **both** are worth reading.* Le livre de Dickens coûte 5 dollars ;
celui de Hardy 7 dollars mais vous pouvez avoir les deux pour 10 dollars et
vraiment, tous deux valent la peine d'être lus.

EITHER

A **Either** prononcé / aɪðə / ou / iːðə / peut être suivi d'un dénombrable
singulier. Il s'emploie pour désigner de manière indifférenciée l'un ou
l'autre élément d'un ensemble de deux.

Either day suits me. L'un ou l'autre jour me convient.

Il peut aussi désigner chaque élément séparément d'un ensemble de
deux.

*You can park on **either** side of the street.* Vous pouvez vous garer des deux
côtés de la rue.

Either est déterminant dans ces deux cas, car il précède directement
un nom.

B **Either** peut aussi être pronom : employé seul ou suivi de **of + déterminant + nom** ou encore de **of + pronom personnel**.

*There are two books on the table; take **either** (either of them).* Il y a deux livres
sur la table ; prends l'un ou l'autre.

*I don't believe **either** of these liars.* Je ne crois ni l'un ni l'autre de ces menteurs.

*I don't believe **either** of them.* Je ne crois ni l'un ni l'autre.

[Remarquez la traduction par « ni... ni... » puisque le verbe est négatif.]

> **Either** ne peut pas être sujet d'un énoncé négatif.
>
> ~~Either book does not provide an answer~~ **mais** *Neither book provides an
> answer.* Ni l'un ni l'autre de ces livres ne donne une réponse.

C **Either** peut également être :

• **Adverbe** : il s'emploie après un énoncé négatif.

*He didn't go. I didn't go **either**.* Il n'y est pas allé, moi non plus.

• **Conjonction** (ou bien... ou bien...).

***Either** you stay **or** you go.* Ou bien tu restes, ou bien tu t'en vas.

Lorsque **either** est conjonction (c'est-à-dire lorsqu'il introduit une proposition), il apparaît toujours en première position et **or** introduit la seconde proposition. En français, nous utilisons le même terme dans les deux propositions : « **ou bien..., ou bien...** » ou encore « **soit..., soit...** »

2 Totalité d'un ensemble de plus de deux éléments

NOMS DÉNOMBRABLES ► ALL / EVERY / EACH

All cars have seat belts. Toutes les voitures ont des ceintures de sécurité.
Every seat was taken. Toutes les places étaient occupées.
Each person knows what to do. Chaque personne sait quoi faire.

NOMS INDÉNOMBRABLES ► ALL

All the truth. Toute la vérité.

ALL

All est un des quantifieurs les plus employés de l'anglais. L'idée véhiculée par **all** est toujours celle d'une **totalité** : **all** associe tous les éléments d'un ensemble **en bloc**.

*Are **all** these books yours?* Est-ce que tous ces livres sont à vous ?
***All** his money was gone.* Tout son argent avait disparu.

On le trouve dans les constructions suivantes :

A **All** + déterminant (Ø / *the* / *this* / *that* / possessif) + nom.

all the children : tous les enfants / *all this mess* : tout ce désordre / *all my life* : toute ma vie

All the children sous-entend « tous les enfants dont on vient de parler », alors que *all Ø children* signifie « tous les enfants en général » (voir l'article Ø, page 149).

Avec une période de temps, on préfère ne pas employer *the* : *all morning, all night, all day, all week, all month, all year* (toute la matinée, toute la nuit, toute la journée, toute la semaine, tout le mois, toute l'année).

Avec un nombre, on n'emploie pas *the*. Le numéral joue le rôle d'un déterminant.
All three men were arrested. Les trois hommes ont été arrêtés. / Ils ont tous les trois été arrêtés.

All the people ne s'emploie **que** lorsque *people* est défini, connu.

All **the people I met** were very friendly. Tous les gens que j'ai rencontrés ont été très sympathiques.

Pour traduire « tout le monde », employer *everyone* ou *everybody*.

Everybody likes him. Tout le monde l'aime.

De même, « tout » se traduit par *everything* quand il n'est pas suivi d'un nom.

They sell everything. Ils vendent de tout.

B *All* **employé seul / Pronom personnel +** *all* **/** *all this* (*that*).

The kids are safe. ***All*** *are now under special police protection.* Les enfants sont en sécurité. Ils ont tous été placés sous protection spéciale de la police.

They ***all*** *agreed.* Ils sont tous tombés d'accord.

What's ***all*** *this?* C'est quoi, tout ça ?

Is that ***all****?* C'est tout ?

C *All* **+ proposition relative.**

All *∅ I want is to sleep.* Tout ce que je désire, c'est dormir.

All that glitters *is not gold.* Tout ce qui brille n'est pas d'or.

« Tout ce qui » / « tout ce que » ne se traduit pas par ~~all what~~ mais par ***all*** *∅* ou ***all that***.

D *All* **+ adjectif.**

All est dans cet emploi très proche de ***completely*** (complètement).

She is ***all*** *right (alright) now.* Elle va tout à fait bien maintenant.

He was ***all*** *covered with mud.* Il était tout couvert de boue.

ALL OU *WHOLE* ?

• *Whole* (entier, en entier, tout entier) peut également être utilisé pour exprimer l'idée de totalité et plus précisément **d'intégralité.**

• *Whole* s'emploie comme **adjectif** suivi le plus souvent d'un nom dénombrable au singulier.

the *whole* school : toute l'école

On pourrait également avoir *all the school*. Comme *whole* est ici adjectif, il se place entre *the* et le nom, alors que *all* apparaît devant *the* : *all the school*.

• *Whole* peut aussi être un **nom**. On aura alors *the whole of* + nom.

the whole of *Europe* : l'ensemble de l'Europe
the whole of *the morning* : toute la matinée

• ***Whole*** insiste davantage sur l'intégralité que ***all***.

*He's drunk **the whole** bottle.* Il a vidé toute la bouteille.

Comparez aussi : ***all*** *Europe* (toute l'Europe) et ***the whole*** *of Europe*
(l'ensemble de l'Europe).

Notez l'expression : *on the whole* (somme toute).

Alors que ***all*** permet de désigner une totalité d'éléments **en bloc**,
each et ***every*** permettent de désigner cette totalité après avoir passé
en revue **un élément après l'autre**.

A ***Each.***

• ***Each*** accorde de l'importance à **chaque** élément de l'ensemble
considéré. ***Each*** est donc toujours **singulier.**

*Have you **each** got a book?* Avez-vous bien chacun / tous un livre ?
*Each student ha**s** a separate room.* Chaque étudiant a une chambre particulière.

• ***Each*** peut être :

– **Déterminant** (***each*** + nom).

Each man knows what to do. Chaque homme sait ce qu'il doit faire.

– **Pronom.**

*Three men entered the room. **Each** ou **each of them** was wearing a hat.* Trois
hommes entrèrent dans la pièce. Chacun / chacun d'eux portait un chapeau.
*These books are $2 **each**.* Chacun de ces livres vaut 2 dollars.

On emploie ***each*** et non ***every*** lorsque l'ensemble désigné ne
comporte que deux éléments.
*I went **twice** to the United States. I visited New York **each** time.*
Je suis allé deux fois aux Etats-Unis. J'ai visité New York à chaque fois.

• ***Each*** peut être employé avec ***one***. Avec ***each one***, on met en valeur
l'individualité de chaque élément d'un groupe.

*There is no Child, there are only children, **each one** is different, unique.*
Il n'y a pas d'enfant avec un grand E, il n'y a que des enfants, chacun différent,
chacun unique.

> Notez la place particulière de **each** par rapport au français « chacun » (voir page 324).
>
> Chacun d'eux a donné son avis. **Each of them** gave his / her / their opinion.
> Ils ont donné chacun leur avis. They **each** gave their opinion.

B Every.

Au début de son cours, un professeur parcourt la classe du regard et conclut : *"So, **everybody** is here today."* (Bien, tout le monde est là aujourd'hui). Cet exemple montre que la démarche qui préside à l'emploi de **every**, par opposition à **all**, est celle d'un **parcours suivi d'une conclusion globalisante**.

• **Every** est toujours suivi d'un nom **au singulier**.

*I go to school every **day**.* Je vais à l'école chaque jour / tous les jours.

• **Every**, à la différence de **each**, ne peut être que **déterminant** (il est donc toujours suivi d'un nom ou de **one**).

Every child had brought something. Chaque enfant avait apporté quelque chose.

On peut trouver **each** of us mais jamais ~~every of us~~. On peut dire *every one of us*.

• **Each** et **every** sont souvent interchangeables, **each** supposant un arrêt sur chaque élément du groupe plus accentué que **every**. **Every**, contrairement à **each**, peut être précédé d'un déterminant possessif.

*They watched **his every** move.* Ils regardaient chacun de ses mouvements.

• **Every** est très souvent associé à **one** ou **body** afin de désigner l'ensemble d'un groupe de personnes.

Everyone *noticed it.* Tout le monde l'a remarqué.

Everybody *condemns him but from now on it will be **everybody** less one.*
Tout le monde le condamne mais à partir de maintenant ce sera tout le monde moins une personne.

On voit bien dans cet exemple que l'énonciateur soustrait un élément d'un ensemble d'éléments qu'il a parcouru auparavant. ~~All less one~~ serait impossible.

> Comme *people* est un nom pluriel, on ne peut pas dire ~~every people~~ pour dire « tout le monde ». Il faut employer **everybody** ou **everyone**.

• **Every** est associé à **thing** afin de désigner l'ensemble d'un groupe de choses.

Everything *I said was true.* Tout ce que j'ai dit était vrai.
*Tell me **everything**.* Dis-moi tout.

• Notez la différence entre **every one** et **everyone**.

Every one of them had brought a present. Chacun d'entre eux avait apporté un cadeau.
Everyone had brought a present. Tout le monde avait apporté un cadeau.

Not se place devant **every** + verbe à la forme affirmative.
Not everyone noticed it. Tout le monde ne l'a pas remarqué.

Alors que l'on traduit souvent **each** par « chaque / chacun / chacune », la traduction la plus courante de **every** et de ses composés est « tout / tous ».

• **Every** entre dans la formation de l'adverbe **everywhere** utilisé pour désigner la totalité d'un ensemble de lieux parcourus.

everywhere in the world : partout dans le monde / dans le monde entier

C **Tableau récapitulatif.**

ENSEMBLE DÉCRIT GLOBALEMENT ► ALL
All the pupils look tired today. Tous les élèves ont l'air fatigué aujourd'hui.

ENSEMBLE DÉCRIT APRÈS PARCOURS + GLOBALISATION ► EVERY
Everybody is here. Tout le monde est là.

ENSEMBLE DÉCRIT APRÈS PARCOURS ET ARRÊT SUR CHAQUE ÉLÉMENT ► EACH
I can see each of you has a book. Je vois que chacun d'entre vous a un livre.

Notez que **every** et **each** sont repris par **they**.

*Everyone does what **they** want to do*. Tout le monde fait ce qu'il veut.
*Each gave him a pound, didn't **they**?* Ils lui ont chacun donné une livre, n'est-ce pas ?

On dira de même : *Has everyone got **their** books?* (Est-ce que vous avez tous vos livres ?), ce qui est plus fréquent que : *Has everyone got his / her book?*

EVERY ET **ALL** / **WHOLE** DANS LES EXPRESSIONS DE TEMPS

• **Every** + expression de temps se réfère à la **fréquence**.

*They go out **every Friday night***. Ils sortent tous les vendredis soirs.
*She gets up at six **every day***. Elle se lève à six heures tous les jours.
*The trains run every **two hours***. Il y a un train toutes les deux heures.

Notez les expressions :

every other day : un jour sur deux / *every so often* : de temps à autre / *every now and again* : de temps en temps

• ***All* + Ø + unité de temps / *the whole* + unité de temps** s'emploient pour se référer à la totalité de cette unité de temps.

*We spend **all day** at school.* Nous passons toute la journée à l'école.

*We spend **the whole day** at school.* Nous passons la journée entière à l'école.

3 Une grande quantité, un grand nombre

NOMS DÉNOMBRABLES ▶ A LOT OF… / A GREAT NUMBER OF… / MANY…
a lot of students / a great number of mistakes / many books

NOMS INDÉNOMBRABLES ▶ A LOT OF… / A GREAT DEAL (AMOUNT) OF… / MUCH…
a lot of work / a great deal of courage / much patience

A LOT OF

A La tournure ***a lot of* + nom** permet d'isoler une grande quantité ou un grand nombre d'un ensemble.

*a lot of **people*** : beaucoup de gens / *a lot of **money*** : beaucoup d'argent

Dans un niveau de langue familier, on peut aussi trouver ***lots of* + nom** : *lots of people* (des tas de gens).

Certains adjectifs qualificatifs peuvent s'appliquer à ***a lot of***.

*I have **an awful lot of** things to do.* J'ai vraiment beaucoup de choses à faire.

Quite *a lot (of)…* correspond au français « pas mal (de)… ».

> **Le verbe s'accorde avec le nom qui suit *a lot of* (*lots of*).**
>
> *A lot of flight**s** **were** cancelled.* De nombreux vols ont été annulés.

B ***A lot* peut s'employer seul :**

• **Comme adverbe**.

*I like that painting **a lot**.* J'aime beaucoup cette toile.

*He wrote **a lot** but she never replied.* Il écrivait beaucoup mais elle ne répondait jamais.

• **Comme pronom**.

*"How much did you pay?" "**A lot**."* [sous-entendu : *a lot of money*]

« Tu as payé combien ? » « Beaucoup. »

C **A great number of** est proche de **a lot of** + **pluriel**.

*He got **a great number of** (a lot of) presents for his birthday.* Il a reçu de très nombreux cadeaux pour son anniversaire.

A great deal of est proche de **a lot of** + **singulier**.

*She spends **a great deal of** (a lot of) money.* Elle dépense beaucoup d'argent.

MUCH

A **Much** est suivi d'un nom indénombrable (singulier).

*We haven't got **much** time.* Nous n'avons pas beaucoup de temps.

Il peut servir d'instrument de reprise.

*He drinks a lot of wine, I don't drink **much**.* [sous-entendu : *much wine*]
Il boit beaucoup de vin, je n'en bois pas beaucoup.

Il peut être précédé de **so** / **too** (voir page 248).

*You've spent **too much** money.* Tu as dépensé trop d'argent.
*You've wasted **so much** time.* Tu as perdu tellement de temps.

B **A lot of** ou **much** ?

• On emploie **a lot of** plutôt que **much** dans les **énoncés affirmatifs**.

*There has been **a lot of** rain recently.* Il a beaucoup plu ces temps-ci.

• **Much** s'emploie plutôt dans les **énoncés interrogatifs ou négatifs**.

*There isn't **much** to see in this town.* Il n'y a pas grand-chose à voir dans cette ville.

*I haven't got **much** time to spare.* Je n'ai pas beaucoup de temps devant moi.

• L'emploi de **a lot** dans les énoncés interrogatifs présuppose une réponse affirmative.

"Doctor, I smoke." "Do you smoke a lot?" « Docteur, je fume. » « Et vous fumez beaucoup ? »

MANY

A **Many** est suivi d'un nom dénombrable au pluriel.

*He didn't make **many** mistakes.* Il n'a pas fait beaucoup de fautes.

Il peut servir d'**instrument de reprise**.

*He has taken a lot of pictures, I haven't taken **many**.* [sous-entendu : *many pictures*] Il a pris beaucoup de photos, je n'en ai pas pris beaucoup.

Il peut être précédé de **a great** / **a good** et de **so** / **too**.

*He has sold **a good many** / **a great many** of his books.* Il a vendu bon nombre de ses livres.

*This child has eaten **too many** / **so many** / **far too many** cakes.* Cet enfant a mangé trop / tant / beaucoup trop de gâteaux.

• *A lot of* est d'un niveau de langue moins recherché que *many* dans les énoncés affirmatifs.

*I have met **many** people who share your view.*
J'ai rencontré de nombreuses personnes qui partagent votre opinion.
[« de nombreuses personnes » plus recherché que « beaucoup de gens » (*a lot of people*)]

• *Many* / *a lot of* sont employés indifféremment dans les énoncés interrogatifs ou négatifs.

*Did he buy **many** / **a lot of** books?* A-t-il acheté beaucoup de livres ?

PLENTY (OF)

Plenty (of) exprime l'idée d'un nombre ou d'une quantité plus que suffisant. On trouve *plenty of* + **nom dénombrable pluriel** ou *plenty of* + **nom indénombrable**.

*Don't hurry, we've got **plenty of** time.* Ne vous pressez pas, nous avons largement le temps. [familier : Nous avons plein de temps.]

Plenty peut s'employer seul.

*That's **plenty**.* Ça suffit amplement.

MOST

Most + **nom** ou *most of* + **déterminant** + **nom** ou *most of* + **pronom** signifie « la plupart de ». A l'origine, *most* est le superlatif de *much* / *many*. *Most* implique « la presque totalité de l'ensemble considéré ».

Most children like snow. La plupart des enfants aiment la neige.
[les enfants en général]
Most of the children in this neighborhood like snow.
La plupart des enfants de ce quartier aiment la neige.
[des enfants en particulier]
Most of them like snow. La plupart d'entre eux aiment la neige.

Lorsque le nom renvoie à une généralité, on n'emploie pas *of*.

④ Une quantité suffisante, un nombre suffisant

■A *Enough* + **nom dénombrable pluriel** ou **indénombrable (singulier)** est utilisé très souvent pour exprimer qu'un nombre ou une quantité sont jugés suffisants. *Enough* est ici déterminant car il précède un nom.

*He has **enough** toys.* Il a assez de jouets.
*She earns **enough** money.* Elle gagne assez d'argent.

B *Enough* est considéré comme un **pronom** dans l'exemple suivant.

*More tea? Or have you had **enough**?* Un peu plus de thé ? En avez-vous eu suffisamment ?

On dit que *enough* est pronom car il renvoie à un nom qui précéde : *enough* = enough tea.

C *Enough* peut également être utilisé comme **adverbe**. Il se place **après** l'adjectif ou l'adverbe qu'il modifie.

*Are you warm **enough**?* Avez-vous assez chaud ?
*You know well **enough** what I mean.* Tu sais très bien ce que je veux dire.

D *Enough* peut également faire partie de la construction de **subordonnées comparatives** (voir page 295).

*He is lazy **enough** to fail.* Il est suffisamment paresseux pour échouer. [to fail = subordonnée]
*She earns **enough** (enough money) to pay for your holiday.* Elle gagne assez d'argent pour t'offrir des vacances.

E *Enough* permet d'exprimer l'exaspération dans les énoncés suivants.

Enough is enough. Trop, c'est trop.
I've had enough. J'en ai assez.
I've had enough of you / of getting up early. J'en ai assez de toi / de me lever tôt.

5 Une certaine quantité, un certain nombre : some

| *SOME* DÉTERMINANT

A *Some*, comme *any*, est employé pour exprimer une certaine quantité, un certain nombre, c'est-à-dire une quantité ou un nombre imprécis.

Some children are playing outside. Il y a des enfants qui jouent dehors.
*I'd like to get **some** information about your show.* J'aimerais avoir des renseignements sur votre spectacle.

Some est ici déterminant car il précède un nom.

B *Some* est employé :

• **Dans les énoncés affirmatifs**.

Some children are playing.

• Dans les énoncés interrogatifs et **hypothétiques**.

*Could I have **some** coffee?* Je pourrais avoir du café ?

*Do help yourself if you want **some** more tea.* N'hésitez pas à vous resservir si vous voulez davantage de thé.

C *Some* **présuppose l'existence d'une certaine quantité**.

Dans *Would you like some tea?* l'énonciateur signale qu'une certaine quantité de thé existe déjà. Dans *Could I have some coffee?* l'énonciateur présuppose qu'il existe du café et qu'il peut en avoir.

De nombreux énoncés interrogatifs avec *some* expriment une demande polie ou une offre. L'énonciateur s'attend alors à une réponse positive (puisqu'il sous-entend qu'une certaine quantité existe déjà).

*Would you like **some** tea?* Puis-je vous offrir du thé ?

Any serait jugé impoli : avec ***any***, on s'attend à une réponse négative.

Dans les cas évoqués ci-dessus, ***some*** est toujours prononcé / səm /.

Some est rarement employé dans les énoncés négatifs puisqu'il présuppose l'existence d'un certain nombre, d'une certaine quantité.

Si *some* est souvent traduit par « du / de la / des » en français, « **du / de la / des** » correspondent à *some* seulement au sens de « un certain nombre », « une certaine quantité ».

*Would you like **some** more vegetables?* Voulez-vous davantage de légumes ?

Lorsque « **du**, **de la**, **des** » n'expriment pas une certaine quantité ou un certain nombre, on utilise en anglais l'**article zéro** (∅).

Je mange **des** légumes tous les jours. ► *I eat ∅ vegetables every day.*

Avec *∅ vegetables*, on s'intéresse à une qualité, avec *some*, à une quantité : « quelques... »

D **Autres emplois de** *some* **déterminant.**

Some peut être employé dans des énoncés affirmatifs ou interrogatifs avec différentes nuances qui ne sont pas uniquement quantitatives.

• *Some* **+ nom dénombrable pluriel** ou **indénombrable** (singulier) peut être utilisé afin d'**opposer** un certain nombre, une certaine quantité par rapport à un ensemble.

Some children like school. Certains enfants aiment l'école.

[sous-entendu : *some children as opposed to others* / certains enfants par opposition à d'autres]

- **Some + dénombrable singulier** peut permettre de renvoyer à un élément imprécis.

*I read it in **some** book (or other).* J'ai lu ça quelque part dans un livre.
*I'll do it **some** time this week.* Je le ferai dans le courant de la semaine.
***Some** day, my Prince will come.* Un jour, mon Prince viendra.

- **Some + dénombrable singulier** peut avoir une valeur appréciative. *Some* est fortement accentué dans ce cas.

*That was **some** party!* Quelle soirée réussie !

Dans les emplois ci-dessus, ***some*** est prononcé / sʌm /.

SOME PRONOM

A **Some** pronom sert à **prélever une portion** ou **un certain nombre** d'un total.

Some est considéré comme pronom lorsqu'il est employé seul ou suivi de **of + nom** (ou **pronom**).

*No whisky for me. I've already had **some**.* Pas de whisky pour moi. J'en ai déjà eu. [sous-entendu : *some whisky*]

***Some** of the pupils were late this morning, **some of them** arrived on time.* Certains élèves étaient en retard ce matin, certains d'entre eux sont arrivés à l'heure.

B **Somebody** et **someone** sont des pronoms servant à désigner une personne dont on ne connaît pas l'identité.

***Someone** wants to see you.* Quelqu'un veut vous voir.
***Somebody (someone)** told you, didn't they?* Quelqu'un vous l'a dit, non ?
***Somebody** has spilt their coffee on the carpet.* Quelqu'un a renversé son café sur la moquette.

Remarquez **l'accord au singulier** mais la reprise par ***they*** et l'emploi du déterminant ***their***.

C **Something** sert à désigner un élément qui n'est ni masculin, ni féminin et que l'on ne peut nommer.

*There is **something** wrong.* Il y a quelque chose qui ne va pas.
*Why are you looking under the bed? Have you lost **something**?* Pourquoi cherches-tu sous le lit ? Tu as perdu quelque chose ?

Notez l'emploi suivant :

*He is **something of** a miser.* Il est un peu avare.

SOME ADVERBE

A Lorsqu'il est adverbe, ***some*** porte sur un nombre et signale une approximation.

*This happened **some** twenty years ago.*
Cela s'est passé il y a quelque / environ vingt ans.

Some porte sur le nombre *twenty* et se traduit par « environ » ou « quelque » (sans **-s**).

B **Some** entre dans la composition d'un certain nombre d'adverbes. Les plus courants sont : ***somewhere*** : quelque part / ***sometimes*** : parfois / ***somewhat*** : quelque peu / ***somehow*** : d'une façon ou d'une autre.

*I was **somewhat** surprised.* J'ai été quelque peu surprise.

⚡ **Some** pronom, **some** adverbe et **some** dans les composés se prononcent / sʌm /.

6 Une certaine quantité, un certain nombre : any

Any est employé, comme **some**, pour exprimer une certaine quantité, un certain nombre, c'est-à-dire une quantité ou un nombre **imprécis**. Il convient de distinguer deux contextes d'emploi :

• **Les énoncés interrogatifs et négatifs**, où **any** signale un nombre quelconque, une quantité quelconque.

*Is **anyone** home?* Il y a quelqu'un ?
*Have you got **any** change?* Est-ce que tu as de la monnaie ?

• **Les énoncés affirmatifs**, où **any** signifie « n'importe quel / quelle... »
Any colour will do. N'importe quelle couleur ira.

Dans les deux cas, *any* exprime une idée d'indifférence. L'indifférence concerne une quantité (une quantité quelconque) ou l'élément dont on parle (n'importe quel élément).

ANY DANS LES ÉNONCÉS INTERROGATIFS

Any et ses composés ***anyone*** / ***anybody*** / ***anything*** / ***anywhere*** s'emploient dans les énoncés interrogatifs.

A **Any** déterminant.

*Is there **any** mail today?* Est-ce qu'il y a du courrier ? [sous-entendu : une quantité quelconque de courrier]

*Are there **any** good restaurants around?* Peut-on trouver de bons restaurants dans le coin ?

Any est ici déterminant car il précède un nom. Les dénombrables sont généralement utilisés au pluriel. **Any** entre ici en concurrence avec **some**, qui présuppose une réponse positive (voir page 181).

▷◁ Remarquez la traduction par le partitif « du / de la / des ». Dans le deuxième exemple, l'idée exprimée par **any** a été rendue par « trouver » en français.

Are there Ø good restaurants around? correspondrait à : « Y a-t-il de bons restaurants dans le coin ? »

Que ce soit dans les énoncés interrogatifs ou non, « du / de la / des » français ne se traduit pas toujours par **any** ou **some**.

A-t-il de beaux yeux ? ► *Has he got beautiful eyes?* [« **De** » n'exprime ici aucune idée de « nombre quelconque » !]

B **Any** peut également être pronom, quand il est employé seul ou suivi de **of** (+ nom ou pronom).

*She has two brothers. Have you got **any**?* Elle a deux frères. Et vous ?
*Has **any of** you seen him recently?* L'un d'entre vous l'a-t-il vu récemment ?

C **Anybody** / **anyone** / **anything** / **anywhere** sont des composés de **any**.

*Has **anybody** / **anyone** seen him recently?* Quelqu'un l'a-t-il vu récemment ?
*Do you want **anything** from the chemist?* As-tu besoin de quelque chose chez le pharmacien ?
*Can you see it **anywhere**?* Est-ce que tu le vois quelque part ?

ANY DANS LES ÉNONCÉS NÉGATIFS

A **Any** déterminant.

*There is**n't any** bread left.* Il n'y a plus de pain. [sous-entendu : la moindre quantité de pain]
*They have**n't** got **any** children.* Ils n'ont pas d'enfants.

Any ne remplace jamais la négation. La négation est toujours placée avant **any**, mais pas toujours immédiatement avant.

*I **don't** think there's **any** bread.* Je pense qu'il n'y a pas de pain.

Un seul mot négatif est employé par énoncé.

Don't say anything to anyone. Ne dites rien à personne.

Les adverbes à sens restrictif tels que *hardly*, *barely*, *scarcely* (à peine) ainsi que la préposition *without* se comportent comme la négation.

There is hardly any tea left. Il n'y a presque plus de thé.

He left them without any money. Il les a laissés sans le moindre sou / sans argent du tout.

B *Any* est **pronom** quand il est employé seul ou suivi de *of* + **nom** (ou pronom).

Great movies? I didn't see any this year. De bons films ? Je n'en ai vu aucun cette année.

I don't like any of them. Je n'en aime aucun.

C *Not any* ou *no* ?

On trouve les oppositions suivantes :

• *not... anything* /	*nothing* : (ne)... rien ;
• *not... anybody* /	*nobody* : (ne)... personne ;
• *not... anyone* /	*no one* : (ne)... personne ;
• *not... anywhere* /	*nowhere* : (ne)... nulle part.

He didn't say anything. / He said nothing. Il n'a rien dit.

He didn't talk to anyone. / He talked to no one. Il n'a parlé à personne.

We don't feel at home anywhere. / We feel at home nowhere. Nous ne nous sentons nulle part chez nous.

La structure en *not... any* est plus fréquente que celle en *no-*. Celle en *no-* exprime un jugement plus catégorique : *I want nothing* est plus abrupt que *I don't want anything*.

En début d'énoncé, on ne trouve que *nothing* / *nobody* (ou *no one*) / *nowhere*.

Nothing will ever soothe his pain. Rien n'apaisera jamais sa douleur.

Pour l'opposition *not any* + nom / *no* + nom, voir page 189.

D **Dans certains énoncés négatifs, à l'écrit**, le sens de *any* peut être ambigu. Il peut signifier une quantité quelconque **ou** n'importe quel.

Don't buy any wine. N'achetez **pas de** vin. / N'achetez **pas n'importe quel** vin.

A l'oral, dans le deuxième sens, *any* est accentué et l'intonation montera sur *wine*.

En début d'énoncé, *not any* + nom signifie : « ce n'est pas n'importe quel ».

Not any driver can do that. Ce n'est pas n'importe quel conducteur qui peut faire cela.

A **Any** correspond dans les énoncés affirmatifs à « n'importe quel... ».

*You can catch **any** of these buses.* Vous pouvez prendre n'importe lequel de ces bus.

*Come **any** time you want.* Venez n'importe quand.

*I would do **anything** for him.* Je ferais n'importe quoi pour lui.

*Put it down **anywhere**.* Mettez-le n'importe où.

B **Any** (ou ses composés) au sens de « n'importe quel » est d'un emploi courant dans les propositions subordonnées hypothétiques ou dans les énoncés exprimant un doute.

*If you need **anything** just ask.* Si tu as besoin de quelque chose (de quoi que ce soit), tu n'as qu'à demander.

*I wonder whether **anybody** knows about it.* Je me demande si quelqu'un (= n'importe qui) est au courant.

Any au sens de « n'importe quel / quelle » se rencontre parfois dans les énoncés négatifs (voir page 184).

A **Any adverbe exprime la nuance « un tant soit peu »**. On le trouve surtout devant un **comparatif** et devant les adjectifs **good** et **different**.

*Are you feeling **any better**?* Vous vous sentez un peu mieux ?

*Can we go **any faster**?* On peut aller un peu plus vite ?

*Life isn't **any cheaper**.* Le coût de la vie n'a absolument pas diminué.

*I don't think it's **any good**.* Je ne trouve pas ça bon du tout. / Je pense que cela ne sert à rien.

*Do you feel **any different** now?* Te sens-tu un tant soit peu différent maintenant ?

B **« Ne... plus » se traduit par *not... any more*.**

*Don't do it **any more**.* Ne fais plus ça.

*I can't take it **any more**.* Je n'en peux plus.

A la place de *not... any more*, on trouve aussi *no... more*.

*I can take it **no more**.*

Lorsque « ne... plus » a un **sens temporel**, il peut aussi se traduire par **not... any longer** ou **no longer**. Dans ce cas, on ne peut pas employer *no more*.

*I don't want to stay here **any more**. / I don't want to stay here **any longer**.*

*I **no longer** want to stay here.* Je ne veux plus rester ici.

7 Une certaine quantité, un certain nombre : several

Several (plusieurs) est utilisé pour désigner un certain nombre d'éléments de manière séparée (le verbe *sever* signifie « séparer »).

*I've told you **several** times not to do that.* Je t'ai dit plusieurs fois de ne pas faire ça.

Several implique plus de deux, mais suppose une quantité moindre que *many*. *Several* est aussi moins globalisant que *many*.

8 Une petite quantité, un petit nombre

A *A few* + **nom dénombrable au pluriel** permet d'isoler quelques éléments / un petit nombre d'éléments d'un ensemble.

*a few girl**s*** : quelques filles

A little + **nom indénombrable (singulier)** permet d'isoler une petite quantité d'un ensemble.

a little money : un peu d'argent

Dans ces exemples, *a few* et *a little* sont déterminants, car ils précèdent un nom.

A few peut être précédé de l'adverbe *quite*. Le nombre désigné est alors plus important que celui désigné par *a few* seul.

*I've got **quite a few** books on mathematics.* J'ai pas mal de livres de mathématiques.

B *A few* et *a little* peuvent être employés **seuls** ou **suivis de** *of* + *the* (*these* / *those*) + **dénombrable**. Ils sont alors considérés comme des pronoms.

*How many mushrooms do you want? I'll take just **a few**.* Combien voulez-vous de champignons ? J'en prendrai quelques-uns.

*I knew **a few of these** people.* Je connaissais quelques-unes de ces personnes.

*That's too much, please give me just **a little**.* C'est trop, donnez-m'en juste un peu.

*Can I have **a little of** your chicken?* Tu me donnes un peu de ton poulet ?

C *A little* peut être employé comme **adverbe**.

*Couldn't you work **a little** faster?* Est-ce que tu ne pourrais pas travailler un peu plus vite ? [*A little* est ici adverbe car il modifie l'adjectif *faster*.]

On trouve souvent *a bit* + **adjectif** à la place de *a little*, surtout à l'oral.

*We started **a bit late** today.* On a commencé un peu en retard aujourd'hui.

9 Une quantité, un nombre jugés insuffisants

A Lorsque *few* + **dénombrable** (pluriel) et *little* + **indénombrable** (singulier) sont employés sans le déterminant *a*, le nombre ou la quantité désignés sont présentés comme insuffisants.

*He is not very popular. He's got **few** friends.* Il n'est pas très aimé. Il a peu d'amis.
*There is **little** hope.* Il y a peu d'espoir.

Few et *little* sont ici déterminants car ils précèdent un nom.

▷◁ | « Peu » fonctionne de la même manière par rapport à « un peu ».
« Combien d'argent te reste-t-il ? » « Peu. » [= pas assez] / « Un peu. » [= il me reste une petite quantité]

B *Few* et *little* sont souvent précédés d'adverbes tels que *very* (très) / *too* (trop) / *extremely* (extrêmement) / *comparatively* (comparativement)... L'idée de manque, d'insuffisance est alors accentuée.

***Very few** people enjoyed the show.* Très peu de gens ont apprécié le spectacle.
*We've got **too little** time left.* Il nous reste trop peu de temps.

C *Few* et *little* peuvent être employés seuls ou suivis de *of*. Ils sont alors pronoms.

*He did **little** to help.* Il n'a pas fait grand-chose pour aider.
***Few** of them know this.* Peu d'entre eux savent cela.

Pour le rôle de *a* dans *a few* / *a little*, voir page 156.

10 Une quantité nulle, un nombre nul

| *NEITHER* (NI L'UN NI L'AUTRE)

A *Neither* + **nom dénombrable au singulier** permet de désigner un ensemble de deux éléments de manière **négative**.

***Neither** boy knows how to go about it.*
Ni l'un, ni l'autre des deux garçons ne sait s'y prendre.

Neither s'oppose à *both* + **nom dénombrable pluriel** qui désigne la totalité d'un ensemble de deux éléments.

***both** boys* : les deux garçons (l'un **et** l'autre)

B *Neither* / naɪðə / ou / niːðə / peut être déterminant ou pronom.

Neither story is true. Ni l'une ni l'autre de ces histoires n'est vraie.

I know neither (of them). Je ne connais ni l'un ni l'autre.

C *Neither* est suivi d'un nom au singulier.

in neither case : ni dans un cas, ni dans l'autre

Neither of + **déterminant** + **nom pluriel** (ou ***neither of*** + pronom) peut s'accorder au pluriel ou au singulier.

*Neither of the children **want(s)** to go to bed.* Les enfants ne veulent ni l'un ni l'autre aller se coucher.

⚡ | Avec *neither*, le verbe s'emploie à la forme **affirmative**.

D *Neither* est également employé :

• **Dans les reprises elliptiques** impliquant une comparaison (voir page 129).

*He has never left his home town. **Neither have I**.*
Il n'a jamais quitté sa ville natale. Moi non plus.

• **Comme conjonction** accompagnée le plus souvent de ***nor*** dans le sens de « ni... ni... ». Il peut être considéré comme le contraire de *both... and...*

***Both** Ann **and** Jane were late.* Ann et Jane étaient en retard toutes les deux.

***Neither** Ann **nor** Jane were / was late.* Ni Ann, ni Jane n'étaient en retard.

*He can **neither** read **nor** write.* Il ne sait ni lire, ni écrire.

NO / NONE : QUANTITÉ NULLE

A ***No*** + **nom dénombrable ou indénombrable** est utilisé pour désigner une quantité ou un nombre nuls d'éléments.

*She had **no** shoes on.* Elle ne portait pas de chaussures.

*I have **no** idea.* Je n'ai aucune idée. / Je n'en ai aucune idée.

• ***No*** est souvent présenté comme l'équivalent de ***not*... *any***. Les deux formes ne sont **pas** interchangeables cependant. ***No* réfute en bloc l'existence** (en nombre, quantité ou qualité) **de ce qui suit**. Comparez :

*I took **no** photos.* Je n'ai pas pris de photos.

*I did**n't** take **any** photos.* Je n'ai pas pris **la moindre** photo. [*not* + *any* = négation d'une possibilité quelconque d'existence]

*There was **no** bus.* Il n'y avait pas de bus.

*There was **not any** bus.* Il n'y avait pas un seul bus.

La structure ***no*** + nom est moins fréquente et plus abrupte que ***not*** *any* + nom.

• En début d'énoncé, on emploie **no** et non **not any**.

No system of government is perfect.
Aucune forme de gouvernement n'est parfaite.

• **No** peut aussi être utilisé afin de nier les qualités attribuées à un nom.

*He is **no** genius.* Il n'a rien d'un génie.
[Il n'a aucune des qualités attribuées ordinairement à un génie.]
*He is **not** a genius.* Ce n'est pas un génie.
[Il n'appartient pas à la catégorie des génies.]

B **None** / nʌn / est le pronom utilisé pour désigner un ensemble vide d'éléments (humains ou non). Il correspond à « aucun » en français.

• **Il s'emploie seul**.

*"Is there any message?" "**None**."* « Y a-t-il un message ? » « Aucun. »

• **Il s'emploie également accompagné de *of* + déterminant + nom**.

None of the students I met spoke English. Aucun des étudiants que j'ai rencontrés ne parlait anglais.
*This is **none of your** business.* Cela ne vous regarde pas.

• **Il s'emploie aussi avec *of* + pronom personnel**.

None of them spoke English. Aucun d'entre eux ne parlait anglais.

None of + pluriel s'accorde au singulier ou au pluriel.

*None of them **was / were** late.* Aucun d'entre eux n'était en retard.

C **No one / nobody / nothing**.

• **No one** et **nobody** sont des pronoms servant à désigner l'absence de toute personne. **Nothing** est un pronom désignant l'absence de toute chose (pour **not any**, voir page 184).

No one (Nobody) understands why he did not come.
Personne ne comprend pourquoi il n'est pas venu.
*I can say **nothing** about it.*
Je ne peux rien en dire.

• L'accord de **no one** / **nobody** / **nothing** se fait au singulier.

• **No one** et **nobody** sont repris par **they**. **Nothing** est repris par **it**.

*No one saw her yesterday, did **they**?*
Personne ne l'a vue hier, n'est-ce pas ?
*Nothing went wrong, did **it**?*
Il n'y a pas eu de problème, hein ?

• Les adjectifs se placent après ces pronoms.

*There's **nothing** new.* Il n'y a rien de nouveau.

Nowhere est un adverbe. Il est l'équivalent de « nulle part ».

*"Where are you going?" "**Nowhere** special."*
« Où vas-tu ? » « Nulle part en particulier. »

> Remarquez que l'emploi de ***no*** ou de ses composés implique que **tout** l'énoncé est **négatif**. Ne jamais employer de double négation.
>
> ***Nobody*** told me ***anything***. Personne ne m'a rien dit.
> [**une seule** négation = *nobody*]

11 Les nombres

NOMBRES CARDINAUX

Les nombres cardinaux sont des quantifieurs désignant une quantité définie. Ils ont un rôle de déterminant.

1 *one*	11 *eleven*	21 *twenty-one*	31 *thirty-one* etc.
2 *two*	12 *twelve*	22 *twenty-two*	40 *forty*
3 *three*	13 *thirteen*	23 *twenty-three*	50 *fifty*
4 *four*	14 *fourteen*	24 *twenty-four*	60 *sixty*
5 *five*	15 *fifteen*	25 *twenty-five*	70 *seventy*
6 *six*	16 *sixteen*	26 *twenty-six*	80 *eighty*
7 *seven*	17 *seventeen*	27 *twenty-seven*	90 *ninety*
8 *eight*	18 *eighteen*	28 *twenty-eight*	100 *a hundred*
9 *nine*	19 *nineteen*	29 *twenty-nine*	1,000 *a thousand*
10 *ten*	20 *twenty*	30 *thirty*	1,000,000 *a million*

300 :	*three hundred*
150 :	*one hundred and fifty / a hundred and fifty*
1,005 :	*one thousand and five / a thousand and five*
60,127 :	*sixty thousand, one hundred and twenty-seven*
8,000 :	*eight thousand*

Prononciation.

• **Nombres terminés par *-teen*** ► accent sur la première syllabe et sur *-teen* : ***sixteen***.

• **Nombres terminés par *-ty*** ► accent sur la première syllabe : ***for***ty.

Lecture.

• Les **années** se lisent par groupes de deux chiffres.

1492 ► *fourteen hundred and ninety two* ou *fourteen ninety two*
1900 ► *nineteen hundred*

Mais on dira : 2002 ► *two thousand and two*

• **100 et 1000** peuvent se lire **one** *hundred /* **one** *thousand* ou **a** *hundred
/* **a** *thousand*. L'emploi de *one* implique que le nombre est précis.

a hundred books : cent livres */ one hundred years ago* : il y a exactement cent ans

• Les **décimales** se lisent chiffre après chiffre.

1.754 ► *one point seven five four* : 1,754 ► un virgule sept cent cinquante
quatre

> Remarquez l'emploi d'un point appelé *decimal point* là où le fran-
> çais utilise une virgule.

• **0** se lit :

– **Nought** / nɔːt / ou *zero* / zɪərəʊ / dans un chiffre, avant ou après le
decimal point.

0.02 ► *nought point nought two* ou *zero point zero two* : 0,02 ► zéro virgule
zéro deux

– **Zero** dans les mesures.

3 degrees above zero : trois degrés au-dessus de zéro

– Comme la lettre **o** / əʊ / dans les numéros de téléphone, les numéros
de chambres ou les dates.

7851109 ► *seven, eight, five, one, one, o, nine*   1901 ► *nineteen o one*
room 506 ► *room five, o, six*

• Lorsqu'un **nombre composé** est écrit en toutes lettres ou prononcé,
le dernier élément est précédé de **and**.

5,201 ► *five thousand two hundred* **and** *one*
364 ► *three hundred* **and** *sixty four*

> **C** *Dozen, hundred, thousand* et *million* sont invariables lorsqu'ils sont
> précédés d'un nombre ou de **a few**, **many**, **several**.
>
> **two dozen** *eggs* : deux douzaines d'œufs / **six hundred** *men* : six cents
> hommes / **a few thousand** *years ago* : il y a quelques milliers d'années

> Les mots français « dizaine, quinzaine quarantaine, centaine... »
> n'ont pas d'équivalents en anglais sauf « douzaine » (*dozen*). On
> utilisera **about** + **numéral** ou **numéral** + **odd**.
>
> **about** *a hundred planes* : une centaine d'avions / *forty* **odd** *years* : une
> quarantaine d'années

On utilise *a fortnight* ou *two weeks* afin de désigner « une quinzaine de jours ».

fifteen days = quinze jours très précisément [ni 14 ni 16]

En français, on dit : « les dix premiers chapitres » (**cardinal + ordinal + nom**). En anglais, on dit : *the first ten chapters* (**ordinal + cardinal + nom**).
On trouve de même *last / next / only / other* + **cardinal** + **nom** : *the last ten chapters.*

Lorsque *dozen / hundred / thousand / million* désignent une quantité indéfinie, ils portent la marque **-s** du pluriel et sont suivis de *of*.

*hundred**s** **of** birds* : des centaines d'oiseaux
*thousand**s** **of** pounds* : des milliers de livres

NOMBRES ORDINAUX

A **Ils servent à indiquer la position dans un ordre**. Ce sont des adjectifs.

1st	first	11th	eleven**th**	21st	twenty-**first**
2nd	second	12th	twelf**th**	22nd	twenty-**second**
3rd	third	13th	thirteen**th**	23rd	twenty-**third** etc.
4th	four**th**	14th	fourteen**th**	30th	thirtie**th**
5th	fif**th**	15th	fifteen**th**	40th	fortie**th** etc.
6th	six**th**	16th	sixteen**th**	90th	ninetie**th**
7th	seven**th**	17th	seventeen**th**	100th	hundred**th**
8th	eigh**th**	18th	eighteen**th**	1000th	thousand**th**
9th	nin**th**	19th	nineteen**th**	1,000,000th	million**th**
10th	ten**th**	20th	twentie**th**		

• Remarquez l'orthographe de *fifth* / fɪfθ /, *eighth* / eɪtθ /, *ninth* / naɪnθ / et *twelfth* / twelfθ /.

• Attention à la prononciation de *second* / sekənd /.

• Comme en français, les nombres ordinaux sont précédés de l'article défini.

the *first time* : **la** première fois

B Lorsque les nombres ordinaux sont écrits en chiffres, il est obligatoire d'ajouter au chiffre les deux dernières lettres du mot correspondant, sauf lorsqu'il s'agit d'une date. On écrit : *the **2nd** floor* : le 2e étage, mais on peut écrire *May 2, May 2nd, 2 May, 2nd May, 2nd of May* ou *May the 2nd.*

C Lorsqu'on parle d'un **jour**, on utilise toujours le nombre ordinal. On dira : *July **the fourteenth*** (le quatorze juillet) ou ***the fourteenth of July.***

Ce sont les nombres ordinaux (précédés de ***the***) qui sont utilisés pour lire les noms de souverains. Ces noms s'écrivent de la manière suivante : **nom + chiffre romain.**

Elizabeth II se lit *Elizabeth the second. Henry III* se lit *Henry the third.*
Pope John Paul II se lit *Pope John Paul the second.*

5 La mise en relation des noms

Pour commencer

La manière la plus courante en français de mettre deux ou plusieurs noms en relation est d'employer la préposition « **de** ».

le chien **de** Paul et Jeanne / une école **de** filles / la porte **de** la maison

En anglais, il existe plusieurs manières de mettre plusieurs noms en relation :

• **L'utilisation d'une préposition**.

*the title **of** the book* : le titre du livre [N + prép. + N]

• **L'emploi du génitif**.

*Mr Grant**'s** house* : la maison de Monsieur Grant [N's + N]

• **La formation de mots composés**.

bird watching : l'observation des oiseaux / *weekend* [N + N]

Pour commencer

1 Nom + préposition + nom

Of est souvent utilisé pour mettre deux noms en relation, notamment lorsque le nom après **of** désigne une chose (voir page 199).

*the end **of** the road* : la fin de la route

Dans un certain nombre de cas, la préposition utilisée en anglais est différente de la préposition utilisée en français.

an article **from** the Guardian	un article **du** *Guardian*
a book **by** William Golding	un livre **de** William Golding
a cheque **for** $100	un chèque **de** 100 dollars
a decrease / a fall / an increase **in** accidents	une diminution / une chute / une augmentation **du** nombre d'accidents
a demand / a need **for** help	un besoin **d'**aide
an interest **in** music	un intérêt **pour** la musique
a quest **for** happiness	une quête **du** bonheur
a solution **to** the problem	une solution **au** problème

2 Génitif

FORME

Il existe deux possibilités : **nom** + **'s** ou **nom** + **'**.

A **Si le nom au génitif est un singulier ou un pluriel irrégulier**, on le fait suivre de **'s**.

my sister's dog : le chien de ma sœur / *Jane's house* : la maison de Jane / *the children's toys* : les jouets des enfants

Les **noms propres** terminés par **-s** peuvent prendre soit **'s**, soit **l'apostrophe seule**.

Dickens's novels / Dickens' novels : les romans de Dickens

Les noms propres d'origine étrangère terminés par **-s** sont générale-ment suivis de l'apostrophe seule.

Archimedes' law : la loi d'Archimède

B **Si le nom au génitif est un pluriel régulier**, il est suivi de l'apos-trophe seule.

the boys' room : la chambre des garçons

C **Dans le cas de structures coordonnées**, il y a deux possibilités qui n'ont pas le même sens.

• **'s** suit chacun des deux noms coordonnés.

John's and Sally's cars : la voiture de John et celle de Sally / les voitures de...
➤ il s'agit de **deux** voitures, comme le fait apparaître la traduction.

- **'s** suit le dernier des noms coordonnés.

John and Sally's car : la voiture de John et Sally
► il s'agit d'**une** voiture **commune**.

PRONONCIATION

Les règles sont les mêmes que celles des autres finales en -**s** (3ᵉ personne du présent des verbes et pluriel courant des noms (voir pages 36 et 138).

the dog's lead ► / **z** /   *my cat's eyes* ► / **s** /   *Charles's daughter* ► / ɪ**z** /

EMPLOI

Le génitif (**'s**) **lie directement** les deux noms. Ils sont considérés comme allant l'un avec l'autre : la relation entre les deux noms est soudée, pré-construite.

A **Le génitif peut être employé pour marquer un lien de possession** ou encore un lien privilégié, particulier entre les deux noms. Il est alors souvent appelé « cas possessif ». **Le nom au génitif peut être** :

• **Un nom propre** :

Mr Smith's daughter : la fille de M. Smith

• **Un nom commun désignant** une personne, un animal, un véhicule :

the old lady's bag : le sac de la vieille dame / *the horse's tail* : la queue du cheval / *the train's speed* : la vitesse du train

• **Un nom désignant un groupe de personnes** :

the government's decision : la décision du gouvernement

• **Un nom de lieu** :

the world's tallest building : le plus haut bâtiment du monde / *Britain's exports* : les exportations de la Grande-Bretagne

• **Une unité de temps** :

today's news : les nouvelles d'aujourd'hui / *yesterday's paper* : le journal d'hier / *last year's results* : les résultats de l'année dernière

• **Un pronom indéfini** (*somebody / anyone / everybody...*) :

It's anyone's guess! Dieu seul le sait !
[littéralement : C'est à n'importe qui de deviner]

• **Dans les expressions figées avec *sake*** :

art for art's sake : l'art pour l'art / *for God's sake* : pour l'amour de Dieu

> Attention à ne pas faire précéder un nom propre de **the**.
>
> Ø *Sally's car* et non ~~the Sally's car~~

> On n'emploie pas **the** devant un nom propre car le nom propre n'a pas besoin de déterminant. De même qu'en français on ne dit pas ~~la voiture de la Sally~~, on ne dira pas ~~the Sally's car~~ en anglais. Le caractère déterminé (pré-construit, connu) de *car* (cf. en français « la voiture ») est quant à lui signalé par **'s**. En effet, **'s** exprime tout comme **the** du pré-construit, du connu.

B **Le génitif peut aussi être employé pour dénoter une mesure.** Le nom au génitif peut être une unité de mesure de l'espace, du temps ou de l'argent.

a **three miles'** *walk* : une promenade de 3 miles / *a* **week's** *holiday* : une semaine de vacances / **ten dollars'** *worth of ice cream* : pour 10 dollars de glace

Ces tournures peuvent être remplacées par des noms composés si le deuxième nom est dénombrable. On pourra donc dire *a six weeks' journey* ou *a six-week journey*, mais comme *imprisonment* est indénombrable, on ne pourra dire que :

They were sentenced to **ten years'** *imprisonment.* Ils furent condamnés à une incarcération de dix ans. [et non ~~a ten-year imprisonment~~]

C **Le génitif s'emploie également pour dénoter l'appartenance à une catégorie.** On utilise alors le terme de **génitif classifiant**. Il s'agit d'expressions toutes faites qui font partie du lexique et qui sont proches de mots composés. Le premier nom est plus accentué que le second.

women's *magazines* : des magazines féminins / *a* **lonely hearts'** *club* : un club de rencontre / *a* **child's** *play* : un jeu d'enfant / *a* **butcher's** *knife* : un couteau de boucher

> Avec un génitif classifiant, les déterminants et les adjectifs s'appliquent à l'ensemble **nom's + nom** et se placent donc avant cet ensemble.
>
> *Is this green lady's bike yours?* Ce vélo de femme vert est-il à toi ?
>
> Comparez :
>
> *I like this young lady's green bike.* J'aime bien le vélo vert de cette jeune femme.

A **Les noms qui désignent un lieu public** : *shop* (boutique) / *hospital* (hôpital) / *school* (école) / *church* (église) / *cathedral* (cathédrale), *home* (maison), etc., sont le plus souvent sous-entendus.

the baker's (sous-entendu *shop*) : le boulanger / *Marks & Spencer's* (sous-entendu *shops*) : les magasins Marks and Spencer / *St Paul's* (sous-entendu *cathedral*) : la cathédrale de St Paul / *at the Kaufmans'* (sous-entendu *home*) : chez les Kaufman / *at Dominique's* : chez Dominique

L'apostrophe est souvent omise dans le cas de grands magasins ou de sociétés.

Woolworths : les magasins Woolworths

B Lorsque le deuxième nom a déjà été mentionné, on ne le réutilise pas.

*She put her **arm** through her mother's.* Elle passa le bras sous celui de sa mère.

Ce phénomène est très fréquent dans les **tournures comparatives**.

*His movies are not as good as **Hitchcock's**.* Ses films ne sont pas aussi bons que ceux de Hitchcock.

C Le deuxième nom peut également figurer dans le contexte suivant (emploi littéraire).

*Maggie's was a troubled **life**.* Ce fut une vie tourmentée que celle de Maggie. [*Maggie's = Maggie's life*]

Dans ces structures, le nom sous-entendu apparaît plus loin.

D On rencontre aussi le génitif seul dans la structure : **nom + *of* + génitif**.

*She is staying with **friends of Mary's**.* Elle demeure chez des amis de Mary.
*She is **a cousin of the Queen's**.* C'est une cousine de la Reine.

Le deuxième nom n'est jamais employé ici mais *a cousin of the Queen's* correspond à : *a cousin among the Queen's cousins*.

Le *'s* peut ne pas apparaître.

She is a cousin of the Queen.

NOM + *OF* + NOM OU GÉNITIF (*'S*) ?

A On n'emploie pas le génitif (Nom*'s* + Nom) lorsque le premier nom (celui du possesseur) est très long.

*the arrival **of** the locally famous Captain Blank...* : l'arrivée du Capitaine Blank qui était une célébrité locale...

C'est en particulier le cas lorsque le nom du possesseur est suivi d'une proposition relative ou d'un complément introduit par une préposition.

*I've met the husband **of** the lady **who bumped into my car** yesterday.* J'ai rencontré le mari de la femme qui a percuté ma voiture hier.

*They obeyed the instructions **of** the boy **with the trumpet**.* Ils obéissaient aux ordres du garçon qui avait la trompette.

La construction Nom + *of* + Nom s'impose :

• **Lorsque le nom après *of* désigne une chose**.

the roof of the house : le toit de la maison

Cependant, un objet qui a trait à une activité humaine peut être employé au génitif.

*After reading five chapters, **the book's** value finally appeared.*
Après cinq chapitres, la valeur du livre m'apparut enfin.

• **Avec un adjectif substantivé**.

*The favourite pastime **of the British** is watching TV.*
Le loisir préféré des Britanniques est de regarder la télévision.

3 Formation des noms composés

La plupart des noms composés sont constitués de deux éléments. Le **deuxième** élément est en général un nom et constitue l'**élément principal**.

PROCESSUS DE COMPOSITION

La **relation de sens** entre le premier et le deuxième nom peut être d'une diversité quasi infinie. Le premier nom peut, par exemple, dénoter :

• **Le lieu** : *the back-door* (la porte de derrière) / *a London suburb* (une banlieue de Londres).

• **L'usage** : *a bottle-opener* (un ouvre-bouteille).

• **La matière** : *a gold watch* (une montre en or).

• **La cause** : *hay-fever* (le rhume des foins).

Le **premier élément** peut être autre chose qu'un nom. Ce peut être :

• **Un adjectif** : *a blackbird* (un merle).

• **Un verbe** : *a swimming-pool* (une piscine) / *a swearword* (un juron) / *frozen food* (les surgelés).

• **Une particule** : *an in-patient* (un malade hospitalisé).

Le **deuxième élément** est parfois autre chose qu'un nom, par exemple une particule : *a break-down* (une panne) / *a grown-up* (un adulte).

Très souvent, il n'y a **pas** de **trait d'union** entre les deux éléments : *a race horse* (un cheval de course) / *body odour* (une odeur corporelle).

Les noms courts les plus fréquents sont souvent écrits en un seul mot : *the weekend* / *a bookshop* (une librairie).

FONCTIONNEMENT

A Le nom principal est toujours le deuxième élément (N2). Le **premier** (N1) se comporte comme un **adjectif**. N1 qualifie N2.

a rugby player : un joueur de rugby
[*rugby* (N1) qualifie *player* (N2) comme le ferait *good* dans *a good player*]

Comme N1 joue un rôle comparable à celui d'un adjectif, il ne porte généralement **pas** la marque du pluriel.

a pine forest (une forêt de pins) ► *pine forests* (des forêts de pins)
a shoe shop (une boutique de chaussures) ► *shoe shops*
a toothbrush (une brosse à dents) ► *toothbrushes*

Quelques noms cependant sont toujours au pluriel.

*a **sports** car* : une voiture de sport / *the **arms** race* : la course à l'armement / *a **savings** account* : un compte épargne

Dans la plupart des cas, les noms composés sont accentués sur le premier élément.

B Un nom composé ne peut pas s'employer pour extraire une partie d'un tout. Il faut faire appel à la structure **Nom** + *of* + **Nom** :

• Pour désigner une partie d'un ensemble indénombrable.

*a cup **of** tea* : une tasse de thé

Cup est la partie soustraite de l'ensemble *tea* indénombrable à l'aide de *a... **of***. Comparez avec *a tea cup* (une tasse à thé) : *tea* qualifie ici *cup* comme le ferait un adjectif (*a big cup*).

• Pour désigner un sous-ensemble à l'intérieur d'un ensemble dénombrable.

a flock of goats : un troupeau de chèvres / *a group of students* : un groupe d'étudiants

6 Les adjectifs

Pour commencer

1 Les adjectifs sont des apports d'information qui viennent se greffer sur un support (nom ou pronom).

a blue dress : une robe bleue [*blue* : adjectif greffé sur le nom *dress*]

2 Ils apportent avant tout une information **qualitative** au nom. C'est pourquoi on parle le plus souvent d'adjectifs qualificatifs.

a big smile : un grand sourire [*big* : information qualitative portant sur *smile*]

3 Les adjectifs qualificatifs sont **invariables** en genre et en nombre.

There's a nice girl! Elle est sympa cette fille !
He's a nice fellow! C'est un type bien !
I met nice people yesterday. Hier, j'ai rencontré des gens sympathiques.

La plupart des adjectifs qualificatifs peuvent être modifiés par des adverbes tels que *very* (très) / *a little* (un peu) / *fairly, quite* (tout à fait / assez) / *rather* (assez / plutôt) / *so* (si) / *enough* (assez).

*It is **quite** obvious.* C'est tout à fait évident.

> Attention : *enough* se place toujours **après** l'adjectif.
>
> *You're not old enough to join the army.* Tu n'es pas assez vieux pour t'engager.

4 Certains adjectifs ont un sens que l'on ne peut pas modifier à l'aide des adverbes *very, a little, enough...* C'est le cas, par exemple, de *unique* (unique) / *supreme* (suprême) / *impossible* (impossible)... Mais ils peuvent être modifiés par d'autres adverbes.

This product is quite unique. Ce produit est absolument unique [mais non
~~This product is very unique~~]

> Les adjectifs en anglais sont invariables car le pluriel est une marque
> de nature quantitative, alors que les adjectifs sont par nature qualitatifs.

Pour commencer

1 Les adjectifs épithètes

PLACE DES ADJECTIFS ÉPITHÈTES

A En règle générale, les adjectifs épithètes se placent avant le (à
gauche du) **nom ou pronom qu'ils qualifient.**

*a **big yellow** book* : un gros livre jaune

*a **most intriguing** situation* : une situation extrêmement bizarre

> Cette règle s'applique aussi aux adjectifs modifiés par un adverbe,
> en particulier ***very***.
>
> *a **very interesting** film* : un film très intéressant

Remarquez la structure : ***as / how / so / too* + adjectif + *a*(*n*) + nom**.

*I have **as good a mark as** you.* J'ai une aussi bonne note que toi.

*It was **too ambitious a project**…* C'était un projet trop ambitieux…

***How serious an author** he is!* Comme c'est un auteur sérieux !

Certains adjectifs indiquant le degré ne se trouvent qu'en fonction épithète (donc à gauche du nom). C'est le cas, entre autres, de :
bare (pas plus de...) / *chief, main* (principal) / *mere* (pur et simple) /
sheer (pur) / *utter* (absolu).

*a **mere** coincidence* : une pure coïncidence

*the **bare** minimum* : le plus strict minimum

*by **sheer** accident* : par hasard

**B Dans un certain nombre de cas, l'adjectif épithète se place à droite
de ce qu'il qualifie :**

• Lorsqu'il qualifie un pronom composé de ***some* / *any* / *no***.

something nice : quelque chose de gentil / *nothing new* : rien de nouveau

• Dans certains titres ou expressions le plus souvent empruntés au français.

a knight errant : un chevalier errant   *Prince Charming* : le Prince Charmant

C **Certains adjectifs peuvent se placer avant ou après le nom.**

> *available* : disponible / *concerned* : concerné / *conceivable* : concevable /
> *involved* : impliqué / *possible* : possible / *present* : présent / *proper* : propre /
> *responsible* : responsable / *suitable* : convenable

L'ordre **nom + adjectif** correspond en fait à **nom + proposition relative + adjectif**. Comparez : *the present circumstances* (les circonstances actuelles) et *All the parents present turned down the motion.* (Tous les parents [qui étaient] présents rejetèrent la motion.)

Dans certains cas, le sens varie selon que l'on a **adjectif + nom** ou **nom + adjectif** : *the vehicles involved* (les véhicules impliqués) / *an involved question* (une question compliquée).

ADJECTIF ÉPITHÈTE + PRÉPOSITION + COMPLÉMENT

A Certains adjectifs peuvent être suivis d'un complément.

full of something : plein de qqch / *famous for something* : célèbre pour qqch / *good at something* : bon en qqch...

B Le groupe entier **adjectif + préposition + complément** n'est jamais placé avant le nom.

*This writer, **famous for his comedies**, also wrote a novel.* Cet écrivain, célèbre pour ses comédies, a aussi écrit un roman.

L'adjectif peut être séparé de son complément et se mettre à la gauche du nom. C'est notamment le cas des adjectifs suivis de ***to*** + **verbe**.

a difficult problem to solve : un problème difficile à résoudre
an easy car to drive : une voiture facile à conduire

Lorsque l'adjectif est un participe (participe passé ou verbe + ***ing***), le groupe **adjectif + compléments** se place en général **après** le nom.

a village crowded with tourists (un village bondé de touristes)
mais : *a crowded village* (un village bondé)
a street teeming with people (une rue grouillant de monde)
mais : *a teeming street* (une rue bondée)

C Lorsque l'adjectif épithète est suivi d'un complément, celui-ci est introduit par une préposition. Le tableau suivant n'est pas exhaustif.

angry (mécontent) / *annoyed* (irrité) / *furious* (furieux) **about** sth / **with** sb **for** doing sth *What are you so furious about?* Qu'est-ce qui te rend si furieux ? *He was furious with me for not telling him.* Il a été furieux que je ne lui en parle pas.
upset (bouleversé) / *worried* (soucieux) **about** sth / *sorry* (désolé) **about** sth *I'm worried about his health.* Sa santé m'inquiète. *Sorry about being late.* Désolée d'être en retard.
amazed (ébahi) / *astonished* (stupéfait) / *surprised* (surpris) **at / by** sth *I'm surprised at / by his ignorance.* Je suis surpris de son ignorance.
bad / brilliant / excellent / good **at** sth *He is not good at these things.* Il n'est pas doué pour ce genre de choses.
responsible (responsable) **for** sth *She is not responsible for her actions.* Elle n'est pas responsable de ses actes.
different (différent) **from** sth *It was different from what I expected.* Ce fut différent de ce que j'attendais.
interested (intéressé) **in** sth *Are you interested in art?* Vous intéressez-vous à l'art ?
afraid / frightened / scared / terrified (effrayé) **of** sth / *aware / conscious* (conscient) **of** sth *She is terrified of the dark.* Elle a très peur du noir. *I'm aware of it.* J'en suis conscient.
keen (enthousiaste) **on** sth *I'm not keen on that idea.* Je ne suis pas enthousiasmé par cette idée.
bored (ennuyé) / *delighted* (ravi) / *disappointed* (déçu) / *pleased* (heureux) / *satisfied* **with** sth *He is bored with his job.* Son travail l'ennuie. *They were disappointed with the results.* Ils ont été déçus des résultats.

ORDRE DES ADJECTIFS ÉPITHÈTES

A En anglais, l'ordre des adjectifs va du subjectif à l'objectif : l'adjectif qui implique une **prise de position**, un **jugement** se place en **premier** ; vient ensuite l'adjectif qui sert à décrire une caractéristique ou un trait fondamental.

a brilliant American pianist : un brillant pianiste américain
[*brilliant* = jugement ; *American* = caractéristique objective]
an intelligent young man : un jeune homme intelligent
a delicious hot soup : une délicieuse soupe chaude

B Lorsque deux adjectifs décrivent des parties différentes d'un même objet, ils sont coordonnés par *and* : *a black and white dog* (un chien noir et blanc). Dans les autres cas, on trouve rarement *and* avec des adjectifs épithètes.

C De façon plus précise, les adjectifs suivent l'ordre :

Jugement **T**aille **A**ge **C**ouleur **O**rigine Autre qualité **M**atière

Les adjectifs dénotant la taille et la longueur (*big / small / short / long...*) se placent généralement avant les adjectifs dénotant la forme et la grosseur (*fat / thin / wide / narrow...*).

a tall young man : un grand jeune homme / *beautiful long fair hair* : des cheveux blonds longs et beaux / *a big fat black cat* : un grand et gros chat noir

Lorsqu'il y a plus de deux adjectifs devant le nom, on les sépare par des virgules sauf s'ils sont courts.

a stupid, unpopular, expensive project : un projet stupide, impopulaire, coûteux

2 Les adjectifs attributs

PLACE DES ADJECTIFS ATTRIBUTS

L'adjectif attribut se place après le verbe qui le sépare du nom ou du pronom qu'il qualifie. Les verbes suivants appelés parfois verbes copules peuvent être suivis d'adjectifs attributs.

appear (apparaître) / *be* (être) / *become* (devenir) / *feel* (se sentir) / *grow* (devenir) / *look* (avoir l'air / sembler) / *seem* (sembler) / *taste* (sembler au goût)...

*She looks **sad**.* Elle a l'air triste. [*sad* = adjectif attribut]
*It tastes **good**.* C'est bon. [*good* = adjectif attribut]

Lorsqu'il y a plusieurs adjectifs attributs, le dernier est souvent précédé de ***and***.

Her hair is dark, long and shiny. Ses cheveux sont foncés, longs et brillants.

Certains adjectifs ne peuvent fonctionner que comme attributs. Il s'agit des adjectifs commençant par le préfixe *a-* et de quelques autres.

SEULEMENT ATTRIBUT	EPITHÈTE POSSIBLE
afraid : apeuré	*frightened*
alive : vivant	*living*
alone : seul	*lonely*
ashamed : honteux	*shameful*
asleep : endormi	*sleeping*
awake : éveillé	*conscious*
content : satisfait	*satisfied*
cross : furieux	*furious*
drunk : ivre	*drunken*
ill : malade	*sick*
glad / pleased : heureux	*happy*

3 Les adjectifs en -ed ou -ing

Un grand nombre d'adjectifs sont formés d'un verbe auquel s'ajoute *-ed* ou *-ing*.

bored : ennuyé / *boring* : ennuyeux

Généralement, **verbe + ed** donne un sens **passif** à l'adjectif et **verbe + ing** un sens **actif**.

I am bored because my job is boring. Je suis las / je m'ennuie parce que mon métier est ennuyeux / m'ennuie.

SENS ACTIF : -ING	SENS PASSIF : -ED
amazing : étonnant	*amazed* : étonné
amusing : amusant	*amused* : amusé
astonishing : surprenant	*astonished* : surpris
confusing : déroutant	*confused* : dérouté
depressing : déprimant	*depressed* : déprimé
disgusting : dégoûtant	*disgusted* : dégoûté
fascinating : fascinant	*fascinated* : fasciné
frightening : effrayant	*frightened* : effrayé
interesting : intéressant	*interested* : intéressé
worrying : inquiétant	*worried* : soucieux

Les adjectifs composés sont des adjectifs incluant deux termes ou plus.

PREMIER TERME	DEUXIÈME TERME	EXEMPLE
adjectif	+ adjectif	*dark grey* : gris sombre
nom	+ adjectif	*knee-deep* : profond jusqu'aux genoux *blood-red* : rouge sang *navy-blue* : bleu marine
adjectif	+ participe passé	*newborn* : nouveau-né
adverbe	+ participe passé	*well-fed* : bien nourri *well-known* : bien connu
nom	+ participe passé	*home-made* : fait à la maison
adjectif	+ nom + *ed*	*narrow-minded* : étroit d'esprit *two-bedroomed* : à deux chambres *long-eared* : aux longues oreilles
adverbe	+ nom + *ed*	*well-mannered* : bien élevé
participe passé	+ nom + *ed*	*broken-hearted* : au cœur brisé
nom	+ nom + *ed*	*snow-capped* : couvert de neige
adjectif	+ verbe + *ing*	*easy-going* : facile à vivre
nom	+ verbe + *ing*	*time-consuming* : qui prend du temps *heart-breaking* : déchirant

La suite **numéral** + **nom** se comporte comme un adjectif.

*a **twelve-year old** boy* : un garçon de douze ans

*a **thousand-dollar** question* : une question à mille dollars

Notez que *year* / *dollar* ne portent pas la marque du pluriel car ils fonctionnent comme des adjectifs. Notez également l'utilisation du trait d'union : *twelve-year* / *thousand-dollar*.

5 **Les adjectifs substantivés**

En français, il suffit de faire précéder un adjectif d'un article pour le convertir en nom (le substantiver). En anglais, les règles sont beaucoup plus strictes : tout adjectif doit être accompagné d'un nom ou du pronom de reprise *one* (*ones*).

*a dead **man*** : un mort / *our loved **ones*** : nos proches

*You've taken the wrong **one***. Tu n'as pas pris le bon.

*The little **ones** have gone to bed*. Les petits sont allés se coucher.

Il existe trois cas où la conversion de l'adjectif en nom est possible à l'aide de l'article :

NOTIONS ABSTRAITES

Les adjectifs désignant une notion **abstraite** peuvent dans certains cas être convertis en noms. Ils sont alors toujours précédés de ***the***.

the absurd : l'absurde / *the unexpected* : l'inattendu / *the sublime* : le sublime / *the supernatural* : le surnaturel / *the unknown* : l'inconnu **mais** *the important point (thing)* : l'important

CARACTÉRISTIQUE COMMUNE À UN GROUPE DE PERSONNES

A Les adjectifs désignant la caractéristique commune à un groupe de personnes peuvent être employés pour désigner le groupe dans son ensemble. Leur sens est toujours **pluriel**.

the unemployed : les chômeurs / *the blind* : les aveugles / *the dead* : les morts / *the young* : les jeunes / *the handicapped* : les handicapés

***The poor were** oppressed by the rich*. Les pauvres étaient opprimés par les riches.

> Remarquez l'emploi obligatoire de ***the***, l'absence de marque de pluriel (pas de ***s***) et l'accord au pluriel (*were*).

B Si l'on désigne un individu, on a recours à **adjectif** + ***man / woman / person***...

a rich man : un riche ; *a young man / woman* : un / une jeune

▶◁ En français, on trouve : quantifieur + adjectif substantivé : « **Quelques riches** croient que... »
En anglais, on aura : **quantifieur** + **adjectif** + **nom** : *Some rich **people** believe that...*

C Les adjectifs de couleur ***white*** et ***black*** ont un comportement particulier.

a black : un noir ; *a black man / woman* : un noir / une noire ; *the blacks* : les noirs

a white man / woman : un blanc / une blanche ; *the whites* : les blancs

Les adjectifs de nationalité peuvent être employés comme noms pour désigner l'ensemble des individus ayant cette nationalité. Il faut distinguer quatre cas.

A **Adjectifs se terminant par *-sh* ou *-ch*.**

• Ils obéissent aux mêmes règles que les adjectifs substantivés désignant un groupe de personnes.

– **Emploi obligatoire de *the*** : *the* English (les Anglais).

– **Accord au pluriel** : *The* Welsh *like* rugby. (Les Gallois aiment le rugby.)

– **Désignation d'un individu à l'aide de *man / woman*...** qui est accolé à l'adjectif : *a **Frenchman*** (un Français) ; *a **Frenchwoman*** (une Française).

Pays	Adjectif	Un...	Les...
England	English	an Englishman	the English
France	French	a Frenchman	the French
Holland	Dutch	a Dutchman	the Dutch
(the Netherlands)			
Ireland	Irish	an Irishman	the Irish
Wales	Welsh	a Welshman	the Welsh

Pour désigner un groupe à l'intérieur de l'ensemble, on aura recours à un **quantifieur** + **adjectif** + ***men***.

some Englishmen : quelques Anglais

• L'adjectif *English* désigne ce qui appartient à l'Angleterre, l'un des quatre pays du Royaume-Uni (*the United Kingdom*). Il faut employer l'adjectif *British* lorsque l'on désigne ce qui appartient à l'ensemble de la Grande-Bretagne (*Britain* ou *Great Britain*).

Great Britain : la Grande-Bretagne / *British* : britannique / *a British subject* : un Britannique / *the British* : les Britanniques

He was born in Edinburgh, he is British. Il est né à Edimbourg, il est britannique.

Le nom *Briton* (Britannique) est d'un emploi rare, sauf en histoire.

B **Adjectifs se terminant par *-ese* et *Swiss* (suisse).**

Le nom et l'adjectif sont semblables.

Pays	Adjectif	Un...	Les...
China	Chinese	a Chinese	the Chinese
Japan	Japanese	a Japanese	the Japanese
Portugal	Portuguese	a Portuguese	the Portuguese
Vietnam	Vietnamese	a Vietnamese	the Vietnamese
Switzerland	Swiss	a Swiss	the Swiss

> ⚡ Les noms correspondant à ces adjectifs et servant à désigner une partie de l'ensemble sont invariables.
>
> *some Vietnamese* : certains Vietnamiens

C **Adjectifs se terminant en *-an*.**

• Ils prennent la marque du pluriel (*-s*) lorsqu'ils sont employés pour désigner l'ensemble du groupe ou une partie de l'ensemble.

*the European**s** :* les Européens / *some European**s** :* quelques Européens

Le nom singulier se forme sans l'addition de *man*.

an American : un Américain / *a European* : un Européen

Ces adjectifs peuvent être employés sans l'article défini pour désigner l'ensemble du groupe.

[Titre d'un ouvrage]
How to get along with Australians. Comment sympathiser avec les Australiens.

• La liste suivante est loin d'être exhaustive.

PAYS (CONTINENT)	ADJECTIF	UN...	LES...
Australia	Australian	an Australian	the Australians
Africa	African	an African	the Africans
America	American	an American	the Americans
Canada	Canadian	a Canadian	the Canadians
Germany	German	a German	the Germans
Italy	Italian	an Italian	the Italians
Norway	Norwegian	a Norwegian	the Norwegians

Greek : grec / *Israeli* : israélien se comportent de la même manière que les adjectifs terminés en *-an*.

the Greeks : les Grecs / *the Israeli* ou *Israelis* : les Israéliens

D **Adjectifs différents du nom.**

Certains adjectifs de nationalité s'emploient uniquement comme adjectifs. Il existe un nom spécifique pour désigner l'ensemble des personnes ou un individu du groupe. C'est notamment le cas de :

PAYS	ADJECTIF	UN...	LES...
Arabia	Arabic	an Arab	the Arabs
Denmark	Danish	a Dane	the Danes
Poland	Polish	a Pole	the Poles
Scotland	Scottish (Scotch)	a Scot	the Scots
Spain	Spanish	a Spaniard	the Spaniards / the Spanish

L'adjectif *Scottish* est plus fréquent que *Scotch*. *Scotch* se réfère presque exclusivement à ce qui est produit en Ecosse (*Scotch whisky* : du whisky écossais).

Scottish castles : des châteaux écossais / *a Scottish poet* : un poète écossais

Notez le fonctionnement grammatical comparable de *Jewish* (adj. : juif) / *a Jew* (un juif) / *the Jews* (les juifs).

E Tous les adjectifs de nationalité, qu'ils soient ou non employés comme substantifs, prennent une **majuscule.** Comparez avec le français :

the Americans : les Américains / the American way of life : le mode de vie américain

Lorsque les adjectifs de nationalité sont employés avec l'article zéro (Ø), ils désignent la langue correspondant au pays.

She speaks Ø English and Ø German. Elle parle anglais et allemand.

7

Les comparatifs / Les superlatifs

Comparer, c'est mettre en présence deux éléments au moins et les évaluer l'un (les uns) par rapport à l'autre (aux autres). Cette évaluation peut aboutir à un jugement exprimant :

• Une **équivalence** : on parle alors de comparatif d'égalité.

Paul est aussi grand que Jack. Il est aussi grand que ses amis.

• Une **différence** : on parle alors de comparatif de supériorité, d'infériorité ou de superlatif.

Paul est plus grand que Jack.
Il est moins grand que les autres.
C'est le meilleur élève de la classe.

Alors qu'**avec le comparatif on compare deux** éléments ou deux groupes, **avec le superlatif on distingue un ou plusieurs** éléments qui atteignent le plus haut ou le plus bas degré d'un ensemble (le meilleur élève ; la pire année).

Pour commencer

1 Expression de l'équivalence

L'équivalence s'exprime grâce au comparatif d'égalité.

FORME : EMPLOI DE **AS**

Pour exprimer l'équivalence, on utilise les structures suivantes :
• **as** + **adjectif** ou **adverbe** + **as**...
• **as** + **adjectif** + **a** / ∅ + **nom** + **as**...

A **On établit une équivalence à l'aide de *as*... *as*...**

*Jack is **as** tall **as** Jim.* Jack est aussi grand que Jim.

*He speaks English **as** fluently **as** the others.*
Il parle anglais aussi couramment que les autres.

*She is **as** good a student **as** any other.*
Cette étudiante est aussi bonne que les autres.

• Le groupe *as* + **adjectif** peut être précédé de multiplicateurs ou de diviseurs : *twice* (deux fois) / *ten times* (dix fois) / *third* (un tiers).

*Canada is **18 times as big as** France.*
Le Canada est 18 fois plus grand que la France.

*We've had **a quarter as many** visitors.*
Nous avons eu quatre fois moins de visiteurs.

Remarquez que dans ce cas le français utilise un comparatif de supériorité ou d'infériorité.

• *As* est également employé après *the same* (le même / la même / les mêmes), qui implique une équivalence absolue.

*His hair is **the same** colour **as** mine.*
Ses cheveux sont de la même couleur que les miens.

*Give me **the same as** last time.*
Donnez-moi la même chose que la dernière fois.

• Le rapport d'égalité entre deux ou plusieurs éléments peut être nié au moyen de *not*.

*She is **not as** old **as** she looks.* Elle n'est pas aussi âgée qu'elle en a l'air.

Not so... *as* est parfois préféré à *not as*... *as*. *So* ajoute une nuance d'intensité. Dans *not so clever,* on a la nuance suivante : « pas à ce point ».

*She is **not so** clever **as** her brother.* Elle n'est pas aussi douée que son frère.

B **Lorsque l'on établit une équivalence à l'aide de noms**, on a les structures suivantes :

• *as much* + **nom indénombrable** + *as*...
• *as many* + **nom dénombrable pluriel** + *as*...

*She drinks **as much** beer **as** him.*
[*much* précède *beer* = nom indénombrable]

*I've made **as many** mistakes **as** him.*
[*many* précède *mistakes* = nom dénombrable pluriel]

On notera la traduction par « autant » dans les deux cas :

Elle boit **autant** de bière que lui. / J'ai fait **autant** de fautes que lui.

Après le second **as**, on a le plus souvent un pronom **complément** : *as **him***. On peut aussi trouver un **pronom sujet** + **verbe** : *as many mistakes as **he has***.

2 Expression de la différence

La différence s'exprime grâce aux **comparatifs de supériorité** et **d'infériorité** ou aux **superlatifs**.

FORMES RÉGULIÈRES

COMPARATIF DE SUPÉRIORITÉ	SUPERLATIF DE SUPÉRIORITÉ
• **Adjectif** ou **adverbe** + *er* *small* ► *small**er*** *soon* ► *soon**er***	• ***The*** + **adjectif** ou **adverbe** + *est* *small* ► *the small**est*** *soon* ► *the soon**est***
• ***More*** + **adjectif** ou **adverbe** ***more*** *interesting* ***more*** *beautifully*	• ***The most*** + **adjectif** ou **adverbe** *the **most** interesting* *the **most** beautifully*
COMPARATIF D'INFÉRIORITÉ	SUPERLATIF D'INFÉRIORITÉ
• ***Less*** + **adjectif** ou **adverbe** ***less*** *interesting* / ***less*** *beautifully*	• ***The least*** + **adjectif** ou **adverbe** **the least** *expensive*

A Les comparatifs de supériorité se forment à l'aide de *-er* ou ***more***, les superlatifs de supériorité à l'aide de *-est* ou ***most*** en fonction de la longueur et de la terminaison du mot concerné.

Mots d'une seule syllabe[1] :	*-er* / *-est* *small* ► *smaller* / *smallest* *soon* ► *sooner* / *soonest*
Mots de plus de deux syllabes :	***more*** / ***most*** *beautiful* ► *more beautiful* / *most beautiful*

1. sauf *pleased* : heureux / *real* : réel / *right* : vrai / *wrong* : faux

Pour les mots de deux syllabes, il faut distinguer :

Mots terminés par -*er*, -*y*, -*ly*, par une voyelle non accentuée ou par / l :
comparatif en -*er* / superlatif en -*est*

clever ► *cleverer / cleverest*	*narrow* ► *narrower / narrowest*
pretty ► *prettier / prettiest*	*simple* ► *simpler / simplest*

Mots terminés par -*ful*, -*re*, -*ing*, -*ed*, -*less* :
comparatif en ***more*** + adjectif / superlatif en ***most*** + adjectif

careful ► *more / most careful*	*obscure* ► *more / most obscure*

Pour les autres adjectifs de deux syllabes, en cas de doute, il vaut mieux utiliser ***more*** / ***most***.

B **Les modifications orthographiques portent sur la finale**.

• La voyelle -*e* finale n'est pas redoublée :

fine ► *fin**er***

• Le -*y* final devient -*i* s'il est précédé d'une consonne :

happy ► *happ**ier***

• La consonne finale des adjectifs d'une syllabe quand elle est précédée d'une seule voyelle est redoublée.

big ► *bi**gger*** / *sad* ► *sa**dder*** **mais** *sweet* ► *swee**ter***

C ***More*** est toujours employé lorsque l'on compare deux attributs se rapportant au même sujet.

*She is **more kind than** intelligent.* Elle est plus gentille qu'intelligente.
Mais : *She is **kinder** than him.* Elle est plus gentille que lui.

FORMES IRRÉGULIÈRES

ADJECTIF OU ADVERBE	COMPARATIF	SUPERLATIF
good : bon, ***well*** : bien	***better***	***best***
bad, evil, ill : mauvais	***worse***	***worst***
far : loin	***farther / further***	***farthest / furthest***

A ***Farther*** et ***further*** (plus loin) se réfèrent à une distance.

*It is **farther / further** than I thought.* C'est plus loin que je ne pensais.

Further (supplémentaire / additionnel) peut aussi se référer à quelque chose qui est ajouté. Il est synonyme de ***more***.

*for **further** information…* : pour de plus amples renseignements…

B **Old** (vieux) forme son comparatif et son superlatif comme tous les adjectifs d'une syllabe : *older / oldest.*

Il peut cependant avoir des formes irrégulières (comparatif : *elder*, superlatif : *the eldest*). Ces formes ne sont employées que si l'on se réfère aux membres d'une même famille : *elder,* qui n'est jamais suivi d'une construction avec **than**, signifie « l'aîné de deux », *eldest* signifie « l'aîné de trois ou plus ».

*She is my **elder** sister.* C'est ma sœur aînée.
*He is **the eldest** of their four children.* C'est l'aîné de leurs quatre enfants.

C **Late** (en retard) forme son comparatif et son superlatif de façon régulière *(later / latest).*

I'll come back later. Je reviendrai plus tard.

Dans certains emplois très courants, *latest* se traduit par « dernier ».

*the **latest** news* : les dernières nouvelles / *the **latest** fashion* : la dernière mode

Latter est un adjectif ou un pronom qui signifie « le second » / « ce dernier ». Il est souvent employé en association avec *the former* : « le premier », « celui-là ». Il s'agit là d'un niveau de langue soutenu.

*I met Mr Green and Mr Ray yesterday. I found **the former** very nice; **the latter** was unbearable.* J'ai rencontré Mr Green et Mr Ray hier. Le premier était très sympathique, le dernier était insupportable.

EMPLOIS DU COMPARATIF

Pour comparer **un élément** avec **un autre**, on utilise un **comparatif de supériorité** (*faster*) ou **d'infériorité** (*less interesting*).

A **Un élément est mis en relation avec un autre**. Ce dernier élément peut être mentionné ou non.

*A plane is **faster** and **more comfortable than** a bus.*
L'avion est plus rapide et plus confortable que le bus.
*You look **thinner**. Have you lost weight?*
Tu as l'air plus mince. Tu as perdu du poids ?

Lorsque le deuxième élément est mentionné, il est introduit par **than**, qu'il s'agisse du comparatif de supériorité ou du comparatif d'infériorité.

*He was **less** enthusiastic **than** his brother.*
Il était moins enthousiaste que son frère.

Ne confondez pas avec la construction du comparatif d'égalité.

*He was **as** enthusiastic **as** his brother.* Il était aussi enthousiaste **que** son frère.

En français, le deuxième élément est toujours introduit par ***que*** (aussi enthousiaste **que** / plus confortable **que**), alors qu'en anglais, on utilise ***as*** (*as enthusiastic as*) pour le comparatif d'égalité et ***than*** (*more comfortable **than***) pour les autres comparatifs.

B En règle générale, préférez toujours le comparatif de supériorité au comparatif d'infériorité en anglais lorsque le deuxième élément de la comparaison est mentionné.

*Let's go by car. It's **cheaper** than by train.*
Allons-y en voiture, c'est **moins cher** que par le train.
*Their house is **smaller** than ours.*
Leur maison est **moins grande** que la nôtre.

C Il est possible de modifier les comparatifs des adjectifs et des adverbes. Les expressions les plus employées sont :

> *a bit / a little / slightly* (un peu) */ much / a lot / far* (beaucoup)

*It's **far better** / **much nicer** than last time.*
C'est beaucoup mieux / bien plus agréable que la dernière fois.

D **Structures particulières.**

• Lorsque l'on ne compare que deux éléments, on emploie souvent : ***the* + comparatif.**

*Both boys are intelligent but John is **the more intelligent**.*
Les deux garçons sont intelligents mais John est le plus intelligent.

Dans ce cas, on trouve également : *John is **the most intelligent**.*

Notez les expressions :

the upper class (les couches supérieures de la société) */ the lower classes* (les classes populaires) */ the younger generation* (la jeune génération)

• La tournure **comparatif + *and* + comparatif** (de plus en plus... / de moins en moins...) s'emploie pour décrire un changement progressif.

*Your English is getting **better and better** / **more and more** comprehensible.*
Tu parles anglais de mieux en mieux. / Ton anglais est de plus en plus compréhensible.

*They seem **less and less** interested.*
Ils semblent de moins en moins intéressés.

• La tournure **the + comparatif**, **the + comparatif** (plus... , plus...) décrit un accroissement parallèle. La structure de base est : **the more..., the more...**

The more money he has, the more he wants. Plus il a d'argent, plus il en veut.

– Pour exprimer une diminution parallèle, on utilise **the less..., the less...** (moins... , moins...).

The less I see them, the less I want to see them. Moins je les vois, moins j'ai envie de les voir.

On trouve également les combinaisons **the less..., the more...** (moins..., plus...) et **the more..., the less...** (plus..., moins...).

Quand **the** est suivi d'un adjectif court, on a : **adjectif + er.**

The shorter a book is, the more enjoyable I find it. Plus un livre est court, plus je le trouve agréable.

« **Moins** » se traduit par **the fewer** lorsqu'il modifie un nom pluriel.

The fewer accidents there are, the better (it is). Moins il y a d'accidents, mieux ça vaut.

Notez l'expression :

The more, the merrier. Plus on est de fous, plus on rit.

– En anglais, la structure est **toujours the + comparatif + sujet + verbe, the + comparatif + sujet + verbe.**

The bigger the town is, the more dangerous it is. [Comparez avec le français : Plus une ville est grande et plus elle est dangereuse.]

The earlier we leave, the sooner we will arrive. Plus nous partons / partirons tôt, plus vite nous serons arrivés.

– Notez que l'on n'emploie pas **will / shall** de sens futur dans la première proposition.

*The more you **read**, the faster you will learn.* Plus vous lisez / lirez, plus vite vous apprendrez.

E Les comparatifs des noms.

Lorsque la comparaison inclut un nom, on trouve :

• **more** + nom + **than** ;
• **less** + nom singulier + **than** ;
• **fewer / less** + nom pluriel + **than.**

*My parents earn **more** money / **less** money than me.* Mes parents gagnent plus d'argent / moins d'argent que moi.

*He has **fewer** toys / **less** toys than his brother.* Il a moins de jouets que son frère. [*less toys* est familier]

F *More than* / *less than* permet également de **comparer deux propositions**.

*She works (much / far) **more than** her sister (does).* Elle travaille (beaucoup) plus que sa sœur.

*She works (much / far) **less than** her sister (does).* Elle travaille (beaucoup) moins que sa sœur.

EMPLOIS DU SUPERLATIF

Pour comparer un élément avec plusieurs, on utilise un superlatif de supériorité *(the smallest)* ou d'infériorité *(the least expensive)*.

A **Un élément est mis en rapport avec plusieurs éléments** d'un même ensemble.

*You are my **best** friend.* Tu es mon meilleur ami.
[*You* est mis en rapport avec l'ensemble *my friends*. Il est sélectionné par rapport à l'ensemble comme le meilleur, d'où l'utilisation de ***best***.]

*The Nile is the **longest** river in the world.* Le Nil est la plus longue rivière du monde.

*This is the **most** boring film I've ever seen.* C'est le film le plus ennuyeux que j'aie jamais vu.

*I've bought the **least** expensive gift I could find.* J'ai acheté le cadeau le moins cher que j'aie pu trouver.

Le superlatif d'infériorité (***the least*** + adjectif) est peu employé.

B Lorsque l'ensemble à l'intérieur duquel s'effectue la comparaison est mentionné, on trouve les constructions suivantes :

• **Préposition *in*** + lieu ou groupe de personnes.

*the largest city **in** the country* : la plus grande ville du pays
*the best player **in** the team* : le meilleur joueur de l'équipe

• **Préposition *of*** dans tous les autres cas.

*the happiest day **of** my life :* le jour le plus heureux de ma vie

• **Proposition relative** introduite par ***that*** ou Ø.

This was the most delicious meal Ø (that) I've had for a long time. C'est le meilleur repas que j'aie fait depuis longtemps.

C Ø ***Best*** / Ø ***least*** / Ø ***most*** sont employés comme adverbes. Ils modifient un verbe.

*Spring is the season I like **best**.* Le printemps est la saison que j'aime le mieux.
*That's what annoyed me **most** / **least**.* C'est ce qui m'a le plus / le moins contrarié.

Notez l'expression : *as best I could* (de mon mieux).

D **Most** + **adjectif ou adverbe** peut être synonyme de **very** / **extremely** / **ever so** / **so**... Il sert d'intensifieur.

*It's **most** kind of you.* C'est tout à fait gentil à vous.
*It was **most** interesting.* C'était vraiment intéressant.

> ⚡ **Most** n'est, dans ce cas, jamais précédé de **the**. Comparez :
>
> *This was **the most interesting** moment of the film.* C'était le moment le plus intéressant du film.
> *This was **a most interesting** moment.* C'était un moment vraiment intéressant.

E **Les superlatifs des noms.**

On trouve :

- **the most** + nom ;
- **the least** + nom indénombrable (**singulier**) ;
- **the fewest** + nom dénombrable pluriel.

*Who made **the most mistakes**?* Qui a fait le plus de fautes ?
*I made **the fewest** mistakes.* C'est moi qui ai fait le moins de fautes.
*We have **the least money**.* C'est nous qui avons le moins d'argent.

Notez les expressions : *at least* (au moins, du moins) / *at (the) most* (au plus).

8 Les pronoms personnels et possessifs

Pour commencer

① Le tableau suivant présente les différents pronoms personnels et les pronoms possessifs correspondants. Les déterminants possessifs sont donnés à titre de rappel et pour montrer le lien qui existe avec les pronoms possessifs.

PRONOM PERSONNEL SUJET	PRONOM PERSONNEL COMPLÉMENT	DÉTERMINANT POSSESSIF	PRONOM POSSESSIF
I	*me*	*my*	*mine*
he / she / it	*him / her / it*	*his / her / it*	*his / hers / its*[1]
we	*us*	*our*	*ours*
you	*you*	*your*	*yours*
they	*them*	*their*	*theirs*

1. Le pronom possessif *its* est très rare.

② Les formes de tutoiement *thou* (sujet), *thee* (complément), *thy* (déterminant possessif) et *thine* (pronom possessif) sont archaïques.

Thou shalt not kill. Tu ne tueras point.

Pour commencer

① Les pronoms personnels

On parle de pronoms personnels car ce sont des instruments de reprise du groupe nominal et qu'ils renvoient à une personne. Toutefois *it* et *they* peuvent renvoyer à des objets.

LES PRONOMS PERSONNELS SUJETS

A Les pronoms sujets sont employés comme sujet d'un verbe.

I know. Je sais. [*I* sujet de *know*]

Ils sont employés après *it is / was* lorsqu'ils sont suivis d'une proposition relative introduite par **who**.

*It is **he** who pays the bill.* C'est lui qui paie l'addition.

En anglais familier, on rencontre le pronom complément après *it is*.

*It's **me** that ha**s** to do the hoovering every day.* C'est moi qui dois passer l'aspirateur tous les jours. [Remarquez *has* = 3e personne, comme si l'énonciateur parlait d'une autre personne que lui-même.]

B Lorsqu'un nom et un pronom sont sujets d'un verbe, on trouve soit **nom + pronom**, soit **pronom + nom**.

***My sister** and **he** / **He** and **my sister** were late.* Ma sœur et lui étaient en retard.

Cependant, avec *I*, l'ordre est **nom + pronom**.

***John** and **I** met two years ago.* John et moi nous sommes rencontrés il y a deux ans.

Remarquez la traduction par « lui » / « moi » en français. Les pronoms *him / me* ne peuvent être que **compléments**.

Le pronom sujet n'est **jamais** répété : *I think that...* (Moi, je pense que...). La mise en valeur représentée par l'emploi de « moi » en français s'effectue en anglais : **à l'oral** par une forte accentuation du pronom ; **à l'écrit** par l'utilisation d'italiques ou en soulignant le pronom.

Attention également à l'utilisation emphatique des pronoms personnels en français. Une telle utilisation est à éviter en anglais.

Il ne sait pas ; sa sœur, **elle**, sait. ► *He doesn't know but his sister does.*
Le sport, **c**'est très bon pour la santé. ► *Sport is excellent for your health.*

LES PRONOMS PERSONNELS COMPLÉMENTS

A Les pronoms personnels anglais, contrairement au français, n'ont qu'une seule forme complément.

*He'll come with **me**.* Il viendra avec **moi**.
*Can you see **me**?* **Me** voyez-vous ?

B **La forme complément est employée** :

• Lorsque le pronom est complément d'objet direct.

*I saw **them** yesterday.* Je les ai vues hier.

• Lorsque le pronom suit une préposition.

*without **them*** : sans eux   *any of **us*** : n'importe lequel d'entre nous

La forme complément est préférée à la forme sujet, en anglais parlé contemporain :

• Dans les réponses courtes après *it is / was - that is / was.*

*"Who did that?" "It's **him**."* « Qui a fait ça ? » « C'est lui. »

• Après **as** (construction du comparatif d'égalité).

*She is as greedy as **me**.* Elle est aussi avide que moi.

• Après **than** (construction du comparatif de supériorité ou d'infériorité).

*He is stronger than **them**.* Il est plus fort qu'eux.

• Après **but** (dans le sens de « excepté » / « sauf »).

*Who could do it but **him**?* Qui pouvait le faire sinon lui ?

C **Les pronoms personnels compléments se placent** :

• Après le verbe (verbe simple ou verbe + préposition).

I like him. Je l'aime bien.

She looked at me. Elle me regarda.

• Entre le verbe et la particule (voir verbes à particule page 14).

Take it off! Enlève-le !

D **Certains verbes admettent deux constructions** (voir page 311).

C'est le cas des verbes dits d'attribution tels que :

> *bring* : apporter / *give* : donner / *offer* : offrir / *promise* : promettre / *send* : envoyer / *show* : montrer / *teach* : enseigner / *tell* : dire...

• Lorsque les compléments de ces verbes sont des noms, deux constructions sont possibles.

She sent a letter to Mary yesterday. She sent Mary a letter yesterday.
Elle a envoyé une lettre à Mary hier.

• Si le complément d'objet direct est un pronom, une seule construction est possible : verbe + pronom C.O.D. + **to** + nom ou pronom.

*She sent **it** to Mary / to her yesterday.* Elle l'a envoyé hier à Mary. / Elle le lui a envoyé hier.

*Give **it** to me.* Donne-le-moi.

REMARQUES SUR L'EMPLOI DE *YOU*

A   ***You*** désigne, dans la plupart des cas, la ou les personnes auxquelles l'énonciateur s'adresse.

You can do it! Tu peux / Vous pouvez le faire !

B   ***You*** peut également désigner un groupe plus large d'individus vus de l'extérieur (c'est l'un des équivalents de « on » en français).

It was not a bad life. You got up at 7, had breakfast... Ce n'était pas une vie dure. On se levait à 7 heures, on déjeunait...
You never can tell. On ne sait jamais.

C   ***You*** peut s'employer à l'impératif. L'ordre donné prend alors souvent une valeur de menace (voir page 124).

You sit down! Vous, vous vous asseyez ! / Vous, asseyez-vous !

REMARQUES SUR L'EMPLOI DE *WE* / *US*

We (sujet) / ***us*** (complément) représente un groupe de personnes dans lequel **l'énonciateur est inclus**. Remarquez la possibilité de traduction par « on ».

We (my friends and I) went to the pictures last night. Nous [mes amis et moi] sommes allés au cinéma hier soir. / On est allé au cinéma...
We all make mistakes. On fait tous des erreurs.

> En français, on utilise souvent « nous » dans une dissertation, une thèse, un ouvrage critique ou dans la presse. « Nous » est employé afin d'atténuer « je ». En anglais, on peut employer ***we***, mais ***I*** est plus fréquent.
>
> *In this essay, I will show... In my thesis I deal with this problem...*

REMARQUES SUR L'EMPLOI DE *THEY* / *THEM*

A   ***They*** (sujet) / ***them*** (complément) remplace un nom pluriel.

*My parents said **they** would arrive tomorrow. I told **them** I would be away.* Mes parents m'ont dit qu'ils arriveraient demain. Je leur ai dit que je ne serai pas là.

B   ***They*** peut faire référence à un groupe de personnes, dont l'énonciateur ne fait pas partie, désigné par « on » en français. C'est notamment le cas dans l'expression ***they*** say (on dit que...) ou *as **they** say* (comme on dit).

They say it's going to be another hot summer. On dit qu'il va encore faire très chaud cet été.

A *He* (sujet) / *him* (complément) reprend un nom masculin. *She* (sujet) / *her* (complément) reprend un nom féminin.

Did you see him (John)? L'as-tu vu ?

Mum said **she**'*d be late for tea.* Maman a dit qu'elle serait en retard pour le thé.

B *He* / *she* s'emploient obligatoirement lorsque l'identité de la personne est connue de l'énonciateur et du co-énonciateur. Le français emploie très souvent « c' » dans ce cas.

*"Who told you to come?" "**He (she)** did."*
« Qui vous a dit de venir ? » « **C**'est lui (elle). »

*"Have you heard of J.C. Oates? **She** is a famous American novelist." "Of course, **she** is one of my favourite writers."*
« Avez-vous entendu parler de J. C. Oates ? **C**'est une célèbre romancière américaine. » « Bien sûr, **c**'est l'un de mes écrivains préférés. »

Lorsque l'identité de la personne est inconnue du co-énonciateur, c'est le pronom neutre *it* qui est employé.

*"Who is ringing?" "**It**'s the postman. He's late as usual."*
« Qui sonne ? » « **C**'est le facteur. Il est en retard, comme d'habitude. »

| REMARQUES SUR L'EMPLOI DE *IT*

It est un pronom neutre, c'est-à-dire qu'il est employé pour désigner quelque chose qui n'est ni masculin, ni féminin. *It* a la même forme lorsqu'il est sujet ou complément.

It is green. Il / elle est vert(e).   *I saw it.* Je l'ai vu(e).

Les emplois de *it* sont multiples :

A Outil de reprise.

• *It* peut reprendre un nom qui n'est ni masculin, ni féminin.

*"Where's my new pen?" "**It**'s on your desk."*
« Où est mon nouveau stylo ? » « Il est sur ton bureau. »

• *It* peut également reprendre un énoncé entier.

*"I won't be able to come." "I don't care about **it**."*
« Je ne pourrai pas venir. » « Je m'en moque. »

B Outil d'annonce.

• *It* est fréquemment employé **pour annoncer une proposition** qui est en fait le sujet réel de la phrase.

It was not easy <u>to get a taxi</u>. Ça n'a pas été facile de trouver un taxi.

annonce   sujet de *was not easy*

On pourrait également avoir : *To get a taxi was not easy.* Cependant, cette dernière formulation est moins courante que la première. En effet, l'anglais tend à énoncer en premier le commentaire (*it was not easy*) et ensuite le fait commenté (*to get a taxi*). L'anglais a aussi tendance à placer en fin de phrase tout segment long.

Si l'on veut préciser quel est le sujet de ***to*** + verbe, on ajoute ***for***.

*It was not easy **for** John to get a taxi. For John to get a taxi was not easy.* Ça n'a pas été facile pour John de trouver un taxi.

• *It* est en particulier utilisé afin d'annoncer :

– Une proposition infinitive.

*It is stupid of me **to tell you this**.* C'est stupide de ma part de vous raconter cela.

– Une proposition introduite par *that*.

It was clear that it was a matter of weeks. Il était clair que c'était une question de semaines.

> L'emploi de ***it*** est obligatoire après un **verbe d'appréciation**, par exemple *consider* (considérer) / *find* (trouver) / *think* (penser)... **lorsque ce verbe est suivi d'un nom** ou **d'un adjectif** + **proposition en *to* ou *that*.**
>
> *I consider **it** my duty to go on.* Je considère que c'est mon devoir de poursuivre.
> *I find **it** necessary to tell her / that he should tell her.* Je trouve qu'il est nécessaire de le lui dire / qu'il le lui dise.
> *I thought **it** best to say nothing.* J'ai pensé qu'il valait mieux ne rien dire.

C ***It* ou *this* ?**

• Pour reprendre un segment qui précède, on emploie plus facilement ***it*** que ***this*** / ***that***, car ***it*** constitue un simple renvoi à ce qui précède.

*You keep making the same mistakes. **It**'s annoying.*
Tu fais sans cesse les mêmes erreurs. **C'**est irritant.

*After their wedding night they decided to split up. **It** came as a real shock to their friends.* Après leur nuit de noces, ils décidèrent de rompre. **Ce** fut un véritable choc pour leurs amis.

• Toutefois, si l'on veut insister sur ce à quoi on renvoie, *this* (ou ***that***) peut être employé. Dans ce cas, ***this*** est accentué.

*You keep making the same mistakes. **This** is annoying.*

*After their wedding night they decided to split up. **This** came as a real shock to their friends.*

D **Constructions impersonnelles.**

It est employé dans un certain nombre de tournures impersonnelles. Il se réfère alors à une situation et non plus à un segment d'énoncé comme dans les cas précédents.

What time is it? Quelle heure est-il ?

It's Sunday. C'est dimanche. / On est dimanche.

It's raining. Il pleut.

"How far is it from here to London?" "It's over five miles from here."
« Quelle distance y a-t-il d'ici à Londres ? » « C'est à plus de cinq miles d'ici. »

2 Les pronoms possessifs

On parle de pronoms car ils renvoient à des mots qui précèdent ; on parle de possessifs car ils expriment une possession au sens large.

A *Mine* est l'équivalent de « le(s) mien(s) / la / les mienne(s) ».

Yours est l'équivalent de « le(s) tien(s) / la / les tienne(s) ».

En anglais, les pronoms possessifs ne sont **jamais** précédés du déterminant *the*.

It is his. C'est **le** sien.

Les pronoms possessifs reprennent soit un déterminant possessif + nom, soit un génitif de possession + nom.

*John's car / his car is black. **Mine** is green. **Hers** is red.*
[*mine = my car ; hers = Mary's car*]

Ils permettent de répondre à une question en *whose* ?

*"**Whose** car is it?" "(It's) **mine**."* « A qui est cette voiture ? » « A moi. »

B Les pronoms possessifs peuvent aussi être employés **après un déterminant + nom + of.**

*a friend **of ours*** : un de nos amis / *a cousin **of mine*** : un de mes cousins

*that car **of hers*** : sa voiture

*that stupid voice **of his*** : son espèce de voix stupide

*It was no fault **of mine**.* Ce n'était point ma faute.

Avec la structure en *that*, l'énoncé est très souvent péjoratif.

La structure *this* / *that* + **nom** + *of* + **possessif** suppose que le co-énonciateur connaît très bien ce dont on parle.

> *A* friend *of ours* signifie un ami parmi l'ensemble de nos amis.
> *That* car *of hers* ne signifie pas : sa voiture parmi l'ensemble de ses voitures, mais sa voiture parmi l'ensemble de ses possessions.

On les trouve aussi en début d'énoncé afin d'insister sur un contraste, dans un style littéraire.

His was a complex character. Sa personnalité à lui était complexe.

C **Yours** est couramment employé dans les formules de politesse à la fin d'une lettre, précédé ou suivi d'un adverbe.

Yours. Bien à vous.

Yours sincerely ou Sincerely *yours*. Cordialement vôtre.

Yours faithfully. Veuillez agréer mes salutations distinguées.

3 One

One peut être numéral, instrument de reprise ou pronom indéfini.

ONE NUMÉRAL

A **One** est d'abord un **numéral** signifiant « un / une ».

They came in *one* by one. Ils entrèrent un par un.

One + **nom** entre parfois en concurrence avec *a* + nom.

"I bought *a* pack of crisps for our picnic." "What? Only *one* pack?"
« J'ai acheté un paquet de chips pour le pique-nique. » « Quoi ? Un seul paquet ? »

B Alors que l'article *a* signale simplement un lien au singulier, *one* est un numéral : il exprime une **idée de nombre** (*one* s'oppose à *two*).

Notez que *one day* signifie « un jour » / « un certain jour ». On dit aussi *one morning / one afternoon / one evening / one night*. *One day...* renvoie à **un** jour quelconque dans **le passé** ou dans **l'avenir**. Notez que *some* day signifie un jour quelconque dans **l'avenir**.

On peut dire *a* hundred / *a* thousand / *a* million ou *one* hundred / *one* thousand / *one* million.

A est plus fréquent que *one* dans ces expressions. *One* hundred peut être plus insistant que *a* hundred et peut apporter la nuance de « exactement ».

*The book was published **one hundred** years ago to the day.*
Le livre a été publié il y a exactement cent ans jour pour jour.

C *One* **peut être adjectif.**

Déterminant + *one* + **nom** a le sens de « seul et unique ». Il s'emploie seul ou dans l'expression *one and only*.

*It's the **one** way to do it.* C'est le seul et unique moyen de le faire.
*My **one and only** pleasure is being with you.* Mon seul et unique plaisir est d'être avec vous.

D Remarquez la suite *one... the other...* (l'un... l'autre...) et *one... another...* (l'un... un autre...)

*She has two lovers. **One** is young, handsome and penniless. **The other** is a pretentious, stupid and repulsive millionaire.*
Elle a deux amants. L'un est jeune, beau et sans le sou. L'autre est un millionnaire prétentieux, stupide et repoussant.

***One** of us wanted to spend a week in Acapulco, **another** suggested Hawaii, yet **another** preferred Blackpool.* L'un d'entre nous voulait passer une semaine à Acapulco, un autre suggéra Hawaï, un autre encore préférait Blackpool.

ONE / *ONES* INSTRUMENTS DE REPRISE

A *One(s)* est utilisé pour reprendre un **nom dénombrable**.

*He's a millionaire and I want to be **one** too.* Il est millionnaire et moi aussi je veux en être un.
*You've got so many toy cars. Can you give me **one**?* Tu as tellement de petites voitures. Tu peux m'en donner une ?

La reprise peut aussi s'effectuer à l'aide d'un **déterminant** + **adjectif** + *one(s)*.

*I'd like to read a book. Can you lend me a **good one**?*
J'aimerais lire un livre. Peux-tu m'en prêter un bon ?

*Which apples do you want? The **cheap ones**.*
Quelles pommes voulez-vous ? Celles qui ne sont pas chères.

B *One*, instrument de reprise, est souvent omis après un superlatif.

You are bound to win the race: your car is the fastest.
Tu vas sans doute gagner la course : ta voiture est la plus rapide.

Mais il est **obligatoire après un comparatif**.

*I would like a bigger **one**.* J'en voudrais un plus gros.

> *One* ne s'emploie **pas** après un génitif.
>
> *"Whose book is this?" "Jennifer's."* « A qui appartient ce livre ? » « A Jennifer. » [et **non** ~~Jennifer's one~~]

C *One* s'emploie avec un déterminant démonstratif pour désigner quelque chose (voir page 164).

*Give me **this one** / **this** green **one** / **that one** / **that** green **one** / **these** blue **ones** / **those** blue ones.* Donnez-moi celui-ci / celui qui est vert / celle-là / celle qui est verte / ceux qui sont bleus.

Ones ne s'emploie **pas** après *these* / *those* seuls.

*Give me **those**.* Donnez-moi ceux-là. [et non ~~those ones~~]

D *One(s)* s'emploie dans la structure *the one(s)* + proposition relative. Elle se traduit par « celui qui / que ».

*Is this **the one** Ø (that / which) <u>you want</u>?* C'est celui que vous voulez ?
*I do not like those shoes, I much prefer **the ones** Ø <u>you bought last week</u>*
Je n'aime pas ces chaussures, je préfère de loin celles que tu as achetées la semaine dernière.

ONE PRONOM PERSONNEL INDÉFINI

A *One* pronom indéfini est invariable. Le pronom réfléchi correspondant est *oneself*.

Il sert à désigner un groupe de personnes indéfini auquel l'énonciateur appartient ou non. Il sert à exprimer des généralités.

One must allow *oneself* a rest from time to time. Il faut s'accorder du repos de temps à autre.
One should be kind to *one's* friends. On doit être gentil envers ses amis.

Cet emploi de *one*, proche du pronom français « **on** », est d'un niveau de langue très recherché (contrairement au « **on** » français). En anglais, à l'oral, on préfère employer *we* ou *you*.

You must allow yourself a rest from time to time.

B *One* peut représenter l'énonciateur. On emploie *one* de préférence à *I* pour présenter un fait qui a une portée plus ou moins générale. Cet emploi est fréquent dans la langue journalistique ou politique.

One might think that... On pourrait penser que...

C *One's* est le déterminant possessif de *one*. C'est le déterminant utilisé dans les dictionnaires pour introduire le complément de certains verbes.

*to discover a secret to **one's** friends :* dévoiler un secret à **ses** amis

Les traductions du « on » français

Le pronom indéfini « **on** » est très fréquemment employé en français.
Sa traduction en anglais varie selon le point de vue de l'énonciateur.

« ON » NE FAIT RÉFÉRENCE À AUCUNE PERSONNE PRÉCISE

• Tournure **passive** (voir p.73)

*It **is said** that three people were killed.* On dit que trois personnes ont été tuées.
*He **is said** / **thought** to be ill.* On dit / pense qu'il est malade.
*We **were asked** to leave.* On nous a demandé de partir.

« ON » FAIT RÉFÉRENCE :

• A une personne dont l'identité est inconnue ► **somebody /
someone**.

*There's **someone** on the phone for you.* On vous demande au téléphone.

• Aux gens en général (emploi à valeur proverbiale ou expression
d'une très grande généralité) ► **one**.

***One** never knows.* On ne sait jamais.

• Aux gens en général ► **people**.

***People** often think that…* On pense souvent que…

• A un groupe auquel l'énonciateur et le co-énonciateur n'appartiennent pas ► **they**.

***They** say he's going to retire.* On dit qu'il va prendre sa retraite.
***They** drive on the left in Japan.* On conduit à gauche au Japon. [ce n'est pas un Japonais qui parle]

• A un groupe dont l'énonciateur fait partie (niveau de langue parlé) ► **we**.

***We** went to London last weekend. **We** really enjoyed ourselves.* On est allé à Londres le week-end dernier. On s'est vraiment bien amusé.
***We** drive on the left in Australia.* En Australie, on conduit à gauche. [c'est un Australien qui parle]

• A un groupe dont l'énonciateur et le co-énonciateur font implicitement partie ► **you**.

***You** wouldn't think she was 70.* On ne dirait pas qu'elle a 70 ans.

• Au co-énonciateur (niveau de langue parlé) ► **you / we**.

*Aren't **you** pleased?* On est content, non ?
*Aren't **we** lucky?* On en a, de la chance !

---

9 Les pronoms réfléchis et réciproques

1 Les pronoms réfléchis

Un pronom réfléchi est un pronom qui renvoie à la même personne (ou au même objet) que le sujet du verbe.

Il est content de **lui**. *He is pleased with **himself***.

SINGULIER	PLURIEL
myself	*ourselves*
yourself	*yourselves*
himself / herself / itself	*themselves*

L'accent lexical porte sur *-self* / *-selves*.

EMPLOI STRICTEMENT RÉFLÉCHI

A Dans leur emploi strictement réfléchi, les pronoms *myself, yourself...* signalent que le sujet et le complément sont **une seule et même personne**. Comparez :

*He shouldn't blame **himself***. Il ne devrait pas s'en vouloir.

[*he / himself* = une seule et même personne]

*He shouldn't blame **him***. Il ne devrait pas lui en vouloir.

[*he / him* = deux personnes différentes]

*Don't worry, we can look after **ourselves***. Ne vous inquiétez pas, nous pouvons prendre soin de nous-mêmes.

*Did you enjoy **yourselves**?* Vous vous êtes amusés ?

Après une préposition de lieu, c'est le pronom personnel complément et non le pronom réfléchi qui est employé.

*Has he got any money **on him**?* A-t-il de l'argent sur lui ?

*I took it **with me**.* Je l'ai sur moi. / Je l'ai emporté.

*She left it **near her**.* Elle l'a laissé près d'elle.

Comparez :

*Look about **you***. Regarde autour de toi. [*about* = lieu]
*Stop talking about **yourself***. Arrête de parler de toi. [*about* = au sujet de]

B De nombreux verbes pronominaux français (« se » + verbe) sont employés sans pronom réfléchi en anglais. C'est notamment le cas de :

> *concentrate* : se concentrer / *dress* : s'habiller / *feel* : se sentir / *get ready* : se préparer / *relax* : se détendre / *shave* : se raser / *wake up* : se réveiller / *wash* : se laver…

On peut toutefois employer le pronom réfléchi pour insister sur la réflexivité. Comparez :

I usually dress before breakfast. D'habitude, je m'habille avant le petit déjeuner.
*She is big enough to dress **herself***. Elle est assez grande pour s'habiller **toute seule**.

• Certaines tournures pronominales françaises ont un sens passif. Dans ce cas, l'anglais a recours à une tournure passive.

Cela ne **se** fait pas. ► *That's not **done***.

• « Ils se sont tués » peut se traduire de trois façons :

They were killed. [mort accidentelle]
They killed themselves. [ils se sont suicidés]
They killed each other. [ils se sont entretués]

Certains verbes anglais (notamment *read / sell / wash*) peuvent avoir un sens pronominal passif lorsqu'ils sont conjugués à la voix active.

*It **reads** / **sells** well*. Ça se lit / se vend bien.

EMPLOI EMPHATIQUE

Les pronoms réfléchis sont employés afin de mettre le sujet ou le complément en relief.

*The boss **himself** opened the door*. Le patron en personne ouvrit la porte.
*You can do it **yourself***. Tu peux faire ça tout seul.

BY + PRONOM RÉFLÉCHI

La tournure ***by*** + **pronom réfléchi** a le sens de « seul ». Cette tournure est synonyme de ***on*** + **déterminant possessif** + ***own***.

*He likes living **by himself** (= **on his own**)*. Il aime vivre seul.

Comparez :

*I did it **myself***. C'est moi qui l'ai fait.
*I did it **by myself***. Je l'ai fait toute seule / sans aide extérieure.

2 Les pronoms réciproques

Each other et ***one another*** sont des pronoms réciproques de sens et d'emploi quasiment identiques. ***Each other*** est toutefois plus fréquent que ***one another***.

Le terme « réciproque » exprime une idée d'échange entre au moins deux êtres, par exemple « un amour réciproque ». En grammaire, on parle de « pronom réciproque » quand une action est exercée par deux ou plusieurs sujets les uns sur les autres.

*Robin and Ivy are talking to **each other**.* Robin et Ivy sont en train de se parler.

FORME

A Ces pronoms sont invariables, toujours employés en fonction complément et précédés d'un verbe au pluriel.

*That's what I call sportsmanship : competitors who encourage **one another** (**each other**).* Ça, c'est ce que j'appelle un esprit sportif : des concurrents qui s'encouragent mutuellement.

B On ne doit pas séparer ***each*** de ***other***, ni ***one*** de ***another***. Si la construction du verbe nécessite l'emploi d'une préposition, celle-ci se place avant le premier terme.

*They relied **on each other**.* Ils comptaient l'un sur l'autre.

EMPLOI

A L'emploi de ***each other*** / ***one another*** implique un **échange**, une **réciprocité** de l'action décrite par le verbe.

Prenons l'exemple suivant :

Jim looked at John and John looked at Jim. Jim regarda John et John le regarda.

Look est une action réciproque. Il est possible de reformuler ces deux énoncés en un seul.

*Jim and John looked at **each other**.* Jim et John se regardèrent.

Les pronoms « se / nous / vous » sont ambigus en français. Ils peuvent impliquer soit une réciprocité, soit une action exercée sur soi-même (réfléchie). Il n'y a pas d'ambiguïté possible en anglais. Par exemple : « Ils se félicitèrent » peut signifier :

Ils s'adressèrent des félicitations mutuelles.
► *They congratulated **one another**.*
Ils se félicitèrent eux-mêmes (signe d'autosatisfaction).
► *They congratulated **themselves**.*

B Certains verbes incluent, en anglais, l'idée de réciprocité. Il est alors inutile d'employer *each other* ou *one another* pour signifier la réciprocité. C'est le cas notamment de :

> *fight* (se battre) / *gather* (se rassembler) / *kiss* (s'embrasser) / *marry* (se marier) / *meet* (se rencontrer) / *quarrel* (se quereller) / *part* (se séparer)

*They **met** three years ago, **kissed** all day long, **married** a few months later, started **fighting** after a short while and then decided to **part**.*
Ils **se** sont rencontrés il y a trois ans, **s'**embrassèrent toute la journée, **se** marièrent quelques mois plus tard, commençèrent à **se** battre peu de temps après et finalement décidèrent de **se** séparer.

C Les pronoms ***each other*** et ***one another*** peuvent s'employer au génitif de possession.

*They used to carry **each other's** books.* Ils s'aidaient à transporter leurs livres.

PARTIE 3

La phrase simple
La phrase complexe

1 L'ordre des mots dans la phrase simple *238*

2 Les constructions verbe + verbe *250*

3 Les propositions causatives
– résultatives *260*

4 La coordination et la subordination *266*

5 Les subordonnées relatives *270*

6 Les subordonnées nominales en V-ing *281*

7 Les subordonnées conjonctives *286*

8 Discours direct et discours indirect *299*

L'ordre des mots dans la phrase simple

Pour commencer

Une phrase **simple** est une phrase qui ne comporte qu'**une** proposition alors que la phrase **complexe** en inclut **plusieurs**.

En général, à un verbe correspond une proposition. Dans : *I like it*, on a **un verbe**, donc une seule proposition, que l'on qualifie de proposition **indépendante**.

Dans : *I like going out at night*, on a deux verbes (*like* et *going*), et donc deux propositions, une proposition **principale** : *I like (something)* et une proposition **subordonnée** : *going out at night.* L'ensemble constitue donc une phrase complexe.

La **phrase simple** pose avant tout un problème d'**ordre des mots** (dans les phrases affirmatives, négatives ou interrogatives).

Pour commencer

1 Les phrases affirmatives et négatives

ORDRE DE BASE

Le plus souvent, dans une phrase affirmative ou négative, on a :
sujet + (auxiliaire) + (*not*) + verbe + compléments.

Si *not* apparaît dans la phrase, on emploie obligatoirement un auxiliaire (*be / have / do*) ou un modal.

*I **like** your new hair style.* J'aime ta nouvelle coiffure.
[*I* = sujet ; *like* = verbe ; *your new hair style* = complément]

Dans certains cas, il y a inversion de l'ordre **sujet** + **verbe** :

• **Lorsque la phrase commence par *there*** (non accentué) + ***be***.

*There **are** two men at the door.* Il y a deux hommes à la porte.

• **Lorsque la phrase commence par un adverbe ou une particule** et que le verbe dénote un mouvement ou un état.

Here comes the bride. Voici la mariée.

Up went the lift. Et l'ascenceur monta / démarra.

Here's your change. Voici votre monnaie.

Une telle inversion est impossible si le sujet est un pronom.

Here we go! C'est parti !

> **Il n'y a pas** d'inversion après *perhaps / maybe* (peut-être) et *so* dans le sens de « par conséquent ».
>
> ***Maybe he was** late.* Peut-être était-il en retard.
>
> *He did not answer my letters, **so I wrote** again.* Il n'avait pas répondu à mes lettres, aussi lui ai-je de nouveau écrit.
>
> Remarquez l'ordre **verbe** + **sujet** en français.

• **Lorsqu'un terme négatif** (*never* : jamais, *not only* : non seulement, *nowhere* : nulle part), **un terme restrictif** (*hardly* : à peine, *seldom* : rarement, *only* : seulement) **ou intensif** (*often* : souvent, *such* : si, *so* : si, *well* : bien) **est mis en relief en tête de phrase et porte sur toute la phrase** (voir page 333).

*Never **shall I** forget...* Jamais je n'oublierai...

*Hardly **had she** left when...* A peine était-elle partie que...

*Only then **did I** see the truth.* Ce fut alors seulement que je vis la vérité.

*Such **was my surprise** that...* Telle fut ma surprise que...

*So pleased **was I** with the show that...* J'étais tellement heureux du spectacle que...

• **Dans le cas des reprises avec auxiliaire** (voir page 129).

*"I loved him." "So **did I**."* « Je l'aimais. » « Moi aussi. »

*"He doesn't agree." "Neither **does she**."* « Il n'est pas d'accord. » « Elle non plus. »

• **Dans les subordonnées conditionnelles** comportant un past perfect du non-réel ou ***should*** (voir page 297).

***Had I** known, I would have called you.* Si seulement j'avais su, je vous aurais appelé.

***Should you** leave earlier...* Si d'aventure vous partez plus tôt...

Dans un style littéraire, on peut trouver l'ordre **verbe** + **sujet** après un groupe prépositionnel.

*On the table **lay her fine collection** of Japanese scarves.* Sur la table se trouvait sa belle collection d'écharpes japonaises.

*Close behind the three men **walked a soldier**.* Tout près derrière les trois hommes marchait un soldat.

*Among them **was the bride's lover**.* Parmi eux se trouvait l'amant de la mariée.

Le groupe prépositionnel en tête de phrase décrit le plus souvent un lieu et le verbe peut être ***be***, un verbe de position (*sit, stand, lie*) ou de mouvement *(walk, go, run...)*.

Toujours dans un style littéraire, on peut trouver l'ordre **verbe** + **sujet** avec *say, ask, demand* (exiger)...

*"What do you want?" **asked the lad**.* « Que voulez-vous ? » demanda le garçon. [A l'oral, on dira : *the lad asked*].

MISE EN RELIEF

L'ordre des mots dans la phrase peut être modifié lorsque l'on veut mettre en relief soit le sujet, soit un complément.

A partir de la phrase neutre : *Ben bought a car yesterday* (Ben a acheté une voiture hier), je peux mettre en valeur soit *Ben*, soit *a car*, soit *yesterday*, à l'aide de : ***it is... that***.

It was Ben *who bought a car yesterday.* C'est Ben qui a ...

It was a car *that Ben bought yesterday.* C'est une voiture que...

It was yesterday *that Ben bought a car.* C'est hier que...

La structure française est comparable à l'anglais. Cependant, lorsque le verbe principal est au prétérit, on utilise ***it was***... Lorsque le sujet est une personne, on emploie ***who*** plutôt que *that*.

Le groupe nominal *a car* peut aussi être mis en valeur avec la structure ***what*** + **sujet** + **verbe** + ***is*** / ***was***...

What Ben bought was a car. Ce que Ben a acheté, c'est une voiture.

L'ensemble **verbe** + **complément** peut également être mis en valeur à l'aide de cette structure.

What *Ben **did** was (to) buy a car.* Ce que Ben a fait, c'est qu'il a acheté...

A l'oral, on peut aussi mettre en valeur un mot simplement en l'accentuant et donc sans changer l'ordre des mots.

Ben bought a car yesterday / Ben bought a car... / Ben bought a car... / Ben bought a car yesterday...

2 Les phrases interrogatives

LES TYPES DE PHRASES INTERROGATIVES

Il existe, en anglais, **trois types** de phrases interrogatives.

A **Structure : auxiliaire + sujet + verbe et ses compléments.**

Do you speak English?
[*do* = auxiliaire ; *you* = sujet ; *speak* = verbe ; *English* = complément]

La réponse à ce type de question commence par **yes**, **no** ou **I don't know / perhaps**...

*Can you sing? **Yes**, I can. / **No**, I can't.*
*Has she called? **Yes**, she has. / **No**, she has not. / She may have...*

L'intonation de ce type de question est **montante**.

Have you seen him?

Le plus souvent, ce type de question correspond à « Est-ce que... ? »

Are you going to Cindy's party tonight?
Est-ce que tu viens chez Cindy ce soir ?

> En français, on emploie souvent une structure affirmative avec une intonation montante pour poser une question.
>
> Tu viens chez Cindy ce soir ?
>
> Ce type de structure est assez rare en anglais. On l'emploie pour demander une confirmation.
>
> *You're going to Cindy's tonight?* Tu vas **bien** chez Cindy ce soir ?

B **Phrases commençant par un mot interrogatif.**

• **La question porte sur le sujet *who* / *what* / *which*.**
L'ordre est le même que dans la phrase affirmative, c'est-à-dire :
***who* / *what* / *which* sujet + verbe** (conjugué) **et ses compléments.**

SUJET	VERBE	COMPLÉMENT
Who	saw	him?
What	happened	then?
Which (of them)	wants	some information?

• **La question ne porte pas sur le sujet**. La structure est alors :
mot interrogatif + auxiliaire + sujet + verbe et ses compléments.

Where did you go yesterday?

Lorsqu'un verbe est prépositionnel (voir page 16), la préposition est le plus souvent placée en fin de phrase.

*What are you looking **at**?* Que regardes-tu ?
*Who did you give the letter **to**?* A qui as-tu donné la lettre ?

Les possibilités de réponse à ces questions sont en théorie infinies :
"Who?" "John / Ben / Sarah..."

L'intonation de ce type de question est **descendante**.

What do you think?   Where did you go?

C **Phrases interrogatives indirectes**.

Celles-ci gardent l'ordre sujet / verbe (voir page 301).

*I wonder when **he will** come back.* Je me demande quand il reviendra.
*Let's ask her what time **the museum closes**.* Demandons-lui à quelle heure ferme le musée.

Comparez avec l'interrogation directe :

*When **will he** come back? I wonder.* Quand reviendra-t-il ? Je me le demande.
*What time **does the museum close**?* A quelle heure le musée ferme-t-il ?

LES MOTS INTERROGATIFS

Les mots interrogatifs commencent tous par ***wh-*** sauf ***how***. Les questions qu'ils introduisent s'appellent souvent « questions en ***wh-*** ».
Les mots en ***wh-*** expriment tous un **manque d'information**. En français, « **qu-** » possède un fonctionnement proche (Quand ? Qui ? Que ? Quel ?...)

QUESTION SUR...		QUESTION SUR...	
What?	la nature de (que / quel)	**Which?**	le choix (que / quel)
When?	le temps (quand)	**Where?**	le lieu (où)
Who(m)?	l'identité (qui)	**Whose?**	le possesseur (à qui)
Why?	la cause (pourquoi)	**How?**	la manière (comment)

A ***How* + adjectif.**

• ***How*** peut être suivi d'un adjectif ou d'un adverbe.

*How **far** is it from here to York?* A quelle distance sommes-nous de York ?
*How **tall** are you?* Combien mesures-tu ?
*How **often** do you come here?* Tu viens ici souvent ?
*How **much** money have you got?* Combien d'argent as-tu ?

QUESTION SUR...		QUESTION SUR...	
How old?	l'âge	*How often?*	la fréquence
How far?	la distance	*How long?*	la durée / la longueur
How deep?	la profondeur	*How many?*	le nombre
How much?	la quantité	*How tall?*	la taille

Les tournures interrogatives *how* + **adjectif** dénotant une caractéristique non physique : *determined / important / likely* (vraisemblable) */ serious...* sont très fréquentes et correspondent au français « **dans quelle mesure...** », « **à quel point...** ».

I wonder how serious he was. Je me demande dans quelle mesure il était sérieux.
How likely is he to win? Quelles chances a-t-il de gagner ?

On trouve *how much* + **nom singulier**, *how many* + **nom pluriel**.

• *How long* **s'emploie pour interroger sur la durée**.

How long will he stay? Combien de temps restera-t-il ?

Utilisé avec le present perfect (*have* + verbe au participe passé), *how long* signifie « depuis combien de temps » (voir aussi page 59).

How long have they been married? Depuis combien de temps sont-ils mariés ?

Cette tournure est plus courante que *since when*.

Since when have they been married?

Ne confondez pas :

*How long **are** you here for?* Vous êtes ici **pour combien de temps** ?
*How long **have** you **been** here?* **Depuis combien de temps** êtes-vous ici ?

• *How long is* (*was*) *it since...* **s'emploie pour interroger sur la durée écoulée** depuis la fin d'une action passée.

How long is it since you saw him? Cela fait combien de temps que tu l'as vu ?
[*You / see him* appartient au révolu.]

Attention à la concordance des temps :
*How long **was** it since* + *had* + **verbe au participe passé**.

*How long **was** it since you **had seen** him?* Cela faisait combien de temps que tu l'avais vu ?

• *How long ago* = il y a combien de temps.

How long ago did you come to this country? Il y a combien de temps que vous êtes arrivé ici ?

• *How* s'emploie pour poser une question sur la manière, les moyens, l'état.

How did you manage to do it? Comment as-tu réussi à le faire ?
How are you? Comment vas-tu ?

• *What... like* s'emploie surtout avec *be* ou les verbes de perception (*feel / look / smell...*) pour poser une question dont la réponse sera une description.

What's your new boss like? Comment est ton nouveau patron ?
What's the weather like? Quel temps fait-il ?
What does it taste like? Quel goût cela a-t-il ?

Remarquez que **l'on ne reprend pas** *like* dans la réponse, sauf si la description implique une comparaison.

*"What's the weather like?" "It's **warm and sunny**."*
« Quel temps fait-il ? » « Il fait chaud et beau. »

*"What is she like?" "She is **tall and thin, just like** her mother."* « Comment est-elle ? » « Elle est grande et mince, exactement comme sa mère. »

• *How is she?* ne signifie pas : « Comment est-elle ? » mais : « **Comment va-t-elle ?** »

• « **Comment est-elle ?** » se traduit par : *What is she like?* (apparence physique).

• Notez la traduction de : *How come?* Comment se fait-il que... ?
How come he didn't call you? Comment se fait-il qu'il ne t'ait pas appelé ?

C **What / which.**

• *What* et *which* peuvent être **déterminants** (*what / which* + nom) ou **pronoms**.

What time is it? Quelle heure est-il ?
What do you think? Que / qu'en penses-tu ?
Which book will you have? Quel livre veux-tu ?
Which of them do you recommend? Lequel d'entre eux recommandez-vous ?

• *Which* s'emploie pour demander au co-énonciateur de **sélectionner** un élément à partir d'un **ensemble restreint** d'éléments. Seul *which* peut être suivi du pronom *one*.

*Of these **two** books, **which** do you like best?* De ces deux livres, lequel préfères-tu ?

*There are **five** dishes to choose from. **Which** one do you want?* Il y a le choix entre cinq plats. Lequel veux-tu ?

Notez que **which** peut être employé afin de demander de sélectionner une **personne** dans un groupe restreint.

Which one of you lied to me? Qui d'entre vous m'a menti ?

• **What est employé quand il n'y a pas d'ensemble restreint**.

What countries have you been to? Dans quels pays êtes-vous allé ?

Le choix s'effectue parmi tous les pays possibles. Comparez avec :

*Which country would you like to visit: **Germany, Austria or Switzerland**?* Quel pays aimerais-tu visiter : l'Allemagne, l'Autriche ou la Suisse ?

Alors que : ***What** do you mean?* signifie « Que veux-tu dire ? », ***Which** do you mean?* (Duquel veux-tu parler ?) supposerait un ensemble restreint d'objets ou de personnes.

*"I really fancy that guy with a white teeshirt." "**Which** do you mean? They all wear white teeshirts in here."*
« Il est pas mal ce type qui porte un tee-shirt blanc. » « Lequel ? Ils portent tous des tee-shirts blancs ici. »

• **What ne peut pas s'employer pour désigner une personne**. C'est **who** qui sert à désigner ou nommer quelqu'un.

Who said that? Qui a dit cela ?

Comparez :

Which one said that? Lequel [dans un groupe donné] a dit cela ?

D **Who / whom.**

Who ne peut être que pronom. Il sert à poser une question sur l'identité d'une personne.

Who did that? Qui a fait cela ?

*I don't know **who** they are.* Je ne sais pas qui ils sont. [interrogative indirecte]

Whom (complément) est rarement employé. *Who did you see?* (Qui as-tu vu ?) est beaucoup plus courant que : *Whom did you see?*

E **Whose.**

Whose est le génitif de **who**. Il est employé pour demander d'identifier un **possesseur**.

Whose umbrella is this? A qui appartient ce parapluie ?

⚡ | Remarquez la structure : **whose** + **nom** + **be**.

F **Why / what... for.**

• **Why** est utilisé pour interroger sur la cause.

Why did he come? Pourquoi est-il venu ?

• **What for** est utilisé pour interroger sur la fonction.

*What is this tool **for**?* A quoi sert cet outil ?

Dans la langue parlée, **what for** est parfois utilisé à la place de **why**.

*What did he come **for**?* Pourquoi est-ce qu'il est venu ?

G **Ever** peut être employé après **who**, **what**, **which**, **where**, **why** et **how** dans un niveau de langue parlé afin d'ajouter une nuance de surprise, d'indignation.

Who ever can it be? Je me demande bien qui ça peut être.
What ever can that mean? Qu'est-ce que ça peut bien vouloir dire ?
Why ever did you lie to me? Mais pourquoi donc m'as-tu menti ?

Ne confondez pas avec *whoever* **en un seul mot** (qui que ce soit qui), *whatever* (tout ce qui), *wherever* (où que ce soit), *however* (cependant)...

Pour l'emploi de **any** / **some** dans les phrases interrogatives, voir pages 181 et 183. Pour l'emploi des **question tags**, voir page 130.

LA FORME INTERRO-NÉGATIVE

Les formes interro-négatives sont plus fréquentes en anglais qu'en français. C'est la forme contractée de l'auxiliaire qui est employée le plus souvent (voir page 34). Les formes interro-négatives sont utilisées surtout :

• **Lorsque la réponse attendue est « oui ».**

Don't you like my new dress? Tu n'aimes pas ma nouvelle robe ?

• **Pour exprimer la surprise.**

Didn't you hear the phone? Mais, tu n'as pas entendu le téléphone ?

3 Les phrases exclamatives

Les phrases exclamatives sont utilisées afin de transmettre une appréciation positive ou négative. Cette appréciation peut prendre la forme d'une interjection : *Oh! Hey!*... ou porter sur un mot : *How lucky!* (Quel veinard !) ou un groupe de mots : *What lovely weather!* (Quel beau temps !)

EMPLOI DE **HOW** ET **WHAT**

A **How** s'emploie devant un **adjectif** ou un **adverbe**.

How difficult it is! Comme c'est difficile !

How carefully they listened! Comme ils ont écouté avec attention !

How peut également porter sur **tout un énoncé**.

How he has grown! Comme il a grandi !
How time flies! Comme le temps passe !

B **What** s'emploie devant un **nom** modifié ou non par un adjectif.

• **What** + Ø **nom indénombrable**.

What lovely weather! Quel beau temps !
What wonderful generosity! Quelle générosité merveilleuse !

• **What** + Ø **nom dénombrable pluriel**.

What (bad) manners! Quelles (mauvaises) manières !

• **What** + **a** **nom dénombrable singulier**.

What a sight! Quel spectacle !
What an interesting trip! Quel voyage intéressant !

Certains indénombrables sont précédés de **a** après **what**.

What a fuss! Que d'histoires !   *What a mess!* Quel gâchis !
What a pity! Quel dommage !   *What a relief!* Quel soulagement !
What a rush! Comme vous êtes pressé !   *What a shame!* Quel dommage !

C **L'ordre des mots** est le suivant : **exclamation + sujet + verbe**.

What a fool I was! *How difficult it all is!*

• Le nom ou l'adjectif peuvent être complétés à l'aide d'une proposition infinitive en **to**.

What a fool I was to listen to you! Comme j'ai été stupide de vous écouter !
How difficult it is to make a living these days! Comme il est difficile de gagner sa vie de nos jours !

Bien que commençant par **how** ou **what**, ces phrases ont la structure affirmative **sujet + verbe** (+ **compléments**). Comparez :

How old she is now! Comme elle est vieille à présent !
How old is she now? Quel âge a-t-elle à présent ?

▶◁   Remarquez la différence avec la structure française.
     How slowly he drives! **Comme** il conduit **lentement** !

• On trouve aussi **how** et **what** dans les exclamatives indirectes (après des verbes tels que *know, say, tell...*).

*I hadn't realized **how** difficult it was / **what** an artist he was.* Je n'avais pas compris comme c'était difficile / quel artiste c'était.

L'ordre reste le même que dans les exclamatives directes.

A Les phrases comportant *so* et *such* (si / tellement) peuvent être :

– **affirmatives** ;

*He speaks **so quickly***. Il parle si vite.

– **négatives** ;

*I've never read **such a good book***. Je n'ai jamais lu un si bon livre.

– **interrogatives**.

*Why did you buy **so many books**?* Pourquoi as-tu acheté autant de livres ?

B A partir d'une situation déjà évoquée ou connue :

• *So* permet d'intensifier la valeur d'un adjectif ou d'un adverbe.

*I didn't like the film. The story is **so stupid** and **so incredibly** far-fetched*.
Je n'ai pas aimé ce film. L'histoire est tellement stupide et tirée par les cheveux.

Avec un adjectif au comparatif, on emploie *so much*.

*She is **so much nicer** now*. Elle est tellement plus agréable maintenant.

• *Such* permet d'intensifier la valeur d'un nom (accompagné ou non d'adjectifs).

*She is very attractive. She's got **such a pretty nose** and **such beautiful eyes***.
Elle est très belle. Elle a un si joli nez et de si beaux yeux.

Dans un niveau de langue élevé, à la place de *such* + *a* + **adjectif** + **nom**, on peut trouver *so* + **adjectif** + *a* + **nom**.

*He is **such a talented** composer. / He is **so talented a** composer*. C'est un compositeur tellement talentueux.

C La conjonction *that* ou Ø permet d'introduire une subordonnée de conséquence après *so* + **adjectif** ou *such* + **nom**.

*I was **so tired** (that) I went to bed early*.
J'étais si fatiguée que je suis allée au lit de bonne heure.
*There was **such a noise** (that) I could not sleep*.
Il y avait tant de bruit que je n'ai pas pu dormir.

D On trouve aussi *so much* + **nom singulier** / *so many* + **nom pluriel** pour traduire « tellement de... ».

*You've wasted **so much** time already*. Tu as déjà perdu tellement de temps.
*I still have **so many** books to read!* J'ai encore tant de livres à lire !

So much (tellement) peut aussi modifier un **verbe**.

*They drink **so much** that I sometimes get scared*. Ils boivent tellement que parfois cela me fait peur.
*I love you **so much***. Je t'aime tellement.

Les structures en *how* + **adjectif** / **adverbe** et *what* + **nom** permettent de bien **mettre en relief** l'adjectif / l'adverbe ou le nom. En effet, l'adjectif / l'adverbe ou le nom sont placés en début de phrase avec ces structures. Comparez :

I was a fool. [neutre]
J'ai été idiot.

*I was **such** a fool.* [intensification de *a fool*]
J'ai été vraiment idiot.

***What a fool** (I was)!* [intensification et mise en relief de *a fool*]
Quel idiot (j'ai été) !

Comparez de même :

*It is difficult. / It is **so** difficult! / **How difficult** (it is)!*

EXCLAMATIONS EN *ISN'T*... !

Les interro-négatives sont souvent utilisées à l'oral dans les exclamations (voir page 23).

***Isn't** it lovely!* Comme c'est charmant !
***Aren't** they nice!* Comme ils sont gentils !
***Didn't** they play well!* Comme ils ont bien joué !

En anglais, comme en français, un verbe peut être suivi d'un autre verbe.

*He has **decided** to go.* Il **a décidé** de **partir**.

Il y a quatre manières, en anglais, d'effectuer la construction verbe + verbe :

- V1 est suivi de la **base verbale** : *Let him go.*
- V1 est suivi de **to** + **V2** : *He wants to go.*
- V1 est suivi d'un **nom** (pronom) + **to** + V2 : *He wants **Jane (her) to** come.*
- V1 est suivi de **V2** + **ing** : *I like singing.*

Pour commencer

1 Verbe + base verbale

Sont suivis de la base verbale :

- **Let.**

*They let me **use** their car.* [V1 = *let* ; V2 = *use*] Ils m'ont laissé utiliser leur voiture.

- **Make** et **have** (à la voix active) (voir page 261).

*She made her **type** the letter.* Elle lui a fait taper la lettre.

- **Help.**

*Help me **do** it!* Aide-moi à faire cela !

[On trouve aussi **help to** + verbe : *Help me to do it. Help to* + verbe exprime davantage une idée d'effort à fournir.]

Dans ces structures, on emploie un **nom** ou un **pronom entre V1 et V2**.

Pour les verbes qui se construisent en V + V ou en V + V-**ing**, voir p. 256.

2 Verbe + to + verbe

Quand le premier verbe exprime une opinion, une volonté ou une cause, il est souvent suivi de **to** + **verbe**. A l'aide de **to** + **verbe**, l'énonciateur signale que le sujet envisage la réalisation de V2.

He wants to go. [*wants* = V1 ; *go* = V2 ; *he* envisage la réalisation de *go*]
Il veut partir.

Dans cette structure, le sujet de V2 est le même que celui de V1.

PRINCIPAUX VERBES SUIVIS DE *TO* + VERBE

advise *	conseiller	*hope*	espérer
agree	être d'accord	*manage*	parvenir à
appear	sembler	*oblige* *	obliger
ask *	demander	*offer* *	offrir
choose	choisir	*persuade* *	persuader
compel *	obliger	*promise* *	promettre
consent	consentir	*recommend* *	recommander
decide	décider	*refuse*	refuser
expect *	s'attendre à	*swear*	jurer
fail	omettre de	*want* *	vouloir
force *	forcer	*wish* *	souhaiter

Les verbes signalés par une étoile (*) peuvent être suivis d'un complément.

Do you refuse to obey? Refusez-vous d'obéir ?
He agreed to write the letter for me. Il a accepté d'écrire la lettre à ma place.
I've not promised to call him. Je n'ai pas promis de l'appeler.
They wanted their boss / him to leave the job.
[V1= *wanted* ; complément = *their boss* / *him* ; V2 = *leave*]
Ils voulaient que leur patron / qu'il démissionne.

On ne trouve **jamais** : ~~I wanted that he...~~

> Attention à la forme négative. **Not** et **never** se placent **devant to**.
>
> *I've promised not to call him.* J'ai promis de ne pas l'appeler.
>
> *I swear never to do it again.* Je jure de ne jamais recommencer.

CONSTRUCTIONS PARTICULIÈRES

A Les verbes *seem* (sembler) / *appear* (sembler) / *pretend* (faire semblant) sont fréquemment suivis de **to** + **be** + V-**ing**. Ici aussi **be** + **ing** exprime une action en cours de déroulement.

He pretends to be reading. Il fait semblant de lire.

B Ces verbes peuvent être suivis de *to* + *have* + **participe passé** pour renvoyer au révolu.

*I seem **to have heard** that before.* Il me semble que j'ai déjà entendu cela.
[Notez la traduction à l'aide d'une structure impersonnelle (il semble que...).]
His testimony appears to have been detrimental to the case.
Il semble que son témoignage a / ait porté préjudice à l'affaire.

C Les verbes *ask / decide / explain / know* peuvent être construits avec un **mot interrogatif** + *to* + **V2**.

*I don't know **how to get** there.* Je ne sais pas comment y aller.
*They have not decided **where to go** yet.* Ils n'ont pas encore décidé où ils iraient.

3 Verbe + nom (pronom) + to + verbe

I expected John (my boss) to be early. [V1 = *expected* ; V2 = *be*]
Je m'attendais à ce que John (mon patron) soit en avance.

Le sujet de V2 (*John / my boss*) n'est pas le même que celui de V1 (*I*).

> Si on emploie un pronom entre V1 et V2, il est à la forme complément (*me / you / him / her / it / us / them*).
>
> *I expected **him** to be early.* Je m'attendais à ce qu'il soit en avance.

A On trouve cette construction avec **les verbes décrivant une pression exercée sur autrui**.

> *advise* : conseiller / *allow* : permettre / *ask* : demander / *beg* : prier / *compel* : contraindre / *enable* : permettre / *encourage* : encourager / *get* : obtenir de quelqu'un qu'il... / *help* : aider / *implore* : implorer / *order* : ordonner / *permit* : permettre / *persuade* : persuader / *recommend* : recommander / *request* : prier quelqu'un de... / *tell* : donner l'ordre de... / *urge* : presser quelqu'un de... / *warn* : avertir...

*She persuaded **him** to read the letter.* Elle le persuada de lire la lettre.

Tous ces verbes peuvent être employés au passif.

*He **was persuaded** to read the letter.* On l'a persuadé de lire la lettre.
*I **was allowed** to leave.* On m'a permis de partir.

Les verbes *advise / allow / encourage / permit / recommend* sont suivis de la construction V-***ing*** à la voix active lorsque le sujet de V-***ing*** n'apparaît pas.

He doesn't allow smoking in his house. Il ne permet pas qu'on fume chez lui.

Suggest n'est **jamais** suivi d'une proposition infinitive.

He suggested that we (should) go to London. Il nous a suggéré d'aller à Londres. [et non ~~He suggested us to go...~~]

B On trouve également **verbe + nom / pronom + *to* + verbe** avec :

• **Les verbes *wait for sb*** (attendre qqn) **et *expect*** (s'attendre à).

I'll wait for **them** *(for John and Peter) to come back.* J'attendrai qu'ils reviennent. [On ne trouve jamais ~~I'll wait that they come back.~~]

I expect **him** *to come.* Je m'attends à ce qu'il vienne.

Expect peut être suivi d'une proposition subordonnée en ***that***.

I expect that he will come. Je m'attends à ce qu'il vienne.

• **Les verbes exprimant une volonté, une préférence**, en particulier :

---

hate (haïr) / *like* (aimer) / *love* (aimer) / *prefer* (préférer) / *want* (vouloir) / *wish* (souhaiter)…

I want **him** *to stay.* Je veux qu'il reste.

He would like **you** *to speak to her.* Il aimerait que vous lui parliez.

I would prefer **you not** *to smoke.* J'aimerais mieux que vous ne fumiez pas.

Ces verbes suivis de ***to*** + **verbe** n'apparaissent pas au passif.

Ces verbes sont suivis en français d'une proposition subordonnée introduite par la conjonction « que » : « je veux **que**... », « j'aimerais **que**… ».

L'ensemble ***to*** + **V2** (+ compléments) est appelé « proposition subordonnée infinitive » : **infinitive** car V2 est à l'infinitif, **subordonnée** car la proposition occupe une fonction de complément par rapport à V1 : *(him) to go* est complément de *want* dans *I want him to go.*

Le *to* de l'infinitif et le *to* employé comme préposition ont une même origine et ont préservé quelque chose en commun : une idée de **direction**.

• *To* préposition signale que l'on se dirige **vers** un lieu, une personne, un état, etc...

She flew to Paris last week.
Elle est allée à Paris en avion la semaine dernière. ➤ **lieu**

They handed the keys to the new tenant.
Ils ont donné les clefs au nouveau locataire. ➤ **personne**

In anger she tore the letter to pieces.
Furieuse, elle déchira la lettre en morceaux. ➤ **état**

• *To* dans V1 + *to* + V2 signale que l'énonciateur **envisage** la réalisation de la relation sujet / prédicat. L'idée de **direction** sous-jacente à *to* est plus abstraite ici : l'énonciateur se dirige mentalement vers un moment à venir où la relation sujet / prédicat pourrait se réaliser.

4 Verbe + V-ing

La forme **V-*ing*** rattache très souvent le verbe et ses compléments à du « déjà », c'est-à-dire à un fait, une action déjà mentionnés, déjà établis ou déjà commencés (voir emploi de *be* + *ing*, page 23). Il est donc logique que la plupart des verbes exprimant une **appréciation**, une **prise de position** soient suivis de V-*ing*.

I enjoy travelling. J'aime voyager.
[Si l'énonciateur peut prendre position et dire : *I enjoy...*, c'est que *travelling* a **déjà** été réalisé.]

PRINCIPAUX VERBES OU EXPRESSIONS SUIVIS DE V-ING

acknowledge*	reconnaître	contemplate	songer à
admit *	admettre	deny	nier / refuser
appreciate *	apprécier	dislike	ne pas aimer
avoid	éviter	enjoy	prendre plaisir à..
can't bear	ne pas supporter	be no good	être inutile
consider	envisager	can't help	ne pas pouvoir s'empêcher de...

*imagine**	imaginer	*spend time*	passer du temps
involve	impliquer	*can't stand*	ne pas supporter
mind	voir une objection à	*suggest**	suggérer
miss	s'ennuyer de	*tolerate*	tolérer
prevent	empêcher	*be no use*	être inutile
risk	risquer	*be worth*	valoir la peine

Sont signalés par une étoile (*) les verbes pouvant se construire également avec **that** + proposition.

She enjoys meeting people. Elle aime rencontrer des gens.

He couldn't stand being laughed at. Il ne supportait pas qu'on rie de lui.

I don't mind going with you. Je veux bien vous accompagner.

He suggested going (that we (should) go). Il a suggéré que nous partions.

It is no use insisting : your shop is not worth visiting. Inutile d'insister : votre boutique ne vaut pas la peine de s'y attarder.

VERBES EXPRIMANT LE REGARD DE L'ÉNONCIATEUR

Les verbes exprimant le regard de l'énonciateur sur un événement qui a **déjà** commencé sont également suivis de V-*ing*. C'est le cas de :

finish : finir / *give up* : cesser de, abandonner / *keep on* : continuer à / *quit (US)* : cesser de / *start* : commencer / *stop* : arrêter

He gave up smoking ten years ago. Il a cessé de fumer il y a dix ans.

They kept calling us. Ils n'ont pas arrêté de nous appeler.

Comparez :

We stopped looking at the map. Nous avons arrêté de regarder la carte.

[*Look at the map* a commencé avant *we stopped*.]

We stopped to look at the map. Nous nous sommes arrêtés pour regarder la carte.

[*Look at the map* est à venir par rapport à *stop*. **To** est ici l'équivalent de *in order to*.]

Dans la construction **verbe** + **V-*ing*,** la forme V-*ing* est appelée traditionnellement **gérondif**. Le sujet de V-*ing* peut ou non être le même que celui de V (voir page 282).

I dislike working late. [même sujet]
Je n'aime pas travailler tard.

I dislike John working late. [sujet de V-*ing* : *John* ; sujet de *dislike* : *I*]
Je n'aime pas que John travaille tard.

5 Verbe + verbe ou verbe + V-ing ?

Avec les **verbes de perception** tels que *feel* (sentir / ressentir) / *hear* (entendre) / *listen* (écouter) / *notice* (remarquer) / *observe* (observer) / *see* (voir) / *watch* (regarder), on trouve soit **verbe + verbe**, soit **verbe + V-*ing***.

• **La construction verbe + verbe fait référence à la notion**, au fait pur.
*I saw him **run** across the road.* Je l'ai vu traverser la rue en courant.
[J'ai été le témoin de l'événement d'un bout à l'autre. L'événement est considéré de façon globale.]

• **La construction V-*ing* implique une référence à du « déjà »** ou à un événement en cours de déroulement.
*A woman was screaming. I heard her scream**ing**.*
Une femme hurlait. Je l'ai entendue qui hurlait.
[Je me souviens de l'événement en cours de déroulement.]

Comparez :
*I heard you **unlock** the door.*
Je t'ai entendu ouvrir la porte.
[L'événement *you / unlock the door* est vu dans sa globalité.]
*I can hear somebody com**ing** up the stairs.*
J'entends quelqu'un qui monte l'escalier / qui est en train de monter l'escalier.

> Observez l'alternance **verbe + V-*ing*** / **verbe + verbe** dans le texte suivant.
> *I could see all the lights shin**ing** in the distance. Well, in fact I saw them **glimmer**, rather than **shine**.* Je voyais toutes les lumières briller à l'horizon. En fait, je les voyais luire plutôt que briller.
>
> On voit que ce qui intéresse l'énonciateur dans : *I saw them glimmer* (nettement préféré à *glimmering*), c'est le **choix** du mot *glimmer* plutôt que *shine* et non plus le fait que les lumières soient en train de luire.

6 Verbe + to + verbe ou verbe + V-ing ?

Certains verbes admettent les deux constructions.
Schématiquement, rappelons qu'avec ***to* + verbe**, la réalisation du verbe (et de ses compléments) est **envisagée**, alors que les constructions en V-***ing*** présupposent l'existence d'un événement.

Ces verbes sont indifféremment suivis de **to** + **verbe** ou de V-**ing**.

*When he came in, the baby started cry**ing** / started **to** cry.* Lorsqu'il est entré, le bébé s'est mis à pleurer.

NEED / REQUIRE / WANT

Need / **require** / **want** ont des sens différents selon qu'ils sont suivis de **to** + **verbe** ou de V-**ing**. Avec ces verbes, V-**ing** est proche de **to be** + **verbe au participe passé**.

*I need **to** mend my old coat.*
[L'énonciateur envisage la réalisation de *I / mend my old coat*.]
Il faut que je raccommode mon vieux manteau.

*My old coat needs mend**ing** (**to be** mend**ed**).*
[Il est entendu que le manteau a besoin d'être raccommodé.]
Mon vieux manteau a besoin d'être raccommodé.

*I want **to go**.* Je veux m'en aller.

*Your car wants wash**ing**.* Ta voiture a besoin d'être lavée.

*You are required **to** present yourself at 3 p.m.* Vous êtes priés de vous présenter à 15 heures.

*This plant requires frequent water**ing**.* Cette plante a besoin d'être arrosée fréquemment.

PRINCIPAUX VERBES SUIVIS TANTÔT DE **TO** + VERBE, TANTÔT DE V-**ING**

→ événement envisagé, orienté vers l'avenir

← événement déjà réalisé, déjà expérimenté

Be afraid	*I was afraid **to eat** the food on my plate*. J'avais peur de manger ce qui était dans mon assiette. → peur de faire quelque chose
	*I was afraid **of making** myself ill.* J'avais peur que cela me rende malade. ← peur des conséquences après absorption de la nourriture
Can't bear / Hate	*I hate **to** disappoint you but…* Je suis tout à fait désolée de vous décevoir mais… → ponctuel à venir
	*I can't bear ly**ing** on the beach in the sun*. Je ne supporte pas de rester allongé sur la plage au soleil. ← goût général, référence à mon expérience

Forget	*Don't forget **to** call him.* N'oubliez pas de l'appeler. → référence à un événement à venir *I'll never forget sail**ing** in the Caribbean.* Je n'oublierai jamais ma croisière dans les Caraïbes. ← référence à du déjà réalisé
Like / Love	*I'd love **to** see him again.* J'aimerais beaucoup le revoir. → ponctuel / à venir peut-être *I love gett**ing** up late.* J'adore me lever tard. ← goût général, référence à mon expérience
Mean	*He means **to** buy a new car.* Il a l'intention d'acheter une nouvelle voiture. → intention *Getting a seat for this ballet means stand**ing** in a queue all night.* Avoir une place pour assister à ce ballet veut dire faire la queue toute la nuit. ← valeur : cela implique, cela présuppose
Regret	*I regret **to** say that I disagree.* Je suis au regret de vous dire que je suis en désaccord. → je regrette mais je vais le faire *I regret tell**ing** him.* Je regrette de lui avoir dit. ← fait accompli que je regrette
Remember	*Please, remember **to close** the door.* Souviens-toi qu'il faut fermer la porte. / N'oublie pas de ... → événement à venir *I remember **closing** the door.* Je me souviens d'avoir fermé la porte. ← référence à un acte déjà accompli
Try	*Try **to** be quiet when you come back.* Essayez de ne pas faire de bruit lorsque vous reviendrez. → effort ponctuel à venir *To make a living, he tried writ**ing**, paint**ing**...* Pour gagner sa vie, il essaya d'écrire, de peindre... ← tentatives / expériences passées

• Avec **would** *like* / **would** *love,* l'emploi de **to** est obligatoire (car la réalisation du deuxième verbe ne peut être qu'envisagée et non présupposée). Aux autres formes, on trouve *like* V-*ing* ou *like to* + **verbe**.

• *Try* + V-*ing* et *try to* + **verbe** signifient tous deux « essayer », mais la nuance apportée par *try* + V-*ing* est « essayer pour voir », « à titre d'expérience ».

Try fighting with your head for a change. Et si tu essayais de te battre avec ton cerveau, pour changer ?

• On trouve aussi la structure : **verbe** + **_and_** + **verbe** après *come, go, try.*

*I'll **come and** see you tonight.* Je viendrai vous voir ce soir.
*They'll **try and** help you.* Ils essayeront de vous aider.

_To_ exprimerait davantage une idée de but ici.

*I'll come **to** say goodbye.* Je viendrai vous voir **pour** vous dire au revoir.

Notez l'expression :

*Wait **and** see.* Soyez patient. **ou** Vous allez voir ce que vous allez voir.

Les propositions causatives-résultatives

Pour commencer

Les propositions causatives résultatives sont des constructions avec deux verbes (Verbe + Verbe, Verbe + **to** + Verbe...). Elles ont un sens particulier lié à l'expression de la cause / du résultat.

Comparons les énoncés suivants :

Hier, il m'a fait rire. / Elle s'est fait voler son argent.

• Dans le premier énoncé, « il », sujet du verbe « faire », est le déclencheur, la **cause** de : « j'ai ri ». « Il m'a fait rire » est une **proposition causative**.

• Dans le deuxième énoncé, « elle », sujet du verbe « faire », n'est pas le déclencheur de l'action « voler » mais en est la victime. C'est le **résultat** qui importe. « Elle s'est fait voler son argent » est une **proposition résultative**.

Le verbe « **faire** » suivi de l'infinitif s'emploie en français pour exprimer la cause ou le résultat.

Pour commencer

1 Cause / force / result in...

En anglais, la cause ou le résultat peuvent être exprimés à l'aide de verbes dont le sens inclut la notion de cause ou de résultat : **cause / force / order / result in...**

His health **caused him to** resign. C'est à cause de sa mauvaise santé qu'il a démissionné. [expression de la cause]

They **forced her to** do it. Ils l'ont forcée à le faire. [expression de la cause]

The accident **resulted in** her resigning. L'accident a entraîné sa démission. [expression du résultat]

L'expression française « faire que... » se rend à l'aide de verbes tels que *lead to / result in / the result is (was) that...*

*The flight was delayed and **this led to** my being late.*
*The flight was delayed and **the result was** that I was late.*
Le vol a été retardé et cela a fait que j'ai été en retard.

2 Make / have / get

A La cause et le résultat sont le plus souvent exprimés à l'aide des verbes **make, have** ou **get**.

*He **makes** us work hard.* Il nous fait travailler dur.
*I **had** him wash my car.* Je lui ai fait laver ma voiture.
*I **got** him to clean my car.* J'ai obtenu de lui qu'il lave ma voiture.

Cependant, **make**, **have** et **get** ne sont pas équivalents :
– **Make** est le plus neutre et le plus fréquent.
– **Get** exprime une idée d'effort, de difficulté.
– Avec **have**, le résultat est plus important qu'avec **make** et **get**.

• **Make** signifie « faire », « fabriquer », « concrétiser ». Il permet également de décrire la concrétisation d'une relation sujet / prédicat.

*He **made** a nice cup of tea.* Il a fait une bonne tasse de thé.
*He **made** him **work**.* Il l'a fait travailler. [*He / work* a été concrétisé.]

• **Have** signale que le sujet est bénéficiaire de quelque chose. Il peut être utilisé pour signaler que le sujet est bénéficiaire d'une relation sujet / prédicat.

*He **has** a sports car.* Il a une voiture de sport.
*I **had** him **wash** my car.* Je lui ai fait laver ma voiture. [*I* est bénéficiaire de l'action *he / wash my car*.]

• **Get** signifie « obtenir ». Il peut être utilisé pour marquer que l'on obtient une relation sujet / prédicat.

*He **got** a good mark yesterday.* Il a obtenu une bonne note hier.
*I **got** him to **clean** the car.* J'ai obtenu de lui qu'il nettoie la voiture. / Je lui ai fait nettoyer la voiture.

Cause et résultat sont toujours associés. Dans : *He makes us work hard*, nous avons avant tout l'expression d'une cause, mais cette cause produit un résultat (*we / work hard*).
Dans : *The accident resulted in her resigning,* nous avons avant tout l'expression d'un résultat (*she resigned*), mais on mentionne aussi une cause (*the accident*).

L'emploi de *make, have* ou *get* causatifs-résultatifs dépend de trois critères :
– Le sujet de *make, have* ou *get* déclenche-t-il l'action ?
– Le complément de *make, have* ou *get* est-il **actif** ou **passif** ?
– Est-ce la **cause** et / ou le **résultat** qui sont mis en valeur ?

NOM / PRONOM SUJET	VERBE	NOM / PRONOM COMPLÉMENT	FORME VERBALE
DÉCLENCHE L'ACTION	MAKE	FAIT L'ACTION	Ø + VERBE
Our boss Notre patron nous fait travailler dur. [cause]	**makes**	*us*	**work hard.**
The idea L'idée les fit sourire. [cause]	**made**	*them*	**smile.**
SUBIT L'ACTION	BE MADE		TO + VERBE
I On m'a fait parler. [résultat]	**was made**		**to speak.**
ÊTRE VOLONTAIRE, DÉCLENCHE L'ACTION	HAVE	FAIT L'ACTION	Ø + VERBE
Jane Jane lui a fait faire la vaisselle. [cause + résultat]	**had**	*him*	**do the dishes.**
DÉCLENCHE L'ACTION	HAVE	SUBIT L'ACTION	PARTICIPE PASSÉ
She Elle a fait réparer le toit. [cause + résultat]	**had**	*the roof*	**repaired.**
NE DÉCLENCHE PAS L'ACTION	HAVE	SUBIT L'ACTION	PARTICIPE PASSÉ
He Il s'est fait casser le nez. [résultat]	**had**	*his nose*	**broken.**
ÊTRE VOLONTAIRE, DÉCLENCHE L'ACTION	GET	FAIT L'ACTION	TO + VERBE
I Je vous ferai aider par mon ami. [cause]	**will get**	*my friend*	**to help you.**
DÉCLENCHE L'ACTION VOLONTAIREMENT OU NON	GET	SUBIT L'ACTION	PARTICIPE PASSÉ
She Elle s'est fait boucler les cheveux. [résultat]	**got**	*her hair*	**curled.**

• **Pour traduire « faire » + verbe + nom**, pensez à utiliser :

– *Make* + **nom** + **verbe** si le verbe a un sens **actif**.

The boss makes the employees work hard. Le patron fait travailler les employés très dur.

– *Have* + **nom** + **verbe** au participe passé si le verbe a un sens **passif**.

She had her car repaired. Elle a fait réparer sa voiture.

• **Pour traduire « se faire » + verbe** (sans complément), pensez à utiliser **un passif**.

*He **was run** over by a truck.* Il s'est fait écraser par un camion.
*They've **been had**.* Ils se sont fait avoir.

• Dans toutes ces tournures, ***make***, ***have*** ou ***get*** peuvent être conjugués à tous les temps et employés avec un modal.

*I **must** get him to help me.* Il faut que j'obtienne son aide.
*She **must** be having her house painted.* Elle doit être en train de faire repeindre sa maison.

Notez la structure : ***make oneself*** + **participe passé** qui s'emploie avec *heard / understood / obeyed / respected* dans le sens de « se faire » (entendre / comprendre / obéir / respecter).

*He couldn't **make himself heard**.* Il n'a pas pu se faire entendre.

C **Dans les tournures causatives-résultatives, l'ordre des mots est toujours : verbe + nom / *pronom complément* + verbe.**

He made the audience laugh. Il a fait rire le public.
He made me laugh. Il m'a fait rire.

Changer l'ordre des mots modifie radicalement le sens d'un énoncé. Comparez :

*She **had them arrested**.* Elle les fit arrêter.
*She **had arrested them**.* Elle les avait arrêtés.

> ***Make*** causatif - résultatif est **toujours** suivi d'un nom ou d'un pronom.
>
> *It makes **one (you)** dream.* Cela fait rêver.
>
> Remarquez qu'en français on a ici seulement **verbe** + **verbe**.

Un certain nombre de tournures françaises comportant « faire » ne se traduisent pas par ***make***, ***have*** ou ***get***.

FRANÇAIS	ANGLAIS
faire attendre qqn	*keep somebody waiting*
faire cuire qqch	*cook sth*
faire démarrer qqch	*start sth*
faire entrer / sortir qqn	*let somebody in / out*
faire frire qqch	*fry sth*
faire pousser (légumes)	*grow (vegetables)*
faire savoir qqch à qqn	*let somebody know sth*
faire venir qqn	*call sb in / get sb in / call for sb / send for sb*

3 Les autres structures résultatives

Des tournures différentes de celles que nous avons envisagées précédemment peuvent exprimer le résultat.

VERBE + COMPLÉMENT + ADJECTIF

Le résultat d'une action peut être exprimé à l'aide d'un **adjectif**.
A partir de deux propositions, on peut en produire une seule.

I have painted my room. J'ai peint ma chambre. [action]
*Now, it is **blue**.* Maintenant, elle est bleue. [résultat]
► *I have painted my room **blue**.* J'ai peint ma chambre en bleu.

De même :

He shouted last night. Il a crié hier soir. [action]
*Now, his voice is **hoarse**.* Maintenant, il est enroué. [résultat]
► *He **shouted** himself **hoarse** last night.* Il s'est enroué à force de crier.
*He **read** himself **blind**.* Il est devenu aveugle à force de lire.

VERBE + COMPLÉMENT + VERBE AU PARTICIPE PASSÉ

On trouve cette structure avec les verbes de **volonté** et de **préférence** (*want, like, love, prefer…*).

*I want (would like) **it done** right now.* [sous-entendu : *I want **it to be done**]*
Je veux (aimerais) que ça soit fait immédiatement.

VERBE + PARTICULE / VERBE + PRÉPOSITION + NOM

Le résultat peut être exprimé à l'aide d'une **particule** (surtout après des verbes de mouvement).

*He ran **out***. Il sortit en courant.

*Exotic fruit are flown **in** daily*. Des fruits exotiques arrivent par avion tous les jours.

Le groupe **préposition + nom** peut également exprimer le résultat de l'action décrite par le verbe. Remarquez la traduction en « chassé croisé » (voir page 19).

*They starved **to death***. Ils sont morts de faim.

VERBE + COMPLÉMENT + INTO / OUT OF + V-ING (OU NOM)

Un certain nombre de verbes peuvent exprimer la **conviction** à l'aide de ***into** + V-**ing*** (ou **nom**) ou la **dissuasion** à l'aide de ***out of** + V-**ing*** (ou **nom**). Ces tournures correspondent au français « à force de... », « si bien que... », « en usant de... »

> *argue* : argumenter / *blackmail* : faire chanter / *cheat* : tricher / *fool* : tromper / *provoke* : provoquer / *talk* : parler / *threaten* : menacer...

*She threatened him **into signing***. Elle **l'a fait signer** en usant de menaces.

*They tricked her **into believing** that...* A force de duperies, ils **l'ont persuadée** que...

*I couldn't argue him **out of his idea / out of joining** the army*. Mes arguments n'ont pas pu le faire démordre de son idée / le dissuader de s'engager dans l'armée.

Les verbes d'incitation à l'action (*beg* : prier / *encourage* : encourager / *persuade* : persuader / *require* : exiger, etc...) sont suivis de ***to** +* **verbe** (voir page 252).

*They persuaded him **to stay***. Ils l'ont persuadé de rester.

4 La coordination et la subordination

1 La coordination

A **Coordonner** signifie, en grammaire, **relier deux éléments de même nature** :
– nom + nom : *Tom **and** Jerry* ;
– adjectif + adjectif : *poor **but** honest* ;
– adverbe + adverbe : *quickly **and** efficiently* ;
– verbe + verbe : *live **or** die* ;
– proposition + proposition : *We can ask him now, **or** wait till tomorrow.*
(Nous pouvons lui demander maintenant ou attendre demain.)

B **La coordination peut s'effectuer à l'aide** :
– **d'une conjonction de coordination** : *and* / *or* / *but* ;
– **d'une tournure composée** : *neither... **nor**...* (ni... ni...) / *either...*
or... (ou... ou...) / *both... **and**...* (à la fois... et...) / *not only... **but***
also... (non seulement... mais encore...) ;
– **d'un adverbe** de liaison (voir page 331).

*I won't go, **besides**, I don't want to go.* Je n'irai pas, d'ailleurs je ne veux pas
y aller.

	VALEUR
and ►	associe / ajoute
	*They wear black **and** white jerseys.* Ils portent des maillots noir et blanc.
	*He fell **and** broke his leg.* Il est tombé et s'est cassé la jambe.
both... and... ►	associe étroitement **deux** éléments
	*He's **both** handsome **and** rich.* Il est à la fois beau et riche.

neither... nor... ►	associe **deux** éléments de manière **négative**
	*He can **neither** sing **nor** dance.* Il ne sait ni chanter ni danser.
or ►	dissocie
	*You can have tea **or** coffee.* Tu peux avoir du thé ou du café.
either... or... ►	dissocie absolument **deux** éléments
	***Either** you stay **or** you go.* Soit tu restes, soit tu pars. *You can have **either** tea **or** coffee.* Tu peux avoir soit du thé, soit du café.
but ►	signale un contraste, une rupture
	*She wanted to speak **but** she did not know how to begin.* Elle voulait parler mais ne savait comment commencer.
not only... but (also)... ►	marque une accumulation
	*It **not only** rained **but** it was cold **too**.* Non seulement il pleuvait mais il faisait aussi froid.

• **Both**... **and**... / **either**... **or**... / **neither**... **nor**... se placent juste **avant** des éléments grammaticaux de même nature. On dira, par exemple :

*You can have **either** tea **or** coffee.* [*~~You can either have tea or coffee.~~*]
*I eat **neither** beef **nor** mutton.* Je ne mange ni bœuf ni mouton.
*I **both** read **and** write Chinese.* Je sais à la fois lire et écrire le chinois.

• **Nor** + **auxiliaire** + **sujet** peut remplacer **and** + structure négative.

*I couldn't find her **and** I **didn't** know where she had gone.* Je ne pouvais pas la trouver et je ne savais pas où elle était allée.
*I couldn't find her, **nor did I** know where she had gone.* Je ne pouvais pas la trouver, je ne savais pas **non plus** où elle était allée.

• Pour l'emploi de **neither** / **both**, voir pages 188 et 170.

• On emploie très souvent **and** après *go, come* et *try* (voir page 259).
***Come and** have tea with us.* Viens prendre le thé à la maison.

• Souvent, on ne répète pas la préposition après **and** ou **or**.
*We'll spend our holidays **in** Australia **and** New Zealand.* Nous passerons nos vacances **en** Australie **et en** Nouvelle-Zélande.

• Lorsque deux subordonnées circonstancielles (en *as, if...*) sont coordonnées, la conjonction de subordination peut être répétée ou non.

Because it was too late and (because) it had started raining, we stayed at home. Parce qu'il était trop tard et qu'il s'était mis à pleuvoir, nous sommes restés à la maison.

If you go to London and (if) you see Edwin, give him my love. Si tu vas à Londres et que tu vois Edwin, transmets-lui mes amitiés.

En français, « que » reprend la conjonction de subordination (parce que, si...). En anglais, la conjonction (*because, if...*) est répétée ou non, mais **en aucun cas** reprise par *that*.

• *But* n'est pas toujours un coordonnant. Il peut signifier *except* après *any*, *every*, *no* et *all*.

*These children do nothing **but** watch TV.* Ces enfants ne font que regarder la télévision.

*Everybody came to my party **but** my parents.* Tout le monde est venu à ma soirée sauf mes parents.

But for équivaut à *without.*

***But for** my friends, I would never have succeeded.* Sans mes amis, je n'aurais jamais réussi.

Notez les structures ***last but*** + **numéral** : *last **but one*** (avant-dernier), *last **but two*** (avant-avant-dernier).

Notez les expressions : *but still / and yet* (et pourtant) ; *or else* (sinon).

2 La subordination

A Une **phrase simple**, quelle que soit sa longueur, comprend une seule proposition. La structure de base d'une phrase simple est :
sujet + **verbe** + **complément**.

Helen knows Jim very well.

Une telle phrase ne comporte qu'une seule relation sujet / prédicat :
Helen / know Jim very well. C'est une **phrase simple**.

B Il y a **subordination** lorsqu'une autre phrase (la proposition subordonnée) :

— se greffe sur l'une des cases occupées par le sujet ou par le complément ;
— occupe l'une de ces cases.

Sujet	Verbe	Complément(s)
Helen	*knows*	*Jim very well.*
Helen **who is my best friend** [*who is my best friend* : proposition **greffée** sur le sujet *Helen*]	*knows*	*Jim very well.*
Helen	*knows*	***that I play tennis every day.*** [*that I play tennis every day* : proposition **occupant** la case complément]

Les propositions *who is my best friend* et *that I play tennis every day* sont appelées **propositions subordonnées.** En effet, les énoncés *who is my best friend* et *that I play tennis every day* n'ont de sens que par rapport à une phrase de base appelée **proposition principale** : *Helen knows Jim very well* et *Helen knows (something).*

Dans ces deux exemples, ***who*** et ***that*** sont des outils de subordination : ils permettent le passage de la phrase simple à la phrase complexe (principale + subordonnée) :

– *Who is my best friend* est une proposition subordonnée relative introduite par le pronom relatif ***who.***

– *That I play tennis every day* est une proposition subordonnée conjonctive introduite par la conjonction ***that.***

On dit que : *that I play tennis every day* est une proposition **conjonctive** car elle est introduite par une **conjonction** (de subordination).

Il existe quatre types de subordination :
– les propositions subordonnées **relatives** (voir page 270) ;
– les propositions subordonnées **nominales en V-*ing*** (voir page 281) ;
– les propositions subordonnées **conjonctives** (voir page 286) ;
– les propositions subordonnées **infinitives** (voir page 252).

« Subordonné » signifie « soumis » et en l'occurrence « dépendant d'une autre proposition » (la proposition principale).

Les subordonnées relatives

Pour commencer

1 **Les propositions subordonnées relatives** se greffent grâce à un **pronom relatif** sur un groupe nominal (qui peut être sujet ou complément à l'intérieur de la proposition principale).

*The woman **who** lives next door was once married to a duke.*
La femme qui habite à côté était autrefois mariée à un duc.
[***who** lives next door* : proposition relative greffée sur le sujet *the woman* grâce au pronom relatif ***who***]

*I don't usually like the films **that** he recommends.*
Généralement, je n'aime pas les films qu'il recommande.
[***that** he recommends* : proposition relative greffée sur le complément *the films* grâce au pronom relatif ***that***]

2 **Les pronoms relatifs sont de trois types** :
– **les pronoms en *wh-*** (***who(m)**, **whose**, **which**…*). Ils varient selon la nature de l'antécédent et leur fonction dans la relative ;
– ***that*** qui est invariable ;
– **Ø**, le relatif zéro.

3 **Prononciation.**
Les lettres ***wh-*** se prononcent / w / sauf dans *who* / hu: / et *whose* / hu:z /.
That est presque toujours prononcé / ðət /.

Pour commencer

1 Le choix du pronom relatif

Le choix du pronom relatif s'effectue en fonction de trois critères :
- nature de l'antécédent ;
- fonction du pronom relatif ;
- nature de la proposition relative.

NATURE DE L'ANTÉCÉDENT

Le groupe nominal sur lequel se greffe la proposition relative s'appelle **antécédent**. Cet antécédent peut être humain (*the **woman** who lives next door...*) ou non humain (*the **films** that he recommends...*).

Pour l'emploi de ***which*** ou de ***who*** avec les noms collectifs (*staff, government...*), voir page 140.

FONCTION DU PRONOM RELATIF

Un pronom relatif peut avoir toutes les fonctions d'un nom : sujet, complément avec ou sans préposition, complément de nom (génitif).

*The woman **who** lives next door was once married to a duke.*
[***who*** : sujet de *lives*]

S'il s'agissait d'une proposition indépendante, on aurait : ***She*** *lives next door.*

*I have met the man **whose** car broke down yesterday.*
[***whose*** : génitif]
J'ai rencontré l'homme dont la voiture est tombée en panne hier.

S'il s'agissait d'une proposition indépendante, on aurait : ***the man's** car* ou ***his*** *car broke down yesterday.* A chaque fois, on retrouve le **-s** du génitif.

NATURE DE LA PROPOSITION RELATIVE

A Une proposition relative peut apporter une **information nécessaire** à l'identification de l'antécédent.

*The woman **who lives next door**...*
[La femme est identifiée grâce à la relative *who lives next door*.]
*I've found the keys **that you lost yesterday**.* J'ai retrouvé les clefs que tu as perdues hier.
[La proposition relative : *that you lost yesterday* permet de comprendre de quelles clefs il s'agit.]

De telles propositions relatives s'appellent **déterminatives** car elles déterminent l'antécédent.

Une proposition relative peut apporter un **simple complément d'information** sur le groupe nominal qui précède.

His father, who is 90, goes swimming every day. Son père, qui a 90 ans, nage tous les jours. [*Who is 90* n'est pas indispensable à l'identification de *father*.]

De telles propositions relatives s'appellent **appositives** car elles sont en apposition, c'est-à-dire juxtaposées au groupe nominal. Les relatives appositives sont essentiellement employées à l'écrit. Elles sont toujours placées entre virgules. A l'oral, on marque une pause avant et après la relative.

C Il est souvent possible de paraphraser **les relatives déterminatives** par « **celui qui / que** » et **les relatives appositives** par « **dont je précise que**... »

His brother who is a chemist lives in London. Son frère, **celui qui** est pharmacien, vit à Londres. [*Who is a chemist* permet d'identifier le frère dont il est question.]
His brother, who is a chemist, lives in London. Son frère, qui est pharmacien, vit à Londres.
[Paraphrase : son frère, dont je précise qu'il est pharmacien... La relative, *who is a chemist,* est un simple complément d'information.]

2 Les propositions relatives déterminatives

ANTÉCÉDENT	SUJET	COMPLÉMENT	GÉNITIF
humain	who (that)	who(m) that / ∅	whose
non humain	which that	(which) that / ∅	whose

ANTÉCÉDENT HUMAIN

• Pronom relatif sujet :

*I know the man **who (that)** wrote that book.*
   antécédent sujet
Je connais l'homme qui a écrit ce livre.

• Pronom relatif complément :

*I know the man **who(m) / that** / ∅ you described in your letter.*
   antécédent complément
Je connais l'homme que tu as décrit dans ta lettre.

- **Pronom relatif complément avec préposition :**

*I know the man **who(m) / that / ∅** you are engaged **to**.*
    antécédent complément   prép.
Je connais l'homme auquel tu es fiancée.

*I know the man **to whom** you are engaged.*
  antécédent prép. complément

- **Pronom relatif génitif :**

*I know the man **whose** car has been stolen.*
    antécédent génitif
Je connais l'homme dont la voiture a été volée.

ANTÉCÉDENT NON HUMAIN

- **Pronom relatif sujet :**

*This is the painting **which / that** costs £2,000,000.*
       antécédent sujet
Voici le tableau qui coûte 2 millions de livres.

- **Pronom relatif complément :**

*This is the painting **which / that / ∅** I bought yesterday.*
       antécédent complément
Voici le tableau que j'ai acheté hier.

- **Pronom relatif complément avec préposition :**

*This is the painting **which / that / ∅** I was referring **to**.*
       antécédent complément   prép.

Voici le tableau dont je parlais.

*This is the painting **to which** I was referring.*
       antécédent prép. complément

- **Pronom relatif génitif :**

*This is the painting **whose** owner is a rich Japanese patron.*
       antécédent génitif
Voici le tableau dont le propriétaire est un riche mécène japonais.

3 Les propositions relatives appositives

ANTÉCÉDENT	SUJET	COMPLÉMENT	GÉNITIF
humain	who	who(m)	whose
non humain	which	which	whose (the... of which)

• Pronom relatif sujet :
*My neighbour, **who** is very pessimistic, says that they will all come to no good.*
Mon voisin qui est très pessimiste dit qu'ils vont tous mal tourner.

, who, sujet de *is*, a pour antécédent *my neighbour* qui renvoie à un être humain.

• Pronom relatif complément :
*My neighbour, **who(m)** you've met, says...*
Mon voisin, que tu as déjà rencontré, dit que...

• Pronom relatif complément avec préposition :
*My neighbour, **to whom** you've been introduced, says...*
*My neighbour, **who(m)** you've been introduced **to**, says...*
Mon voisin, auquel tu as été présenté, dit que...

• Pronom relatif génitif :
*My neighbour, **whose** opinions are always clear-cut, says...*
Mon voisin, dont les opinions sont toujours tranchées, dit que...

• Pronom relatif sujet :
*This castle, **which** once belonged to the Queen, is now owned by a Member of Parliament.*
Ce château, qui a appartenu à la Reine, est maintenant la propriété d'un député.

• Pronom relatif complément :
*This castle, **which** you can't visit, is owned...*
Ce château, que vous ne pouvez pas visiter, appartient...

• Pronom relatif complément avec préposition :
*This castle, **which** I referred **to** in my talk, is now owned...*
*This castle, **to which** I referred in my talk, is now owned...*
Ce château, auquel j'ai fait allusion dans mon exposé, appartient...

• Pronom relatif génitif :
*This castle, **whose** tiles are brand new, is now owned...*
*This castle, the tiles **of which** are brand new...*
Ce château, dont les tuiles sont flambant neuves, appartient...

4 Remarques générales

Whom (complément) est de moins en moins employé au profit de **who**, de Ø ou de **that**.

On dira plus couramment : *the man who (Ø / that) I wanted to see...* (l'homme que je voulais voir...) que : *the man whom I wanted to see...*

De même, la construction **who / that / Ø**.... + **préposition** est plus fréquente que **préposition** + **whom**... *The girl who (that / Ø) he fell in love **with*** est plus courant que *the girl **with whom** he fell in love...* (La fille dont il est tombé amoureux...)

Directement après une préposition, on ne trouve pas **who** mais **whom** (*The girl with who...*).

REMARQUES SUR *WHOSE*

Whose est la forme du génitif de **who**. *Whose* établit une relation de parenté ou d'appartenance entre l'antécédent et le nom qui le suit. L'antécédent peut être humain ou non.

*A widow is a woman **whose** husband is dead.* Une veuve est une femme dont le mari est mort.

*He owned a nice house, **whose** shutters were painted green.* Il possédait une jolie maison dont les volets étaient peints en vert.

Lorsque l'antécédent est non humain, dans un style formel, on peut trouver les structures : **antécédent** + ***the*** + **nom** + ***of which***, parfois ***of which*** + ***the*** + **nom**.

He owned a house the shutters of which / of which the shutters were painted green.

 Notez que **whose** est suivi de Ø + **nom**. Rapprochez cette structure de celle du génitif de possession + nom.

*John is very good at maths. **John's father** (**his** father) is a maths teacher. John, **whose** Ø father is a maths teacher, is very good at maths.*

LES TRADUCTIONS DE « DONT »

N'établissez pas de parallèle abusif entre « **dont** » et **whose**. « **Dont** » peut être traduit de différentes manières.

DONT	TRADUCTION
Complément de nom	***Whose***
*The man **whose** car broke down...* L'homme **dont** la voiture est tombée en panne...	
Complément d'objet indirect (**dont** = duquel)	***Who(m)...*** préposition / ***that...*** préposition / Ø... préposition
The man Ø you told me about yesterday... L'homme **dont** tu m'as parlé hier...	

DONT	TRADUCTION
Complément d'adjectif	Ø / *that*
*This is a work of art Ø (**that**) I'm very proud of.* C'est une œuvre d'art **dont** je suis très fier.	
« Dont » + nombre ou quantité	**quantifieur +** *whom* (humain) / **quantifieur +** *which* (non humain)
many of whom / which : dont beaucoup	*two of whom / which* : dont deux
*We have over 2,000 customers, **most of whom** are German.* Nous avons plus de 2000 clients dont la plupart sont allemands. *I've tried many dresses on, **none of which** suited me.* J'ai essayé de nombreuses robes, **dont** aucune ne m'allait.	
« La façon **dont** » + proposition	*the way* + **proposition**
*I just love **the way** you dress.* J'adore la façon **dont** tu t'habilles.	

A *That* **ne s'emploie pas dans les propositions relatives appositives**.

*This book, **which** you can get at any bookshop, will give you all the information you need.* Ce livre, que vous pouvez vous procurer dans n'importe quelle librairie, vous donnera tous les renseignements dont vous avez besoin.

B *That* **peut être employé avec un antécédent humain ou non humain**.

*The **man who(m) / that** I saw yesterday...* L'homme que j'ai vu hier...
*I like **stories which / that** have happy endings.* J'aime les histoires qui se terminent bien.

Notez toutefois que *that* avec un antécédent humain est peu employé lorsqu'il est sujet. *The man **who** called is your boss* (L'homme qui a appelé est ton patron) est nettement préférable à : *The man that called...*

C *That* **est exclu du génitif.**

*This is the girl **whose** passport was stolen.* Voici la fille dont le passeport a été volé. [*That* serait impossible ici.]

D *That* est souvent préféré à *which* / *who* après les **ordinaux** (*the first...*), les **superlatifs** (*the best / the biggest...*), les **quantifieurs** tels que *all, any, few, little, much, only...* et après *it is...*

*It's the **only** medecine **that** can cure you.* C'est le seul médicament qui peut vous soigner.

*This is **the first** exam **that / Ø** I haven't failed.* C'est le premier examen auquel je n'ai pas échoué. [Ø possible car complément]

*She's **the best** singer **that** / Ø I've heard in years.* C'est la meilleure chanteuse que j'aie entendue depuis des années.

***It was** Helen **that** helped us.* C'est Helen qui nous a aidés.

E Notez l'emploi de ***that*** après les expressions de temps (*the day / the year / the time...*) suivies de la mention d'un événement.

*Do you remember **the day that** (Ø) we met?* Te souviens-tu du jour où nous nous sommes rencontrés ?

*The **last time that** (Ø) I saw her...* La dernière fois que je l'ai vue...

F L'ordre préposition + *that* est impossible.

*The flight **that** / Ø I wanted to travel **on** was fully booked.* Le vol que je voulais emprunter était complet.

On pourrait aussi dire (voir plus haut) : *the flight **on which** I wanted...* ou *the flight **which** I wanted to travel **on**...* mais non : *the flight ~~on that~~ I wanted...*

REMARQUES SUR LE PRONOM RELATIF Ø

Le pronom relatif Ø (parfois appelé pronom relatif zéro) ne s'emploie que dans les relatives déterminatives en fonction **complément**. Son emploi est très fréquent.

The man Ø I met yesterday... L'homme que j'ai rencontré hier...

This is the book Ø I was telling you about. Voici le livre dont je te parlais.

Avec Ø, l'ensemble **antécédent + proposition relative** apparaît quasiment soudé et se prononce d'une seule traite. Ceci explique pourquoi Ø ne peut pas être employé dans les propositions relatives appositives (qui impliquent une pause entre l'antécédent et la proposition relative).

5 What / which (ce qui / ce que)

Là où le français peut utiliser « **ce qui** » (sujet) / « **ce que** » (complément), l'anglais utilise ***which*** ou ***what***.

WHICH

La proposition relative est alors un commentaire de l'énoncé précédent.

*He said he had no money, **which** was not true / **which** I didn't believe / **which** I didn't remember.* Il a dit qu'il n'avait pas d'argent, **ce qui** n'était pas vrai / **ce que** je n'ai pas cru / **ce dont** je ne me souvenais pas.

⚡ L'antécédent est ici constitué de tout le segment qui précède : *he said he had no money* (et non d'un groupe nominal, comme c'est habituellement le cas). La virgule devant ***which*** est indispensable.

WHAT RELATIF « SANS ANTÉCÉDENT »

A ***What*** correspond à *the thing(s) that*. On dit parfois que, dans ce cas, il « contient son propre antécédent ».

What *(the thing that) I saw astonished me.* **Ce que** j'ai vu m'a stupéfié.

That is not ***what*** *you promised us.* Ce n'est pas **ce que** vous nous avez promis.

> « Tout ce qui » / « tout ce que » ne se traduit **jamais** par ~~all what~~, mais par ***all that*** ou ***everything that***. En fonction complément, on trouve aussi ***all Ø*** ou ***everything Ø***.
>
> ***All that*** *glitters is not gold.* Tout ce qui brille n'est pas d'or.
>
> ***Everything*** *Ø he said was wrong.* Tout ce qu'il a dit était faux.
>
> ***All*** *Ø I'm worried about is the money.* Tout ce qui m'inquiète, c'est l'argent.
>
> ***All*** *Ø you need is love.* Tout ce dont vous avez besoin, c'est d'amour.

B ***What*** peut être suivi d'un **nom** = « tout ce que » / « tout » + nom + « que ».

They spent ***what money*** *they had.* Ils ont dépensé tout ce qu'ils avaient comme argent / tout l'argent qu'ils avaient.

What + **nom** évoque une quantité faible.

C ***What*** est parfois employé en début de phrase pour mettre en relief tout un énoncé (voir page 240).

What *you need is a break.* Ce qu'il vous faut, c'est des vacances.

What *I want is to be left alone.* Ce que je veux, c'est qu'on me laisse tranquille.

6 Where / when / why

Where, ***when***, ***why*** s'emploient dans les structures suivantes :

L'ANTÉCÉDENT DÉSIGNE		
un lieu	***where***	*I recently visited the town* ***where*** *he was born.* J'ai récemment visité la ville où il est né.
une époque / un moment / un jour...	***when***	*It was one of those days* ***when*** *everything is quiet.* C'était l'un de ces jours où tout est calme.
une cause (*the reason*)	***why***	*There's no reason* ***why*** *you should not come.* Il n'y a pas de raison que vous ne veniez pas.

When et **why** sont parfois remplacés par Ø ou **that**.

The reason why (that / Ø) I didn't write was that I didn't know your address. La raison pour laquelle je n'ai pas écrit est que je ne connaissais pas ton adresse.
He'll call me the day when (that / Ø) I win the lottery. Il m'appellera le jour où je gagnerai à la loterie.

> Alors que **when conjonction de subordination** n'est jamais suivi de **will** (dans son emploi « futur »), **when pronom relatif** peut l'être. Comparez :
>
> *I look forward to **the day when** we'll all get together again.* J'ai hâte d'être au jour où nous nous reverrons tous.
> *I'll be happy **when** we **get** together again.* Je serai heureux lorsque nous nous reverrons tous.

7 Relatif + ever

Ever est un outil grammatical qui permet de parcourir mentalement un ensemble sans s'arrêter sur un élément particulier. Il exprime la nuance « quel que soit... »
Par exemple, dans la question : *Have you **ever** been to the U.S.A.?* (Etes-vous jamais allé aux Etats-Unis ?), l'énonciateur demande si, à un moment dans le temps, l'action d'aller aux Etats-Unis a été accomplie ou non (quel que soit ce moment).
Cette idée de parcours se retrouve avec les relatifs en **ever**. Ces relatifs incluent leur propre antécédent.

RELATIF	VALEUR	EXEMPLE
whoever	any person who... the person who... (quiconque, qui que ce soit qui...)	**Whoever** said that was wrong. Quiconque a dit cela a eu tort.
whichever	the one which... no matter which... (quel que soit...)	Take **whichever** (book) you want. Prends celui (le livre) que tu veux, peu importe. **Whichever** (one) of us gets home first starts cooking. Le premier (qui que ce soit) qui rentre commencera à faire la cuisine.

RELATIF	VALEUR	EXEMPLE
whatever	*anything that...* *no matter what...* (quel que soit...)	*You can eat **whatever** you like.* Tu peux manger tout ce que tu veux, peu importe.
wherever	*in, at, to whatever place...* (où que ce soit...)	*Sit **wherever** you like.* Asseyez-vous où vous voulez, peu importe.
whenever	*no matter when... / at any time...* (quel que soit le moment...)	*It rains **whenever** I go to Scotland.* Il pleut à chaque fois que je vais en Ecosse.

Ne confondez pas ***whoever*** relatif et ***who ever*** interrogatif qui exprime la surprise (voir page 246).

Whoever *said that is a fool.* Celui qui a dit ça est un imbécile.

Who ever *is this person?* Mais qui donc est cette personne ?

Pour la différence entre ***which*** (*-ever*) et ***what*** (*-ever*), voir page 244.

Les subordonnées nominales en V-ing

On appelle propositions nominales en V-*ing* les propositions subordonnées occupant une fonction de nom (sujet, complément) par rapport à un autre verbe. V-*ing* est une forme appelée ici traditionnellement **gérondif**. Elle permet la fusion de deux propositions.

I like something. J'aime quelque chose.
I read detective stories. Je lis des romans policiers.
➤ *I like reading detective stories.* J'aime lire des romans policiers.

Nous appellerons *reading detective stories* une **proposition subordonnée nominale** en V-*ing* car *reading detective stories* peut être remplacé par un nom : *(I like) **books**.*

Les propositions nominales en V-*ing* peuvent être sujet ou complément.

Pour commencer

1 Sujet

Reading *poetry is his favourite pastime.* Lire des poèmes / La lecture de poèmes est son passe-temps préféré. [*reading poetry* est sujet de *is*]

▶◁ | Notez la traduction par l'infinitif en français.

A **Le gérondif peut être accompagné** d'un déterminant possessif (*his*), d'un nom simple (*Mark*) ou d'un nom au génitif (*Mark's*).

His *being late /* ***Mark*** *being late /* ***Mark's*** *being late annoyed everyone.* Le fait qu'il / que Mark ait été en retard a contrarié tout le monde.

Dans certains cas, on peut employer **to** + V comme sujet, plutôt que V-**ing**, notamment lorsqu'on se réfère à une situation particulière.

To hesitate could have been fatal under such circumstances. Hésiter aurait pu être fatal dans de telles circonstances.

"Do come", he said. **To refuse** *was impossible.* / *It was impossible to refuse.* « Venez donc », dit-il. Refuser était impossible. / C'était impossible de refuser.

Si l'on veut préciser à qui s'applique **to** + V, on emploie **for** + **nom**.

For *John / him* **to** *refuse was impossible.* Pour John / lui, refuser était impossible.

2 Complément d'objet direct

I dislike working *late.* Je n'aime pas travailler tard. [*working late* : complément]

Dans cet exemple, *dislike* et *working late* ont un **sujet commun**, *I*.

Le gérondif peut aussi avoir un **sujet différent** de celui de V1.

I dislike **John** *working late.* Je n'aime pas que John travaille tard.

Le sujet du gérondif peut être un **pronom** (*me / you / him / her...*).

I dislike **him** *working late.* Je n'aime pas qu'il travaille tard.

On trouve aussi la structure : **déterminant possessif** (*my / your / his / her...*) + V-**ing**.

I dislike **his** *working late.* Je n'aime pas qu'il travaille tard.

On peut donc dire :

He didn't mind **them** / **their** *living here.* Il n'avait pas d'objection à ce qu'ils vivent ici.

Do you mind **me** / **my** *smoking?* Cela vous dérange si je fume ?

Si le sujet du gérondif est un nom, il est au génitif dans un niveau de langue soutenu.

I don't remember **my mother** *complaining about her bad health.* / *I don't remember* **my mother's** *complaining about her bad health.* Je ne me souviens pas d'avoir entendu ma mère se plaindre de sa mauvaise santé.

La structure nom au génitif + V-**ing** (ou déterminant possessif + V-**ing**) permet parfois deux interprétations.

Do you like **Peter's singing***?* Aimes-tu **le fait que** Peter chante ? [interprétation la plus probable] **ou** Aimes-tu **sa façon** de chanter ?

Pour renvoyer au révolu, on a recours à *having* + **verbe au participe passé**.

*He denies **having been** there.* Il nie y être allé.

 Après les verbes de perception, le sujet du gérondif ne peut pas être au génitif.

*He heard **John / him** walking up the stairs.* Il l'a entendu monter l'escalier.
[On ne pourra pas dire *John's walking*, ni *his walking*.]

3 Complément après une préposition

 Le gérondif est obligatoire après toutes les prépositions.

*Has he got any chance **of** succeed**ing**?* A-t-il quelque chance de réussir ?
*Work **instead of** fool**ing** around!* Travaille au lieu de perdre ton temps !
*He walked out **without** saying goodbye.* Il sortit sans dire au revoir.
***After** closing the door he came out with the whole truth.* Après avoir fermé la porte, il avoua toute la vérité.

Contrairement au français « après **avoir** fermé », on utilise en anglais la structure ***after** + V-**ing*** plutôt que *after having* + participe passé. On dira de même :

***before** clos**ing** the door* : avant de fermer / d'avoir fermé la porte
***without** saying good bye* : sans dire / avoir dit au revoir
*thank you **for** listen**ing*** : merci d'écouter / d'avoir écouté

▶◁ ***On** + V-**ing*** (expression d'une simultanéité) et ***by** + V-**ing*** (expression d'un moyen) se traduisent souvent par « **en** » + **verbe au participe présent**.

***On** hearing the news, she jumped for joy.* **En** entendant la nouvelle, elle sauta de joie.
*He learned his job **by** watch**ing** his father.* Il a appris son métier **en** regardant son père.

 Lorsque ***to*** fait partie de la construction d'un verbe prépositionnel, il est suivi de V-***ing*** (voir page 18).

*It amounts **to** tell**ing** a lie.* Cela revient à mentir.
*He prefers ski**ing to** read**ing**.* Il préfère faire du ski plutôt que lire / le ski à la lecture.
*I look forward **to** meet**ing** her.* J'ai hâte de la rencontrer.

> *be accustomed to something* : être habitué à quelque chose / *amount to sth* : revenir à qqch / *be addicted to sth* : être adonné à qqch / *come near to sth* : arriver presque à qqch / *look forward to sth* : avoir hâte de faire qqch / *object to sth* : trouver à redire à qqch / *prefer sth to sth* : préférer qqch à qqch / *take to sth* : prendre l'habitude de qqch / *be used to sth* : être habitué à qqch

Used dans **be used to** est un adjectif (habitué à) suivi de **to** + V-**ing**.

I am used to getting up early. Je suis habitué à me lever tôt.

Il ne faut pas le confondre avec *used to* auxiliaire (= renvoi au révolu) qui est suivi du verbe (voir page 113).

As a child, I used to get up early. Lorsque j'étais enfant, je me levais tôt.

Dans ce cas, on a le **to** de l'infinitif alors que dans *be used to* + V-**ing**, **to** est une préposition.

> Certains adjectifs sont suivis de **to** + **verbe** et non de **to** + V-**ing**, notamment :
>
> *able* : capable / *anxious* : impatient / *ashamed* : honteux / *eager* : avide / *furious* : furieux / *glad* : heureux / *impatient, surprised, willing* : disposé
>
> *They were eager **to** please her.* Ils étaient très désireux de lui plaire.

C **Dans la structure V + préposition + V-*ing*,** un nom ou un pronom peut apparaître entre la préposition et V-**ing**.

*Do you object to **John** smoking?* ou *John's smoking?* [variante formelle]
Est-ce que ça t'ennuie si John fume ?

*Do you object to **him** smoking?* ou *his smoking?* [variante formelle]
Est-ce que ça t'ennuie s'il fume ?

4 Complément de l'adjectif

V-**ing** dans ce cas suit immédiatement l'adjectif.

She was busy answering letters. Elle était occupée à répondre à des lettres.

Verbe + ***ing*** permet une progression qui va du verbe au nom :

• *She is painting a landscape.* Elle est en train de peindre un paysage.
Painting ► **verbe.**

• *She enjoys painting landscapes.* Elle aime peindre des paysages.
Painting ► **verbe** mais la proposition *painting landscapes* est remplaçable par un **nom**. *Painting* est donc un verbe qui présente les caractéristiques du nom. On parle dans ce cas de **gérondif**.

• *The painting of landscapes is a difficult art.* Peindre des paysages est un art difficile.
Painting ► **nom**, comme en témoignent l'article ***the*** et la préposition ***of***. En même temps, il est facile de voir que *painting* est à l'origine un **verbe** auquel -***ing*** donne un fonctionnement de nom, comme le montre la traduction à l'aide de l'infinitif « peindre ». On parle dans ce cas de **nom verbal** (emploi assez formel).

• *This is one of Turner's most famous paintings.* C'est l'un des tableaux les plus célèbres de Turner.
Paintings ► **nom**, comme le montrent le pluriel en -***s*** et la traduction à l'aide du nom « tableaux ».

Pour commencer

Les propositions subordonnées **conjonctives** sont introduites par une **conjonction** (de subordination).

Une proposition conjonctive peut avoir les fonctions suivantes :

Sujet, complément d'objet ou attribut de la proposition principale.

• **Sujet.**

> *Something*   *does not concern me.*
> *Whether you like it or not*   *does not concern me.*

Que vous aimiez cela ou non ne m'intéresse pas.

• **Complément d'objet.**

> *I believe* something.
> *I believe* (that) he is right.

Je crois qu'il a raison.

• **Attribut.**

> *Life is* something.
> *Life is* what you make it.

La vie est ce que vous en faites.

Complément circonstanciel (de lieu, de temps, de cause, de but...).

> *He laughed* when he heard the news. [temps]

Il a ri lorsqu'il a entendu cette nouvelle.

> *He will do* as he likes. [manière]

Il fera comme bon lui semble.

Les propositions subordonnées qui peuvent être **sujet, complément d'objet** ou **attribut** sont introduites par les conjonctions Ø / *that*, ou un mot en ***wh-***.

Les propositions circonstancielles sont introduites par *because, before, if...*

Pour commencer

1 Propositions introduites par Ø / that ou mots en wh-

Les propositions introduites par Ø / **that** ou un mot en **wh**- peuvent comme le nom être sujet, complément d'objet ou attribut. Elles sont parfois appelées **propositions nominales**.

PROPOSITIONS INTRODUITES PAR LES CONJONCTIONS Ø OU **THAT**

That conjonction se prononce le plus souvent /ðət/.

A La proposition est complément d'objet.

Lorsque la proposition subordonnée fonctionne comme un **complément d'objet**, il est souvent possible de la mettre en contact direct avec la proposition principale, c'est-à-dire d'employer la conjonction Ø.

I knew that you would come. / I knew Ø you would come. Je savais que vous viendriez.

L'anglais oral favorise cette mise en contact direct entre principale et subordonnée. Pour l'opposition Ø / **that**, voir aussi page 300.

Certains verbes se construisent avec Ø ou **that** et non avec **to** alors qu'ils peuvent se construire avec un infinitif en français. Il s'agit notamment de :

> *admit* : admettre / *believe* : croire / *complain* : se plaindre / *declare* : déclarer / *discover* : découvrir / *doubt* : douter / *imagine* : imaginer / *know* : savoir / *say* : dire / *suppose* : supposer / *think* : penser, croire...

I think I know the answer. Je pense que je connais / connaître la réponse.
He believes he's right. Il croit qu'il a raison / avoir raison.

> « **Trouver** » + **adjectif** + « **que** » se traduit par *believe / consider / find / think* + **it** + **adjectif** + *that* + *should*.
> *I find **it** strange that she should still want to see him.* Je trouve bizarre qu'elle veuille toujours le voir.

B La proposition est sujet.

Lorsque la proposition subordonnée fonctionne comme un sujet, **that** est obligatoire et on utilise **should** + **verbe**.

<u>*That they **should** be here*</u> *is surprising.* Qu'ils soient ici est suprenant.
     sujet

On trouve plus souvent l'ordre : **it is** + adjectif + **that** + proposition subordonnée. Dans ce cas, **that** peut ne pas apparaître.

It is surprising (that) they should be here. Il est surprenant qu'ils soient ici.
[*it* = sujet grammatical ; *that they should be here* = sujet réel]

C La proposition est attribut.

Lorsque la proposition subordonnée fonctionne comme un attribut, on emploie **that**.

*The main thing is **that** we're all safe and sound.* L'important, c'est que nous soyons tous sains et saufs.

D Emploi des temps.

• Après les verbes dénotant un ordre ou une suggestion tels que *decide, insist, suggest,* on utilise **should** ou le subjonctif en américain (voir page 108).

He suggested that we (should) go immediately. Il suggéra que nous partions tout de suite.

• Après les tournures comportant **it is** + adjectif exprimant une opinion, un jugement (*it is natural / necessary / vital...*), on utilise **should** (voir page 108).

It is surprising that he should be late. Il est surprenant qu'il soit en retard.

Dans un style plus familier, on peut ne pas employer **should**.

It is surprising that he is late.

• Avec cette structure, pour commenter un fait passé, on a le choix entre le **prétérit** et **should have** + **verbe au participe passé**.

*It's incredible that they **survived**.* C'est incroyable qu'ils aient survécu.
[sous-entendu : ils ont survécu ; *they survived* est, logiquement, une affirmation]

*It's incredible that they **should have survived**.* C'est incroyable qu'ils aient survécu. [sous-entendu : j'ai du mal à croire qu'ils aient survécu ; *that they should have survived* n'est pas une affirmation]

• Après certaines expressions verbales telles que : *it's (high) time* (il est temps que...), *would rather* (préférerais...), le verbe de la subordonnée est au prétérit du non-réel (voir page 49).

*I'd rather you **didn't** say that.* Je préférerais que tu ne dises pas cela.

PROPOSITIONS INTRODUITES PAR UN MOT EN **WH-** (OU **HOW**)

A Les interrogatives indirectes.

• Les interrogatives indirectes peuvent correspondre à une **question fermée**. On dit qu'une question est fermée lorsque les réponses possibles se limitent à : *Yes / No / Perhaps / I don't know.*

Elles sont introduites alors par **whether** ou **if** (dans un style plus familier).

Whether you like it or not does not concern me.
　　　　　　sujet
Que vous aimiez ça ou non ne m'intéresse pas.

I don't care whether / if he comes (or not). Peu m'importe qu'il vienne ou non.
　　　　　complément

• Les interrogatives indirectes peuvent aussi correspondre à une **question ouverte**. Avec une question ouverte, les réponses possibles sont en théorie infinies.

He asked why they had come. Il demanda pourquoi ils étaient venus.
　　　complément

• **When** interrogatif peut être suivi de **will** dans son emploi « futur ».

When will they arrive? Quand arriveront-ils ?
I wonder **when** *they* **will** *arrive.* Je me demande quand ils arriveront.

• On trouve de même **would** dans les interrogatives indirectes après un verbe au prétérit.

He asked me **when** *they* **would** *arrive.* Il m'a demandé quand ils arriveraient.

Pour les interrogatives indirectes, voir aussi page 301.

B **Les exclamations indirectes introduites par** *what* **ou** *how*.

You can't imagine how sorry I feel.
　　　　　complément
Tu ne peux t'imaginer à quel point je suis désolée.

> Attention à l'ordre des mots dans les propositions interrogatives indirectes et exclamatives indirectes. Il est le **même** que dans les propositions affirmatives. L'ordre est donc : sujet + verbe et ses compléments.

2 Propositions subordonnées circonstancielles

Ces propositions occupent la place de compléments circonstanciels ou d'adverbes. On les appelle parfois propositions adverbiales.

I'll do it **tomorrow**. Je le ferai demain. [*tomorrow* = adverbe de temps]
I'll do it **when I can**. Je le ferai quand je pourrai. [*I'll do it* = proposition principale ; *when I can* = proposition circonstancielle de temps]

Ces propositions précisent les **circonstances** (lieu, temps, manière...) dans lesquelles a lieu un événement.

PROPOSITIONS CIRCONSTANCIELLES DE LIEU

CONJONCTIONS *where* : où / *wherever* : partout où

Stay where you are. Restez là où vous êtes.

Ces propositions ne posent pas de problème d'emploi pour les francophones.

PROPOSITIONS CIRCONSTANCIELLES DE TEMPS

PRINCIPALES CONJONCTIONS

when : quand / *as* : comme / *while* : pendant que / *until, till* : jusqu'à ce que / *after* : après que / *before* : avant que / *as soon as* : aussitôt que / *once* : une fois que / *no sooner... than, hardly... when* : à peine... que / *whenever* : chaque fois que / *since* : depuis que...

*They seemed really surprised **when** I broke the news to them.* Ils ont eu l'air vraiment surpris lorsque je leur ai appris la nouvelle.

Le problème principal posé par ces propositions est **l'emploi des temps**.

A Dans les propositions circonstancielles de temps **à sens futur, on emploie le présent** et **jamais** *shall* / *will*.

*I will do it as soon as they **arrive**.* Je le ferai dès qu'ils arriveront.
[*they arrive* : point de repère / action indispensable pour que *I* / *do it* soit réalisé]

La subordonnée sert de point de repère chronologique par rapport à l'événement à venir décrit dans la principale.

La proposition principale peut aussi comporter un verbe à l'impératif.

***Ring me** when you **get** home.* Appelle-moi quand tu rentreras.

Cet emploi des temps est à rapprocher de celui des propositions conditionnelles du type *if* + présent. Comparez :

*I will do it **if** they **arrive**.* Je le ferai s'ils arrivent.
*I will do it **when** they arrive.* Je le ferai quand ils arriveront.

Observez la différence avec le français, qui emploie le présent après « **si** » mais le futur après « **quand** ».

B **On emploie le present perfect** (*have* au présent + participe passé) lorsque l'on veut marquer l'antériorité de l'action de la subordonnée par rapport à celle de la principale.

*I will do it as soon as I **have finished***. Je le ferai dès que j'aurai terminé.
[*I / do it* est envisagé postérieurement à *I / finish*.]

On trouve le même phénomène avec *if*.

I will do it if I have finished. Je le ferai si j'ai terminé.

C Dans les propositions circonstancielles de temps, on n'emploie pas non plus ***should / would***. Là où le français utilise le conditionnel, on a recours au **prétérit** (notamment au discours indirect).

*He said he would call **as soon as** he arrived / **when** he arrived / **once** he arrived*. Il a dit qu'il appellerait aussitôt que / lorsqu'il arriverait / une fois qu'il serait arrivé.

Attention aux subordonnées de temps incluses dans un discours indirect (voir page 304).

*He said, "I will do it as soon as I **have** finished."*

*He said he would do it as soon as he **had** finished*. Il a dit qu'il le ferait dès qu'il aurait terminé.

D Lorsqu'une proposition commence par *no sooner* ou *hardly* (registre écrit), le sujet et l'auxiliaire sont inversés (voir aussi page 239).

***No sooner had she** left than he started crying. / **Hardly had she** left when he started crying*. A peine était-elle partie qu'il commença à pleurer.

PROPOSITIONS CIRCONSTANCIELLES DE CONSÉQUENCE

CONJONCTIONS *so that* : de sorte que / *such* + nom... *that* : si... que / *so* + adjectif... *that* : si... que

*Work now, **so that** you can rest later*. Travaille maintenant de sorte que tu puisses te reposer plus tard.

*I got up very early, **so (that)** I have plenty of time now*. Je me suis levé tôt, si bien que j'ai beaucoup de temps maintenant.

That est parfois omis après ***so*** à l'oral. La proposition en ***so that*** est le plus souvent précédée d'une virgule.

*She's **such** a nuisance **that** nobody wants to work with her*. Elle est tellement pénible que personne ne veut travailler avec elle.

*They were **so** surprised **that** they did not move*. Ils ont été tellement surpris qu'ils n'ont pas bougé.

Pour l'emploi de ***such*** et ***so***, voir page 248.

PROPOSITIONS CIRCONSTANCIELLES DE BUT

A (***Not***) ***to*** + verbe.

Le but est le plus souvent exprimé grâce à (***not***) ***to*** + verbe, ***in order*** (***not***) ***to*** + verbe, ***so as*** (***not***) ***to*** + verbe.

I got up early (in order) to be on time. Je me suis levée de bonne heure pour être à l'heure.

He turned down the radio so as not to disturb the baby. Il baissa la radio de manière à ne pas déranger le bébé.

I did it for you to be proud of me. Je l'ai fait pour que tu sois fier de moi.

[Ici, le sujet de la proposition circonstancielle de but (*you*) est différent du sujet de la principale (*I*). Il est introduit par *for*.]

For + V-ing est employé pour décrire la fonction d'un objet. Comparez :

This is an album for keeping stamps in. C'est un album pour mettre des timbres.

I want an album to keep my stamps in. Je veux un album pour y mettre des timbres.

B **Conjonction + verbe conjugué.**

Le but est parfois exprimé par une conjonction + verbe conjugué.

> **CONJONCTIONS** *so that* : pour que / *in order that* : afin que

I have given him a key so that he can get into the house whenever he likes. Je lui ai donné une clef pour qu'il puisse entrer dans la maison quand il veut.

He spoke slowly so that everybody could understand. Il parlait lentement de manière à ce que tout le monde puisse comprendre.

I'm preparing dinner now so that everything will be ready soon. Je prépare le dîner maintenant afin que tout soit bientôt prêt.

Les subordonnées de but comportent généralement *can* ou *will* lorsque le verbe de la proposition principale est au présent ou au present perfect, *could* ou *would* lorsque le verbe de la principale est au prétérit ou au past perfect.

Will et *would* expriment un projet à venir.

Can et *could* restent liés à l'expression du possible (d'où la traduction à l'aide de « puisse »). On trouve également *may*, *might* (ou *should*) dans un niveau de langue recherché.

In order that est assez recherché et s'emploie surtout avec *may* et *might*.

He spoke slowly in order that everybody might understand. Il parlait lentement afin que tous puissent comprendre.

Attention à la différence entre :

I got up early so that I could have plenty of time. ► **but**
[pas de virgule + emploi de *could*]
Je me suis levée tôt pour avoir tout mon temps.

I got up early, so that I have plenty of time. ► **conséquence**
[virgule + emploi du présent]
Je me suis levée tôt, si bien que j'ai tout mon temps.

Attention à l'emploi de « pour » en français qui peut exprimer la cause ou le but.

« Il a été arrêté pour avoir vendu de la drogue. » ► cause
« Il travaille pour gagner de l'argent. » ► but

La **cause** s'exprime à l'aide de **for + V-ing.**
*He was arrested **for** selling drugs.*

Le **but** s'exprime à l'aide de **to + verbe.**
*He works (in order) **to** earn money.*

Observez les différences de structure :
(he was arrested) **for selling** (et non ~~for having sold~~) ► (il a été arrêté) « **pour avoir vendu** » (avoir + participe passé). On considère en anglais que l'information temporelle fournie dans la proposition principale *(he was arrested)* est suffisante.

PROPOSITIONS CIRCONSTANCIELLES DE CAUSE

CONJONCTIONS

because : parce que / *as* : comme / *since* : puisque / *for* : car / *inasmuch as* : étant donné que / *all the more* + adjectif... *as (since / because)* : d'autant plus... que / *all the less* + adjectif... *as (since / because)* : d'autant moins... que / *insofar as* : dans la mesure où / *given that* : étant donné que

*Why don't you buy it **since** you're so rich!* Pourquoi ne l'achètes-tu pas puisque tu es si riche !

A **Traduction de « d'autant plus que ».**

« D'autant plus » + adjectif + « que » se traduit par :
all the more + adjectif + **as / because / since.**

*The road is **all the more** slippery **since / because / as** it has rained.* La route est d'autant plus glissante qu'il a plu.

*It is **all the wetter since / as** it has rained.* Elle est d'autant plus humide...
[Comme *wet* est un adjectif court, on dira *all the wetter* et non *all the more wet*.]

« D'autant plus que » sans adjectif se traduit par : **all the more so** + **as / because / since**... ou par **especially as**...

*We ought to hurry. **All the more so as** the train leaves in 20 minutes.* Il faudrait se dépêcher, d'autant plus que le train part dans 20 minutes.

B **Une proposition en V-*ing* peut également exprimer une cause.**

*Think**ing** he was late, he decided to take a taxi.* Comme il pensait être en retard, il décida de prendre un taxi.

Propositions introduites par la conjonction *for*.

Les propositions introduites par *for* apportent un simple complément d'information, une réflexion après coup, par rapport à ce qui est exprimé dans la proposition principale.

*The days were longer, **for** it was now June.* Les jours étaient plus longs, car nous étions en juin.

Par conséquent, une proposition commençant par *for* causatif :

• Ne peut pas précéder la principale contrairement à *because*.

***Because** it rained we went to the cinema.* (~~For it rained we went...~~).

• Ne peut pas être utilisée pour fournir l'explication d'un acte.

*"Why did you break that vase?" "I broke it **because** (~~for~~) I was angry."* « Pourquoi as-tu cassé ce vase ? » « Je l'ai cassé car j'étais en colère. »

D'autre part, ***for*** ne peut pas être précédé de ***and***, ***or***, ***but*** ou ***not***.

*I did that **not because** (~~for~~) I enjoyed it **but because** (~~for~~) I had to do it.* J'ai fait cela non parce que ça me plaisait mais parce qu'il le fallait.

La **cause** peut aussi être exprimée par la **préposition *for*** suivie de **V-*ing***.

*He was congratulated **for saving** this man.* Il a été félicité pour avoir sauvé cet homme.

| PROPOSITIONS CIRCONSTANCIELLES DE CONTRASTE (DE CONCESSION)

though, although, even though : bien que / *whereas* : alors que / *even if* : même si / *however* + adjectif, adverbe ou quantifieur : si... que / *whereas* : alors que / *while* : tandis que

*My sister speaks Spanish fluently **whereas** I can only speak English.* Ma sœur parle l'espagnol couramment alors que je ne parle que l'anglais.

***However** hard he tried he could never succeed.* Si grands qu'aient été ses efforts, il n'a jamais pu réussir.

***However** much she eats, she never gains weight.* Malgré tout ce qu'elle mange, elle ne grossit jamais.

Dans un style littéraire, on trouve la construction : **adjectif + *as* / *though*** au sens de « **tout** » + **adjectif** + « **que** »...

Patient as / though he was, he had no intention of waiting for hours. Tout patient qu'il fût, il n'avait pas l'intention d'attendre des heures.

| PROPOSITIONS CIRCONSTANCIELLES DE MANIÈRE

CONJONCTIONS *as* : comme / *as if, as though* : comme si

*Do **as** I say!* Fais comme je te le dis !

*He acts **as if** there was / were nothing wrong.* Il fait comme si tout allait bien. [sous-entendu : ça ne va pas bien]

As if est suivi du prétérit du non-réel. Pour la différence entre *was* et *were,* voir pages 48 et 123.

A l'oral, **as if** / **as though** peut être suivi d'un présent.

*He acts **as if** there is nothing wrong.* [sous-entendu : peut-être que tout va bien]

Like est parfois utilisé dans un style familier au lieu de **as** ou de **as if**.

I did like (as) you advised me. J'ai fait comme tu me l'as conseillé.

He acted like (as if) he hadn't seen me. Il a fait comme s'il ne m'avait pas vu.

As I said… / Like I said… [très familier] Comme je l'ai dit…

PROPOSITIONS CIRCONSTANCIELLES DE COMPARAISON

STRUCTURES

as + adjectif ou adverbe + **as** : aussi... que... / adjectif ou adverbe au comparatif + **than**... : plus / moins... que…

*If you saw the truth **as** clearly **as** I do, you would think otherwise.* Si tu voyais la vérité aussi clairement que moi, tu penserais différemment.

*You are **more** patient **than** I expected.* Tu es plus patient que je ne m'y attendais.

On trouve également des propositions comparatives en **too** + **adjectif** + **to** + **verbe** ou en **adjectif** + **enough** + **to** + **verbe**.

*I'm **too tired to do** any shopping.* Je suis trop fatigué pour faire des courses.

*You're **not good enough to get** the job.* Tu n'es pas assez bon pour obtenir ce travail.

PROPOSITIONS CIRCONSTANCIELLES DE CONDITION

CONJONCTIONS

if : si / *unless* : à moins que / *in case* : au cas où / *provided, providing* : à condition que / *as long as, so long as* : pourvu que / *supposing* : en supposant que / *on condition (that)* : à condition que / *for fear that, lest* (registre littéraire) : de peur que

Un des problèmes majeurs posés par les circonstancielles de condition est la concordance des temps.

A **La concordance des temps dans les propositions de condition.**

La concordance des temps dans les subordonnées circonstancielles de condition correspond à trois degrés d'hypothèse allant du possible à l'impossible.

• **Ce qui est soumis à hypothèse est possible / réalisable**.

If you come early, you will meet him.

If + présent   *will* + verbe

Si tu viens de bonne heure, tu le rencontreras.

• **Ce qui est soumis à hypothèse est non-réel dans le présent**.

If you came early,   you would meet him.

If + prétérit du non-réel   *would* + verbe

Si tu venais de bonne heure, tu le rencontrerais.

• **Ce qui est soumis à hypothèse était non-réel dans le passé**.

If you had come early,   you would have met him.

If + *had* part. passé   *would have* + part. passé

Si tu étais venu de bonne heure, tu l'aurais rencontré.

B **Variations possibles dans la proposition principale.**

• ***Will*** dans la proposition principale peut être remplacé par ***must*** d'obligation, ***can*** de capacité, ***may*** ou ***might*** de probabilité.

*If you want to lose weight, you **must** eat less.* Si tu veux perdre du poids, tu dois manger moins.

*We **can** go for a walk if it stops raining.* Nous pouvons aller nous promener s'il s'arrête de pleuvoir.

On peut trouver le présent simple dans la principale et dans la subordonnée en *if*.

*If you **heat** ice, it **melts**.* Si vous chauffez de la glace, elle fond.

Dans ce cas, la proposition principale (*it melts*) exprime une conséquence automatique du fait soumis à hypothèse (*if you heat ice*).

• ***Would*** dans la proposition principale peut être remplacé par ***might*** de probabilité ou ***could*** de possibilité.

*If I knew his number, I **could** ring him up.* Si j'avais son numéro, je pourrais l'appeler. [Comparez avec : *I **would** ring him up* = je l'appellerais.]

*If you had worked more, you **might** have passed.* Si tu avais travaillé davantage, tu aurais pu réussir. [Comparez avec : *you **would** have passed* = tu aurais réussi.]

C **Variations possibles dans la subordonnée.**

• **Emploi de** *will* / *would* **après** *if*.

Will après *if* a valeur de volonté.

*If you **will** listen to me, I'll be able to explain...* Si tu veux bien m'écouter, je pourrai expliquer...

Would se trouve dans les demandes polies.

*If you **would** wait for a moment...* Si vous vouliez bien attendre un instant...

- **Emploi de *should* après *if* / *in case*.**

Should renforce l'idée de non probable.

*If the house **should** go on fire... **In case** the house **should** go on fire...* Si jamais il y avait le feu...

- **Emploi de *were* après *if*.**

If + *were* peut être utilisé au lieu de *if* + *was*. On se réfère alors toujours à du non-réel (du non-vrai).

*If I **were** you, I would do it now.* Si j'étais toi / A ta place, je le ferais maintenant.

Dans un niveau de langue soutenu, *if* + sujet + auxiliaire + verbe peut être remplacé par la tournure : **auxiliaire** + **sujet** + **verbe** (voir aussi page 239).

If I had known... ► ***Had I** known...* Si j'avais su...

If there should be a delay... ► ***Should there** be a delay...* Si par hasard il y avait du retard...

D   Quelques conjonctions particulières.

- ***Unless*** (sauf si... / à moins que...) est l'équivalent de ***except if*** (sauf si). Comparez :

*I will not go **if** you do not come.* Je n'irai pas si tu ne viens pas.

*I will not go **unless** you come.* Je n'irai pas sauf si tu viens. / Je n'irai que si tu viens. [*Unless* introduit une condition (si) négative (n'irai pas) exclusive (sauf).]

- ***Provided (that)*** / *providing (that)* / *as long as* (à condition que...) sont proches de *but only if* (si et seulement si...)

*You can smoke **provided (as long as)** you leave the window open.* Tu peux fumer à condition que / si et seulement si tu laisses la fenêtre ouverte.

As long as peut aussi signifier « aussi longtemps que ».

They can borrow it as long as they want. Ils peuvent l'emprunter aussi longtemps qu'ils veulent.

- ***In case*** (au cas où...) est utilisé pour fournir une explication de l'énoncé de la proposition principale. *If* et *in case* ne sont pas interchangeables. Comparez :

*I'll come tomorrow **if you need me**.* Je viendrai demain si tu as besoin de moi.

*I'll come tomorrow **in case you need me**.* Je viendrai demain au cas où tu aurais besoin de moi.

Dans le premier exemple, *I'll come tomorrow* est soumis à une condition ; dans le deuxième exemple, *I'll come tomorrow* est une prévision et *in case you need me* fournit une explication à cette prévision.

Remarquez que *in case* est suivi du présent lorsque l'on évoque une possibilité future.

*I will stay here in case he **phones**.* Je resterai ici au cas où il appellerait.

In case est suivi du prétérit lorsque l'on explique la raison d'un fait passé.

*I bought some more food in case he **came**.* J'ai acheté un peu plus de nourriture au cas où il viendrait.

Should après ***in case*** ajoute la nuance « on ne sait jamais ».

*I bought some more food in case she **should** stay for dinner.* … pour le cas où elle resterait dîner.

• ***Suppose / supposing / what if*** (à supposer que...) peuvent être utilisés pour émettre une hypothèse dans une question sans qu'il soit nécessaire d'ajouter une proposition principale.

On emploie le présent ou le prétérit après ces conjonctions. Le prétérit est plus hypothétique que le présent.

Suppose *your father **saw** you, what would he say?* Imagine que ton père te voie, que dirait-il ?

What if *your father **saw** you?* Et si ton père te voyait ?

What if *it rain**s**?* Et s'il pleut ?

What if *it rain**ed**?* Et s'il pleuvait ?

8 | Discours direct et discours indirect

Discours direct et discours indirect

8

Pour commencer

En anglais, comme en français, il existe deux manières de rapporter des paroles, des pensées, des impressions : le discours direct et le discours indirect.

Utiliser **le discours direct** implique que l'on rapporte paroles, pensées, impressions dans leur forme originale. L'énonciateur fait une citation.

She said, " I know all about it. " Elle a dit : « Je sais tout. »
    ↓   ↓
virgule ou deux points guillemets

Cette même citation peut être rapportée au **discours indirect** à l'aide d'une subordonnée introduite par un verbe de discours.

She said (that) she knew all about it. Elle a dit qu'elle savait tout.
 ↓   ↓
verbe introductif <u>subordonnée contenant la citation</u>
       <u>pas de guillemets</u>

Pour commencer

1 Les verbes introductifs

C'est très souvent le verbe *say* qui est utilisé pour rapporter des paroles au discours direct. Au discours indirect, le verbe employé varie avec la nature de ce qui est rapporté (faits ou opinion, ordre, question...). Il convient d'y prêter attention lorsque l'on fait un exercice de « transposition au discours indirect ».

He said, "I may see Tom in London." ► *He said he might see Tom in London.*

Verbes introductifs possibles

acknowledge : reconnaître / *add* : ajouter / *admit* : admettre / *answer* : répondre / *declare* : déclarer / *exclaim* : s'exclamer / *explain* : expliquer / *insist* : insister / *mention* : mentionner / *point out* : signaler / *promise* : promettre / *propose* : proposer / *remark* : remarquer / *reply* : répondre / *report* : rapporter / *say* : dire / *state* : affirmer / *suggest* : suggérer / *tell someone* : dire à quelqu'un...

Mot de liaison : *that* ou Ø

Structure de la subordonnée : sujet + verbe + complément(s) comme au discours direct.

He admitted that he had made a mistake. Il admit qu'il avait fait une erreur.
He mentioned that you were coming. Il a mentionné que vous veniez.

A ***Say*** et ***tell*** signifient tous deux « dire » mais ne s'emploient pas de la même manière.

• ***Tell*** **est toujours suivi d'un complément personnel** sous la forme d'un nom ou d'un pronom. ***Say*** peut être suivi d'un complément personnel. Si tel est le cas, la préposition ***to*** est obligatoire.

*He told **Ann (her)** (that) he was ill.* Il a dit à Ann (il lui a dit) qu'il était malade.
He said (that) he was ill. Il a dit qu'il était malade.
*He said **to** his boss that he was ill.* Il a dit à son patron qu'il était malade.

• ***Tell*** peut aussi signifier « raconter ».

He loves telling fairy tales. Il adore raconter des contes de fée.

• **Notez les expressions :**

Tell lies. Raconter des histoires.
You're telling me! A qui le dites-vous !
You never can tell. On ne sait jamais.
I can tell. Ça se voit.
Time will tell. Qui vivra verra.

B ***That*** ou Ø ?

Le verbe ***say*** (tout comme ***think*** et ***know***) se construit le plus souvent avec la conjonction de subordination Ø, notamment à l'oral. ***That*** est toutefois requis pour des raisons de clarté lorsque le verbe ***say*** est séparé de la proposition subordonnée.

*They all **said**, thus forgetting the promise they had made on the previous night, **that** they would not join us.* Ils dirent tous, en oubliant ainsi la promesse qu'ils avaient faite la veille, qu'ils ne voulaient pas se joindre à nous.
[Le verbe ***say*** est séparé de la subordonnée par l'incise *thus forgetting... night.*]

Certains verbes tels que : *answer* (répondre) / *accept* (accepter) / *argue* (démontrer) / *confirm* (confirmer) / *object* (objecter que, faire valoir que) / *shout* (crier), se construisent presque toujours avec ***that***.

*She confirmed **that** she would not be able to come.* Elle a confirmé qu'elle ne pourrait pas venir.

DISCOURS DIRECT : « QUESTION COMMENÇANT PAR UN AUXILIAIRE »

Verbes introductifs possibles

ask : demander / *enquire* : demander, se renseigner / *want to know* : vouloir savoir / *wonder* : se demander...

Mot de liaison : *if* ou *whether*

Structure de la subordonnée : sujet + verbe et compléments, comme dans une phrase affirmative.

"Do you know him?" « Le connaissez-vous ? »
► *He wants to know **if you know him***. Il veut savoir si vous le connaissez.
*They enquired **whether I had** a driving licence.* Ils ont demandé si j'avais un permis de conduire.

If est plus fréquent que ***whether*** dans la construction de la subordonnée. ***Whether*** est préféré lorsqu'on a le choix entre deux propositions.

*He asked **whether** I wanted to go by train or by plane.* Il a demandé si je voulais prendre le train ou l'avion.

Notez la construction possible avec ***whether or not***.

*He asked **whether or not** I wanted a return ticket.* / *He asked **whether** I wanted a return ticket **or not**.* Il m'a demandé si je voulais un aller et retour ou non.

DISCOURS DIRECT : « QUESTION EN *WH-* »

Verbes introductifs possibles

ask sb : demander à qqn / *enquire :* demander, se renseigner / *want to know* : vouloir savoir / *wonder* : se demander...

Mot de liaison : *what*, *when*, *where*, *who*(*m*), *why*, *how*.

Structure de la subordonnée : sujet + verbe et compléments, comme dans une phrase affirmative.

"When is the next train?" ► *He asked her **when the next train was***. Il lui a demandé quand était le prochain train.
*They wanted to know **how long I had been a teacher***. Ils voulaient savoir depuis combien de temps j'étais professeur.
*He wondered **how old she was***. Il se demandait quel âge elle avait.

◁| Contrairement à ce qui se produit parfois en français, l'ordre des mots dans la subordonnée **est toujours celui d'un énoncé affirmatif** : sujet + verbe et ses compléments.

He asked her when the train was. Il lui a demandé quand était le prochain train.

DISCOURS DIRECT : « CONSEIL », « ORDRE », « SUGGESTION »

> **Verbes introductifs possibles**
>
> *advise* : conseiller / *ask* : demander / *beg* : prier / *command* : donner l'ordre de / *encourage* : encourager / *forbid* : interdire / *invite* : inviter / *order* : ordonner / *tell somebody* : ordonner à quelqu'un / *urge* : inciter à / *warn* : avertir...
>
> **Construction : nom ou pronom complément + *to* + verbe**

"Open the door!" ► He **ordered** William and Ben **to** open the door. Il ordonna à William et Ben d'ouvrir la porte.

*The doctor **told me to** stay in bed for a few days.* Le médecin m'a dit de rester au lit pendant quelques jours.

A Lorsque l'on rapporte **un conseil, une suggestion ou un ordre négatifs**, on emploie la structure : **nom / pronom + *not to* + verbe**.

*I advised him **not to** shout.* Je lui ai conseillé de ne pas crier.

*She **told them not to** talk.* Elle leur a interdit de parler.

B *Suggest* peut être utilisé pour rapporter une suggestion. Il est suivi soit de ***should*** + verbe (anglais britannique), soit du subjonctif (américain), ou encore du présent ou du prétérit simples.

He said, "Why don't we go to the cinema?"
► He **suggested that** we (**should**) go / **that** we **went** to the cinema. Il a suggéré d'aller / que nous allions au cinéma.

On trouve aussi V-***ing*** après *suggest*.

*He suggested go**ing** to the cinema.* Il a suggéré d'aller au cinéma.

DISCOURS DIRECT : « EXCUSES », « INTERJECTIONS », « EXCLAMATIONS »

Le verbe employé est souvent en lui-même une explicitation du contenu de la citation.

"I'm sorry I kept you waiting," he said. ► He **apologized** for keeping me waiting. Il s'est excusé de m'avoir fait attendre.

He said, "Happy birthday!" ► He **wished** her a happy birthday. Il lui souhaita un joyeux anniversaire.

He said, "Liar!" ► He **called** me a liar. Il m'a traité de menteur.

2 L'emploi des temps au discours indirect

VERBE INTRODUCTIF AU PRÉSENT

Le discours indirect peut être introduit par un verbe au présent *(He **says** that...)*. C'est le cas de la répétition quasi instantanée de paroles au cours d'une conversation, de la lecture à haute voix d'une lettre, d'un mode d'emploi...

[Lecture d'une lettre]
"He says he will arrive as soon as he can." « Il dit qu'il viendra dès que possible. »

Lorsque le verbe introductif est au **présent**, au **present perfect** ou **conjugué à l'aide d'un modal de forme présente** (par exemple *will*), il n'y a **pas de changement de temps** lorsque l'on passe du discours direct au discours indirect.

He **has confirmed** that he **will** arrive as soon as he can. Il a confirmé qu'il viendra / viendrait dès que possible.

VERBE INTRODUCTIF AU PRÉTÉRIT

Le discours indirect est le plus souvent utilisé pour rapporter des paroles qui ont été prononcées dans le révolu. Le verbe **introductif** est alors au **prétérit**. En transformant la citation directe en proposition subordonnée, on la fait dépendre d'un verbe conjugué au prétérit. Le temps employé dans la subordonnée sera donc souvent différent de celui qui a été employé dans la citation directe.

A Tableau schématique des changements de temps.

DISCOURS DIRECT	DISCOURS INDIRECT
Présent	**Prétérit**
"I never eat meat."	*He explained that he never ate meat.*
« Je ne mange jamais de viande. »	Il expliqua qu'il ne mangeait jamais de viande.
Prétérit	***Had* + participe passé**
"I woke up feeling ill and I stayed in bed."	*He said he had woken up feeling ill and had stayed in bed.*
« Je me sentais malade au réveil, je suis resté au lit. »	Il a dit qu'il s'était senti malade au réveil et qu'il était resté au lit.

DISCOURS DIRECT	DISCOURS INDIRECT
Present perfect *"Have you seen her?"* « Est-ce que tu l'as vue ? »	*Had* + **participe passé** *He asked me if I had seen her.* Il m'a demandé si je l'avais vue.
Will « **futur** » + **verbe** *"I will not come."* « Je ne viendrai pas. »	*Would* + **verbe** *She insisted that she would not come.* Elle a maintenu qu'elle ne viendrait pas.
Impératif *"Don't talk!"* « Ne parle pas ! »	*To* + **verbe** *She told me not to talk.* Elle m'a dit de ne pas parler.

B **Ces changements de temps correspondent à une translation** des faits, des pensées, des paroles... dans le révolu. Dans certaines situations, cette translation n'est pas justifiée :

• **Le présent n'est pas toujours transposé en prétérit**.

"I want to go to Canada next year." ► Yesterday, he told me that he wants to go to Canada next year. Hier, il m'a dit qu'il veut aller au Canada l'année prochaine.

On aurait pu dire : *He told me he wanted to go to Canada,* mais en raison de la présence de *next year*, l'emploi du présent est plus cohérent.

• **Le prétérit n'est pas toujours transposé en *had* + participe passé**. Il est conservé au discours indirect :

– **Dans les subordonnées de temps** (*when I lived...*).

*"**When I lived** in Oxford, I often played cricket."* « Lorsque je vivais à Oxford, je jouais souvent au cricket. » *► He pointed out that **when he lived** in Oxford, he often played cricket.* Il fit remarquer que lorsqu'il vivait à Oxford, il jouait souvent au cricket.

– **Lorsque le verbe décrit un état**.

*"I didn't come because I was ill." ► He said he hadn't come because he **was** ill.*

– **Lorsqu'il s'agit d'un prétérit du non-réel**.

*"If you **saw** my father, you'd recognize him at once." ► He was sure that if I **saw** his father, I would recognize him at once.* Il était sûr que si je rencontrais son père, je le reconnaîtrais tout de suite.

• *Must* **peut ou non être rendu par** *had to*.

*He thought to himself, "I **must** do it." ► He thought to himself that he **must** / he **had to** do it.* Il pensa en lui-même qu'il devait le faire.

Rappelons que ***must*** n'a pas de valeur de passé sauf dans les subordonnées. Remarquez qu'il se traduit ici par un imparfait.

• Les modaux conjugués au prétérit du non-réel ne changent pas.

*I said, "**Could** you post this letter for me?"* ► *I asked him if he **could** post the letter for me.* Je lui ai demandé s'il **pourrait** poster la lettre à ma place.

• Les modaux **can** et **may** au présent deviennent logiquement **could** et **might**.

*"**Can** you post this letter for me?"* ► *I asked him if he **could** post the letter for me.* Je lui ai demandé s'il **pouvait** poster la lettre à ma place.

3 Autres changements

PRONOMS PERSONNELS ET DÉTERMINANTS POSSESSIFS

*He said, "**I** like **my** new car."* ► *He said **he** liked **his** new car.*

Il est parfois nécessaire d'employer un nom afin de lever toute ambiguïté dans l'énoncé.

He said, "He'll be back next week." ► *He said **John** would be back the following week.*

THIS (THESE)

*He said, "I'm coming **this** week."* ► *He said he was coming **that** week.* Il a dit qu'il venait cette semaine-là.

On passe de **this** à **that** à condition que la semaine en question soit véritablement achevée, classée dans le passé.

Ce que nous avons souligné à propos de l'emploi des temps dans le discours indirect se retrouve ici, à savoir que la « mise au discours indirect » implique une translation vers le révolu, un détachement de l'actuel.

This est souvent utilisé pour désigner ce qui est proche (dans le temps, l'espace ou psychologiquement) par opposition à **that** qui renvoie à ce qui est loin ou achevé, clos.

Le mouvement d'éloignement que suppose l'utilisation du discours indirect entraîne que c'est souvent **that** qui est employé là où **this** apparaissait dans le discours direct.

ADVERBES DE TEMPS ET DE LIEU

Comme pour **this** et **that**, les adverbes de temps et de lieu dont la signification dépend du moment présent peuvent changer lorsqu'on effectue une translation au discours indirect. Ainsi **durée** + **ago** peut devenir **durée** + **before** ; **here** peut devenir **there**.

Lyndsay said, "I moved here a year ago." ► Lyndsay said she had moved **there a year before**. Lyndsay a dit qu'elle s'était installée là une année auparavant.

Mais on dira : *Lyndsay said she had moved **here a year ago*** (Lyndsay a dit qu'elle s'était installée ici il y a un an) si les paroles sont rapportées la même année.

Exemples de changements de repères

DISCOURS DIRECT	DISCOURS INDIRECT
ago	*before*
now	*then*
today	*that day*
yesterday	*the day before*
tomorrow	*the next day*
last week / month / year...	*the previous week... / the week before...*
next week / month / year...	*the following week... / the week after...*

4 Discours indirect libre

A **Le discours indirect libre est une technique de narration** où les pensées (ou paroles) d'un personnage font corps avec le récit.

But this murder – was it to dog him all his life? Was he always to be burdened by his past? Was he really to confess? Never. There was only one bit of evidence left against him. The picture itself – that was evidence. He would destroy it. Why had he kept it so long? [...] He seized the thing and stabbed the picture with it. (Oscar Wilde)
Ce meurtre allait-il le poursuivre toute sa vie ? Subirait-il toujours le fardeau de son passé ? Allait-il vraiment avouer ? Jamais. Il ne restait plus qu'une seule preuve contre lui : le portrait. Oui, ce portrait était une preuve. Il allait le détruire. Pourquoi l'avait-il conservé si longtemps ? [...] Il s'empara de l'objet et transperça la toile.

On peut envisager la transcription de ce passage au style direct : on fera bien la différence entre ce qui est **prétérit de discours indirect libre** (qui devient présent au discours direct) et **prétérit de narration** (qui reste prétérit : *seized, stabbed*).

*Dorian Gray thought, "But this murder – **is** it to... **Am** I always to be burdened...? **Am** I really to confess? Never. There **is** only... The picture itself – that **is** evidence. I **will** destroy it. Why **have** I **kept** it so long?" [...] He **seized** the thing and **stabbed** the picture with it.*
                    ↓   ↓
              prétérit de narration   prétérit de narration

B **Le discours indirect libre a certaines des caractéristiques** :

• **Du discours direct** : le plus souvent, il n'y a pas de verbe introductif, les structures interrogatives sont les mêmes qu'au discours direct, les démonstratifs et les adverbes de temps et de lieu sont les mêmes qu'au discours direct.

• **Du discours indirect** : il n'y a pas de guillemets, les temps employés sont ceux du discours indirect (prétérit de discours indirect, ***had*** + participe passé de discours indirect, ***would*** + verbe correspondant à ***will*** + verbe en discours direct).

Passer du style direct au style indirect ou retrouver le style direct à partir de l'indirect est avant tout un exercice scolaire, certes utile, mais qui ne correspond pas vraiment à une réalité linguistique.
Prenons un exemple en français : « Sébastien m'a dit qu'il ne voulait pas sortir. » Quelles peuvent être les paroles prononcées par Sébastien ? En théorie, elles devraient être : « Je ne veux pas sortir » (si l'on applique les règles de la concordance des temps). En pratique, elles ont plus de chances d'avoir été quelque chose comme : « J'veux pas sortir » ; « J'y vais pas » ; « J'ai pas envie » ; « Moi, sortir avec eux ? Sûrement pas ! ». Sébastien a aussi pu faire un signe de tête négatif.

PARTIE 4

Annexes

1 **Les mots invariables : les prépositions** *310*

2 **Les mots invariables : les adverbes** *321*

3 **La formation des mots** *334*

4 **Les verbes irréguliers** *338*

Les mots invariables : les prépositions

Pour commencer

Les prépositions sont des mots invariables qui entrent en jeu dans la construction :

• **Des différents compléments circonstanciels** (de lieu, de temps, de cause...).

*When are you going **to** Spain?* Quand vas-tu en Espagne ?

*He has been here **since** Monday.* Il est ici depuis lundi.

*We couldn't go **because of** the rain.* Nous n'avons pas pu y aller à cause de la pluie.

• **De certains adjectifs ou de certains noms**. (Pour certaines différences avec le français, voir page 205.)

*It is different **from** what I imagined.* C'est différent de ce que j'imaginais.

*The reason **for** this change is unclear.* La raison **de** ce changement n'est pas claire.

• **De certains verbes dits verbes prépositionnels** (voir page 16).

*They succeeded **in** escaping.* Ils ont réussi à s'enfuir.

Une préposition est suivie :

• **D'un groupe nominal.**

*in **four weeks*** : dans quatre semaines / *after **the holidays*** : après les vacances

• **D'un pronom** (personnel ou relatif).

*after **you*** : après vous

*the people with **whom** I was travelling* : les gens avec lesquels je voyageais

• **De V-*ing*** (voir page 283).

*without think**ing*** : sans penser

Seules les prépositions **but** et **except** (sauf) peuvent être suivies de la base verbale.

*There was nothing to do but (except) **wait**.* Il n'y avait rien à faire qu'à attendre.

Une préposition est **toujours** employée devant le complément d'un verbe prépositionnel.

Look! Regarde ! *Wait!* Attends !
mais : *Look **at him**!* Regarde-le ! *Wait **for me**!* Attends-moi !

 Place des prépositions.

• En général, la préposition se place **avant** le groupe qu'elle introduit.

*I'll see you **in the morning**.* Je te verrai demain matin.

        prép. groupe nominal

• La préposition peut être placée **en fin de phrase** :

– Dans les phrases interrogatives comportant **who(m)** / **which** / **what** / **whose**.

***Who** did you send it **to**?* A qui l'as-tu envoyé ?
***What** did he open it **with**?* Avec quoi l'a-t-il ouvert ?

– Dans les propositions relatives (voir page 273).

*I know the guy **who(m)** / **that** / Ø you've just been talking **to**.* Je connais le type auquel tu viens de parler.

Pour commencer

1 Les verbes à double complément

EMPLOI DE LA PRÉPOSITION *TO*

Les verbes à double complément sont suivis de deux compléments : **un complément d'attribution** et **un complément d'objet**. Deux structures sont possibles. Prenons le verbe *give*.

Sandy gave a book to Fred.
[*a book* = complément d'objet ; *to* = préposition ; *Fred* = complément d'attribution]

Sandy gave Ø Fred a book. [*Fred* = complément d'attribution ; *a book* = complément d'objet ; absence de préposition devant le complément d'attribution]

• **Si le complément d'attribution est un pronom**, on trouve la structure suivante :

Sandy gave him a book. [**him** = complément d'attribution]

• **Si le complément d'objet est un pronom**, on trouve la structure suivante :

Sandy gave it to Fred. [**it** = complément d'objet]

• **Si les deux compléments sont pronoms**, on trouve :

Sandy gave it to him. [**it** = complément d'objet ; **him** = complément d'attribution]

Les principaux verbes à double complément sont :

> *bring* : apporter / *feed* : nourrir / *give* : donner / *lend* : prêter / *offer* : offrir /
> *pay* : payer / *present* : présenter / *promise* : promettre / *read* : lire /
> *sell* : vendre / *send* : envoyer / *show* : montrer / *take* : apporter / *teach* :
> enseigner / *tell* : raconter / *write* : écrire

EMPLOI DE LA PRÉPOSITION *FOR*

• Certains verbes à double complément sont construits avec la préposition *for* (et non *to*).

Sandy bought a book for Fred. [*a book* = complément d'objet ; *for* = préposition ; *Fred* = complément d'attribution]

Sandy bought Fred a book. [*Fred* = complément d'attribution ; *a book* = complément d'objet]

• Avec les **pronoms**, on obtient :

Sandy bought him a book. Sandy bought it for Fred. Sandy bought it for him.

• Les principaux verbes à double complément construits avec *for* sont :

> *book* : réserver / *build* : construire / *buy* : acheter / *choose* : choisir /
> *cook* : cuisiner / *do* : faire / *fetch* : aller chercher / *find* : trouver / *get* :
> obtenir / *keep* : garder / *leave* : laisser / *make* : faire / *order* : commander /
> *play* : jouer / *reserve* : réserver / *save* : mettre de côté

AUTRES CONSTRUCTIONS

• De nombreux verbes exigent dans tous les cas une **préposition** devant le complément d'attribution.

I have already explained the problem to the students / to them.
[*the problem* = complément d'objet ; *to the students / to them* = complément d'attribution]
J'ai déjà expliqué le problème aux étudiants. / Je leur ai déjà expliqué le problème.

Le complément d'attribution apparaît **après** le complément d'objet.

~~I have already explained them the problem.~~

• **Exemples de verbes construits avec** *for* :

ask sb for sth : demander qqch à qqn / *blame sb for sth* : reprocher qqch à qqn / *thank sb for sth* : remercier qqn pour qqch / *pay sb for sth* : payer qqn pour qqch...

• **Exemple de verbe construit avec** *from* :

borrow sth from sb : emprunter qqch à qqn...

• **Exemples de verbes construits avec** *of* :

accuse sb of sth : accuser qqn de qqch / *remind sb of sth* : rappeler qqch à qqn...

• **Exemples de verbes construits avec** *to* :

announce sth to sb : annoncer qqch à qqn / *describe sth to sb* : décrire qqch à qqn / *suggest sth to sb* : suggérer qqch à qqn...

• **Exemples de verbes construits avec** *with* :

provide sb with sth : fournir qqch à qqn / *trust sb with sth* : confier qqch à qqn...

> Lorsque ***ask*** signifie « demander pour obtenir quelque chose », on emploie la structure en ***for***.
>
> *Martin asked Peter (him)* ***for*** *some money.* Martin (lui) a demandé de l'argent à Peter.
>
> Lorsqu'on attend une réponse verbale avec *ask*, on emploie la structure ***ask sb sth***.
>
> *I asked my neighbour (him) his name.* J'ai demandé son nom à mon voisin / Je lui ai demandé....
>
> *I asked her the time / the price...* Je lui ai demandé l'heure / le prix...

2 Les principales prépositions de lieu

LIEU D'OÙ VIENT QUELQU'UN OU QUELQUE CHOSE
(away) from : de / *out of* : de

above	au-dessus de	*inside*	à l'intérieur de
along	le long de	*near*	près de
among	parmi	*next to*	à côté de
at	à / dans	*off*	au large de / séparé de
behind	derrière	*on*	sur
below	au-dessous de	*opposite*	en face de
beside	à côté de	*outside*	à l'extérieur de
between	entre	*over*	au-dessus de
by	près de	*past*	devant
close to	près de	*round*	autour de
down	en bas de	*under*	sous
in	dans	*up*	en haut de
in front of	devant		

across : à travers   *to* : à / en   *into* : dans
through : à travers   *towards* : vers   *on(to)* : sur

Ne confondez pas *across* et *through*.

• **Across** = à travers un espace à deux dimensions, une surface.

across a field : à travers un champ / *across a street* : à travers une rue

• **Through** = à travers un espace à trois dimensions, un volume.

through a house : à travers une maison / *through the fog* : à travers le brouillard

Ces prépositions peuvent avoir un sens dérivé.

by *10 o'clock* : avant 10 heures / **down** *the road* : à deux pas / **over** *the summer* : au cours de l'été

I'm **off** *tea.* Je n'aime plus le thé.

She's **into** *fashion.* Elle est « branchée » mode.

That's **below** *him.* C'est trop peu pour lui.

AT OU IN ?

AT

• **Indication de lieu d'activités collectives.**

at *the restaurant* : au restaurant / **at** *school* : à l'école

• **Point précis.**

at *the bus stop* : à l'arrêt de bus / **at** *the top of the page* : en haut de la page

• **Indication de la proximité.**

at *the door* : à la porte

IN

• Indication d'un lieu géographique précis.

in England : en Angleterre / *in the street* : dans la rue / *in New York* : à New York

• Indication d'un lieu clos ou qui comporte des limites.

in my room : dans ma chambre / *in the garden* : dans le jardin

Le verbe *arrive* (arriver) se construit avec : *in* + nom de ville ou de pays / *at* + tout autre lieu.

They arrived in Scotland. Ils arrivèrent en Ecosse.

We arrived at the hotel. Nous sommes arrivés à l'hôtel.

Remarquez l'emploi de l'article zéro dans les tournures suivantes :

at home : chez soi, à la maison / *at work* : au travail / *at school* : à l'école / *at university* : à l'université / *in town* : en ville

• Notez la différence de sens entre *at* the end et *in* the end.

– *At the end* signifie « au moment où quelque chose prend fin ».

He will come at the end of January. Il viendra à la fin du mois de janvier.

– *In the end* signifie « finalement ».

He didn't want to lend us the money but in the end he agreed. Il ne voulait pas nous prêter l'argent mais à la fin, il fut d'accord.

IN OU *TO* ?

Le français utilise les prépositions « en » ou « à » pour introduire un complément de lieu désignant le lieu où l'on va ou bien le lieu où l'on se trouve. En anglais, on distingue le lieu où l'on va et le lieu où l'on se trouve.

Il vit à Londres. Il va souvent à Londres.

He lives in London. He often goes to London.

Le mot *home* complément de lieu n'est précédé d'aucune préposition quel que soit le verbe, sauf si *home* est employé avec un déterminant ou un génitif.

I want to go home. Je veux rentrer à la maison.

It took him an hour to get home yesterday. Il a mis une heure à rentrer à la maison hier.

Mais : *She returned to her parents' home.* Elle retourna chez ses parents.

IN OU INTO ?

 Le français utilise la préposition « **dans** » afin d'indiquer le lieu où l'on est ou bien le lieu dans lequel on pénètre.

Il est **dans** la cuisine. Il entra **dans** la cuisine.

En anglais, on distingue le lieu où l'on est du lieu où l'on entre.

*He is **in** the kitchen. He came **into** the kitchen.*

ON OU ONTO ?

Onto signale toujours un changement de position. On peut aussi employer **on** avec ce sens dynamique.

*Shall I put your book back **onto** the shelf?* Je remets ton livre sur l'étagère ?

BETWEEN OU AMONG ?

• **Between** = « **entre** » des éléments que l'on peut dénombrer de manière précise.

*Sit down **between** Jack and Jill.* Assieds-toi entre Jack et Jill.

• **Among** = « **entre** » / « **parmi** » plus de deux éléments dont on ne connaît pas le nombre exact.

*I was happy to be **among** friends.* J'étais heureuse d'être entre amis.

***among** other things* : entre autres...

3 Les principales prépositions de temps

ON

• **On** + jour de la semaine / date.

*He'll arrive **on** Sunday.* Il arrivera dimanche.

*He was born **on** December 25.* Il est né le 25 décembre.

***on** Christmas Day* : le jour de Noël

Ne confondez pas *on Monday* (lundi) et *on Mondays* (**le** lundi).

On dit cependant : ***at** weekends* (le week-end / tous les week-ends).

• **On** + moment de la journée précisé par une date ou un jour.

*They met **on** the morning of the 6th.* Ils se sont rencontrés le matin du 6.

*It starts **on** Monday afternoon.* Ça commence lundi après-midi.

- *On* + **moment où une action s'est produite**.

on my arrival : à mon arrivée / *on* hearing this : en entendant cela

- **On n'emploie pas** *on* **devant** :

– *Tomorrow* ou *yesterday*, *the* + nom… *before* ou *the following* + nom…
I met him yesterday. Je l'ai rencontré hier.
I had met him the Monday before. Je l'avais rencontré le lundi précédent.

– Les périodes de temps précédées de *any*, *some*, *all*, *every* ou de
(*the*) *last*, (*the*) *next*.
I might come back some day. Il se pourrait que je revienne un jour ou l'autre.
What did you do last night? Qu'as-tu fait hier soir ?

 Retenez l'expression *be on holiday* (être en vacances).

AT

- *At* + **heure**.
I wake up at 6. Je me réveille à 6 heures.
We should start at 8. Nous devrions commencer à 8 heures.

- *At* + **nom de fête**.
at Christmas : à Noël / *at Easter* : à Pâques

IN

- *In* + **mois, saisons, années, siècles**.
in June : en juin / *in Spring* : au printemps / *in 1616* / *in the sixteenth century* :
au seizième siècle

- *In* + **moment de la journée**.
in the morning : le matin / *in the afternoon* : l'après-midi / *in the evening* : le
soir
mais : *at night* : la nuit

- *In* + **période de temps dans l'avenir**.
I'll be back in a few minutes. Je reviens dans quelques minutes.

In + **période de temps** est parfois suivi de la marque du **génitif** + *time*.
He's leaving in a week's time / in two weeks' time. Il part dans une semaine
/ dans deux semaines. [ou *He's leaving in a week / in two weeks.*]

 Notez la différence entre *on* time (à l'heure) et *in* time (à temps).
The plane arrived on time. L'avion est arrivé à l'heure.
I arrived in time for the concert. Je suis arrivée à temps pour le concert.

By + heure, date, période = « à cette heure ou légèrement avant ».

*You should be at the airport **by** 7.* Il faudrait que tu sois à l'aéroport avant sept heures.

***By** the end of the month, I'll have read all these books.* D'ici la fin du mois, j'aurai lu tous ces livres.

FROM... TO... / FROM... TILL (UNTIL)...

Indique un point de départ et d'achèvement.

*I work **from** eight a.m. **to / till** four p.m.* Je travaille de huit heures du matin à seize heures.

SINCE

Since + date / moment précis dans le temps.

*He has been working for this company **since** 1996.* Il travaille dans cette société depuis 1996.

Since peut également être conjonction de subordination (depuis que).

*He has been working for this company **since** he left school.* Il travaille dans cette société depuis qu'il a fini ses études.

FOR

For + durée déterminée (souvent chiffrée).

*Bake it **for** three hours.* Faire cuire pendant trois heures.

*He has been working for this company **for** five years.* Il travaille dans cette société depuis cinq ans.

Pour la traduction de « **depuis** » par *since* ou *for*, voir page 59.
Pour l'emploi des temps avec *since* ou *for*, voir page 60.

DURING

During désigne une période de temps **à l'intérieur de laquelle** on se situe.

during *the war* : pendant la guerre
during *my holidays* : pendant mes vacances
during *his childhood* : pendant son enfance

> **While** est une **conjonction de subordination** = « pendant **que** ».
> **While** est obligatoirement suivi d'une proposition. Comparez :
>
> *We met **during** the holidays.* Nous nous sommes rencontrés pendant les vacances.
>
> *We met **while** we were on holiday.* Nous nous sommes rencontrés pendant que nous étions en vacances.

4 Quelques autres prépositions

PRÉPOSITIONS DE CAUSE

because of / due to / on account of / owing to : à cause de / en raison de
considering / given / in view of : étant donné / vu
thanks to : grâce à

PRÉPOSITIONS DE CONTRASTE

contrary to / unlike : contrairement à
in spite of / despite / for all : malgré
instead of : au lieu de
***For all** his efforts, he came fifth.* Malgré tous ses efforts, il est arrivé cinquième.

PRÉPOSITIONS DE MANIÈRE

As et **like** expriment la manière mais avec un sens différent.
• **Like** = « comme », expression d'une **ressemblance**.
• **As** = « en tant que », expression d'une **identité**.

*The grandparents behaved **like** children.* Les grands-parents se sont conduits comme des enfants.
***As** children, they always behaved themselves.* Quand ils étaient enfants, ils se tenaient toujours bien.

Pour ***as*** et **like** conjonctions (suivis d'une proposition subordonnée), voir page 295.

PRÉPOSITIONS D'ARGUMENTATION

according to : selon / *as for* : quant à / *as regards, regarding* : en ce qui concerne / *about* : à propos de

> « Selon **moi** » se dit : *to me / to my mind.*

by + moyen de transport	
by *car / bus / boat*	**en** voiture / **en** bus / **en** bateau
mais	
in + déterminant + moyen de transport	
in my *car*	**dans** ma voiture
on *a bus / a train / a boat / a plane*	**dans** un bus / un train / un bateau / un avion
on *the dole*	**au** chômage
on *a farm*	**dans** une ferme
on *the first floor*	**au** premier étage
on *an island*	**dans** un île
on *the radio / television*	**à** la radio / la télévision
on *the phone*	**au** téléphone
on *fire*	**en** feu
on *this side*	**de** ce côté-ci
on *strike*	**en** grève
on *foot*	**à** pied
for *example / instance*	**par** exemple
in *my opinion / view*	**à** mon avis
in *the rain / the snow*	**sous** la pluie / la neige
beside *the point*	**en dehors** de la question

Notez l'expression **be on the phone** (avoir le téléphone / être au téléphone).

2 Les mots invariables : les adverbes

Pour commencer

1 Les adverbes sont des mots invariables qui servent à modifier :

– **un verbe** ;

*It was raining **heavily**.* Il pleuvait beaucoup.

– **un adjectif** ;

*I'm **terribly** sorry.* Je suis affreusement désolé.

– **un autre adverbe**.

*He drives **very** well.* Il conduit très bien.

2 Ils peuvent aussi modifier **un complément circonstanciel**.

*He went **straight** home.* Il rentra directement chez lui.

Ils permettent également de nuancer **une phrase entière**.

***Naturally**, she wanted to know more about it.* Naturellement, elle voulait en savoir davantage.

> Tout comme les adjectifs, les adverbes ont pour fonction essentielle de modifier un autre élément qu'eux-mêmes (un verbe, un adjectif, un adverbe, un complément circonstanciel, une phrase entière). La différence entre les adjectifs et les adverbes est que les adjectifs ne peuvent modifier qu'un nom.
>
> D'un point de vue étymologique, les deux mots « adjectif » et « adverbe » expriment une idée « d'adjoint ».

Pour commencer

1 La forme des adverbes

• De nombreux adverbes sont formés à partir d'adjectifs en ajoutant le suffixe -*ly*.

slow (lent) ► *slowly* (lentement)
easy (facile) ► *easily* (facilement) [notez le changement de -*y* en -*i*]

Les adjectifs en -*ic* font leur adverbe en -*ically*.

• Un grand nombre d'adverbes sont des mots qui ont une forme autonome et qui ne fonctionnent qu'en tant qu'adverbes.

perhaps : peut-être / *often* : souvent / *soon* : bientôt...

• Certains adjectifs se terminent en -*ly* et ne fonctionnent que comme adjectifs (voir p. 336).

costly : coûteux / *cowardly* : lâche / *deadly* : mortel / *friendly* : amical / *lonely* : solitaire / *lovely* : beau...

• Certains mots peuvent être adjectifs ou adverbes. C'est le cas de :

early : matinal, de bonne heure / *fast* : rapide, rapidement / *late* : tardif, en retard / *hard* : dur, durement...

et de mots indiquant une fréquence régulière tels que :

daily : quotidien, quotidiennement / *weekly* : hebdomadaire, chaque semaine / *yearly* : annuel / annuellement...

• Certains adjectifs qui peuvent fonctionner comme adverbes ont une deuxième forme adverbiale en -*ly* dont le sens est différent de la forme simple. C'est notamment le cas de :

hard	►	adjectif : dur / difficile *These are hard times.* Les temps sont durs.
	►	adverbe : avec acharnement *He studies hard.* Il étudie d'arrache-pied.
hardly	►	adverbe : à peine *I can hardly see you.* Je ne vous vois presque pas.
last	►	adjectif : dernier *last week* : la semaine dernière
	►	adverbe : la dernière fois *When did you last see him?* Quand l'as-tu vu pour la dernière fois ?
lastly	►	adverbe : en dernier (énumération) *Lastly, I must explain...* Enfin, je dois expliquer...

late	►	adjectif : en retard / tard *in the late afternoon* : tard dans l'après-midi
	►	adverbe : de retard *They arrived ten minutes late.* Ils sont arrivés avec dix minutes de retard.
lately	►	adverbe : récemment *Have you seen her lately?* L'as-tu vue récemment ?
pretty	►	adjectif : joli *a pretty girl* : une jolie fille
	►	adverbe : assez *It's pretty cold.* Il fait plutôt froid.
prettily	►	adverbe : joliment *a prettily dressed child* : un enfant joliment habillé
right	►	adjectif : juste *a right answer* : une bonne réponse
	►	adverbe : directement / bien *right in front* : juste devant *If everything goes right...* Si tout se passe bien...
rightly	►	adverbe : à juste titre *He answered quite rightly that...* Il répondit, tout à fait à juste titre, que...
wrong	►	adjectif : faux / mauvais *the wrong way* : la mauvaise manière
	►	adverbe : mal / incorrectement *You can't go wrong.* Tu ne peux pas te tromper.
wrongly	►	adverbe : à tort / par erreur *wrongly informed* : mal renseigné

2 La place et l'emploi des principaux adverbes

• L'adverbe se place souvent **entre le sujet et le verbe**. Dans ce cas, l'adverbe se place juste **devant le verbe**.

*They <u>often</u> **saw** us.*

*They have <u>often</u> **seen** us.*

*He is <u>often</u> **having** lunch with us.*

Toutefois avec *be* **conjugué** (au présent ou au prétérit) + **adjectif**, on trouve l'ordre : **sujet** + **am / is / are (was / were)** + **adverbe** + **adjectif**.

*He **is often** late.* Il est souvent en retard.

• Lorsque seul l'auxiliaire apparaît (dans les réponses ou les reprises), on trouve l'ordre : **sujet** + **adverbe** + **auxiliaire**.

*"Do you like opera?" "Yes, I **really do**."* « Tu aimes l'opéra ? » « Oui, vraiment. »

Pour la place de l'adverbe avec la négation, voir les adverbes de fréquence, page 326, et les adverbes de modalité, page 332.

• Les outils *all*, *both* et *each* suivent les mêmes règles.

*They **all turned down** the offer.* Tous refusèrent l'offre.
*We've **all received** the same letter.* Nous avons tous reçu la même lettre.
*They **were both** invited.* Ils ont été invités tous les deux.

 En anglais, contrairement au français, quel que soit son type, l'adverbe **ne sépare pas** le verbe de son complément.

They speak English well. Ils parlent bien anglais.
He often reads the Guardian. Il lit souvent le *Guardian*.

ADVERBES DE MANIÈRE

angrily : avec colère / *beautifully* : joliment / *quietly* : calmement / *strangely* : étrangement / *suddenly* : soudain / *unexpectedly* : de manière inattendue / *well* : bien...

Les adverbes de manière se placent en général après le complément.

*He played his part **well**.* Il a bien joué son rôle.
*She sang it **beautifully**.* Elle l'a chanté superbement.

Ils peuvent éventuellement se placer entre le sujet et le verbe.

*They **slowly** walked to the end of the field.* Ils marchèrent lentement jusqu'au bout du champ.

L'adverbe *well* ne se place avant le verbe qu'au passif.

*The part was **well** played.* Le rôle a été bien interprété. [mais *He played his part **well**.* Il a bien joué son rôle, et non *He well played his part*.]

ADVERBES DE LIEU

here : ici / *there* : là-bas / *above* : plus haut / *behind* : derrière / *upstairs* : en haut...

Les adverbes de lieu se placent le plus souvent en fin d'énoncé.

*They left all their belongings **behind**.* Ils laissèrent toutes leurs possessions derrière eux.

Nous retrouvons dans l'emploi de **here** et **there** l'opposition évoquée à propos de **this** et **that**, à savoir proximité / distance par rapport au lieu où se situe l'énonciateur.

ADVERBES DE TEMPS

> *afterwards* : par la suite / *already* : déjà / *eventually* : finalement / *now* : maintenant / *once* : autrefois / *soon* : bientôt / *then* : alors / *today* : aujourd'hui / *weekly* : chaque semaine...

 Les adverbes de temps sont généralement placés en fin d'énoncé.

*He is working **now**.* En ce moment, il travaille.

Toutefois *already, finally, last* et *soon* peuvent se placer entre le sujet et le verbe.

*When did you **last** see her?* Quand l'as-tu vue pour la dernière fois ?

> **Then** est dans le temps ce que **there** est dans l'espace. **Then** renvoie à une période de temps en **rupture** avec le présent.
> *I was young then.* J'étais jeune alors.
> *We will be free then.* Nous serons libres à ce moment-là.

Pour l'emploi des adverbes de temps et de lieu au discours indirect, voir page 305.

B *Yet.*

Yet adverbe de temps se place en fin d'énoncé.

*I do not know **yet**.* Je ne sais pas encore.

Yet signifie « jusqu'à présent », « au moment considéré ». Il s'emploie dans ce sens surtout dans des contextes **négatifs** ou **interrogatifs**.

*I have not made up my mind **yet**.* Je ne me suis pas encore décidée.
*Is dinner ready **yet**?* Le dîner est-il déjà prêt ?

Yet est souvent employé avec le **present perfect** à la forme interrogative. Il marque en effet une charnière entre passé et présent. L'emploi de **yet** implique souvent une attente de la part de l'énonciateur.

*Has it stopped raining **yet**?* S'est-il arrêté de pleuvoir ? / Il pleut encore ?
*Have they arrived **yet**?* Ils sont arrivés ?
[sous-entendu : ils vont arriver, s'ils ne sont pas déjà arrivés]

*Have you been to London **yet**?* Tu es déjà allé à Londres ? / Tu n'es pas encore allé à Londres ?
[on s'attend à ce que *you* aille à Londres, s'il n'y est pas déjà allé]

Still adverbe de temps se place généralement avant le verbe sauf pour le verbe *be*.

*I **still** want to go.* Je veux encore y aller.

*She is **still** in bed.* Elle est encore au lit.

Still signifie que l'action dure encore. *Still* implique un prolongement.

*Do you **still** remember her?* Te souviens-tu toujours d'elle ?

⚡ Comparez :

*He **still** doesn't understand.* Il ne comprend toujours pas.
[L'action de ne pas comprendre continue, d'où la valeur de commentaire dépréciatif ou d'exaspération.]

*He doesn't understand **yet**.* Il ne comprend pas encore.
[L'action de comprendre n'a pas encore eu lieu mais va peut-être se produire.]

▶◁ Notez que ces nuances peuvent être rendues en français par « **toujours pas** » *(still not)* / « **ne… pas encore** » *(not yet)*.

ADVERBES DE FRÉQUENCE

> *always* : toujours / *usually* : d'habitude / *often* : souvent / *occasionally* : de temps à autre / *now and then* : de temps à autre / *sometimes* : parfois / *rarely, seldom* : rarement / *ever, never* : jamais...

 A **Les adverbes de fréquence se placent entre le sujet et le verbe**, plus précisément :

• **Après le verbe *be*** conjugué aux temps simples.

*He is **always** late.* Il est toujours en retard.

• **Avant tous les autres verbes**.

*She **seldom** plays tennis on Fridays.* Elle joue rarement au tennis le vendredi.

• **Après le premier auxiliaire** si le verbe est conjugué à une forme composée.

*You have **often** been told not to do that.* On vous a souvent dit de ne pas faire ça.

Lorsque l'auxiliaire est seul, l'adverbe de fréquence se place avant.

*She often stays up all night, he **never** does.* Elle reste souvent debout toute la nuit, lui jamais.

• Dans les énoncés en ***not***, la négation apparaît avant l'adverbe.

*He's **not always** late.* Il n'est pas toujours en retard.

*She doesn't **often** play tennis.* Elle ne joue pas souvent au tennis.

B ***Ever / never.***

• ***Ever* a un sens positif**. Il signifie « à un moment quelconque ».

*Have you **ever** been to Canada?* Es-tu jamais / déjà allé au Canada ?

*If you **ever** come across Steve, give him my love.* Si jamais tu rencontres Steve, embrasse-le de ma part.

Dans certains contextes, ***ever*** signifie « jusqu'à présent ».

*It's the best book I've **ever** read.* C'est le meilleur livre que j'ai jamais lu.

• ***Never*** signifie « jamais », « à aucun moment ».

*He has **never** driven a car.* Il n'a jamais conduit.

***Never* a un sens négatif**. Il rend tout l'énoncé négatif. Le verbe sur lequel il porte est conjugué à la forme affirmative.

*She will **never** come again.* Elle **ne** viendra **jamais plus**.

Remarquez la place de ***never*** avant ***to*** + verbe.

*I swear **never** to do it again.* Je jure de ne jamais refaire ça.

De même que ***every*** permet de parcourir un ensemble d'éléments et de globaliser (voir page 175), ***ever*** permet un parcours dans le temps (= « ne serait-ce qu'une fois »). ***Never* = *not ever*** (pas une seule fois) permet de tirer une conclusion négative de ce parcours.

ADVERBES DE DEGRÉ

> *totally* : totalement / *highly* : grandement / *extremely* : extrêmement / *utterly* : complètement / *too* : trop / *most, very* : très / *so* : tellement / *almost, nearly* : presque / *fairly* : relativement / *somewhat* : quelque peu / *pretty, enough* : assez / *a little, a bit, slightly* : un peu / *little* : peu / *hardly, scarcely* : à peine...

A Les adverbes de degré se placent **avant l'adjectif ou l'adverbe** qu'ils modifient.

*I know her **quite** well.* Je la connais assez bien.

*I'm **a little bit** tired.* Je suis un peu fatiguée.

• Seuls quelques adverbes peuvent **modifier des adjectifs au comparatif**.

***so much** better* : tellement mieux ; ***much / far / a lot** better* : beaucoup mieux ; ***rather** better* : plutôt mieux ; ***a little / slightly / a bit / a little bit** better* : un peu mieux

• Certains adverbes de degré peuvent aussi **modifier un verbe**.

---

completely, utterly : complètement / *very much, a lot* : beaucoup / *quite* :
tout à fait / *almost* : presque / *barely, hardly* : à peine...

Ils obéissent aux mêmes règles de position que les adverbes de fréquence.

*I **really** enjoyed it.* J'ai vraiment apprécié.

*He has **almost** finished.* Il a presque terminé.

*I **very much** enjoyed it.* J'ai beaucoup aimé.

Notez la différence de sens entre **not really** (pas vraiment) et **really
not** (vraiment pas).

*I didn't **really** like it.* Je n'ai pas vraiment aimé.

*I **really** didn't like it.* Je n'ai vraiment pas aimé.

Avec **very much**, on trouve aussi bien :

*I enjoyed it **very much**. / I **very much** enjoyed it.*

Avec **a lot** et **a little**, on trouve seulement :

*I enjoyed it **a lot**. [I a lot enjoyed it.] / I enjoyed it **a little**.* Ça m'a plu beaucoup
/ un peu.

Alors que *very* modifie un adjectif (*very nice*), **very much** modifie un
verbe ou une phrase.

> **Enough** adverbe se place après l'adjectif ou l'adverbe modifié.
>
> *He is not **old enough**.* Il n'est pas assez grand.
>
> **Enough** quantifieur se place avant le nom sur lequel il porte (voir
> page 180).
>
> **enough chairs** : assez de chaises

B *So* (si / tant / tellement) **et** *too* (trop).

• On trouve **so** + **adjectif** ou **adverbe** et **too** + **adjectif** ou **adverbe**.
So much et **too much** modifient un verbe.

*It's **so nice** of you.* C'est si gentil de votre part. [**so** + adjectif]

*He did it **so rapidly**.* Il a l'a fait si rapidement. [**so** + adverbe]

*I love you **so much**.* Je t'aime tant.

*It's **too** good to be true.* C'est trop beau pour être vrai.

*She drives **too** fast.* Elle conduit trop vite.

[Notez : **much too** fast : beaucoup trop vite.]

*They work **too much**.* Ils travaillent trop.

[Notez : **far too** much : beaucoup trop.]

• Avec **a** + **nom**, on a la structure **too** + **adjectif** + **a** (*an*) + **nom**.

*It's **too difficult a** situation.* C'est une situation trop difficile.

C *Quite.*

Quite est ambigu en anglais britannique. Il possède deux sens.

• *Quite* = « complètement » / « tout à fait », en particulier avec les adjectifs suivants :

> *amazing* : surprenant / *amazed* : étonné / *certain* : sûr / *different* / *impossible* / *right* : juste / *true* : vrai / *wrong* : faux

*What she said was **quite** true.* Ce qu'elle a dit était tout à fait juste.
*I **quite** agree with you.* Je suis tout à fait d'accord avec toi.

• *Quite* = « plutôt » / « assez » avec les adjectifs graduables.
*It's **quite** cold.* Il fait plutôt froid.

⚡
> *Quite* se place avant le groupe *a / an* + **nom**.
> *It's **quite a long way**.* C'est assez loin.
> En anglais américain, *quite* a toujours le sens de « complètement », « tout à fait ».
> *It's quite cold.* Il fait plutôt froid. (GB) / Il fait vraiment froid. (US).

D *Almost / nearly* (presque).
• *Almost* et *nearly* peuvent aussi porter sur une quantité.
***Almost 200** people were invited.* Presque 200 personnes ont été invitées.

• Dans l'expression d'une opinion ou d'une similitude, seul *almost* apparaît.
*I **almost wish** I hadn't won the prize.* Je regrette presque d'avoir gagné le prix.
*After so many years abroad, Percy **almost sounds** foreign now.* Après tant d'années à l'étranger, Percy parle presque comme un étranger.

• *Not nearly* signifie « loin de ».
*It's **not nearly** completed.* C'est loin d'être fini.

E *Fairly / rather.*
• *Fairly* signifie « assez » / « raisonnablement » / « plutôt ».
*He is **fairly** rich.* Il est assez riche.

• *Rather* signifie « plutôt » (contexte parfois péjoratif).
*He behaved **rather** stupidly.* Il s'est conduit de manière plutôt stupide.

• *Rather* a parfois valeur d'intensifieur. Il porte alors sur le verbe.
*I **rather like** this place!* Il me plaît bien, cet endroit !

• Avec *a* + adjectif, on trouve les structures suivantes :
*It's **a** rather **good** idea.* ou *It's **rather a** good idea.* C'est plutôt une bonne idée.

F *Hardly / barely / scarcely.*

Ces adverbes ont tous trois un sens **négatif** : « à peine », « guère ».
Ils s'emploient avec des verbes conjugués à la forme affirmative.

• *Hardly* = « presque pas ».
*We **hardly** know each other.* Nous ne nous connaissons presque pas.
*It's **hardly** believable.* C'est à peine croyable.

Hardly s'emploie souvent avec le modal *can,* avec *ever* ou avec *any*
et ses composés.
*He can **hardly** walk.* Il peut à peine marcher.
*She **hardly** ever goes out.* Elle ne sort que très rarement.
*I **hardly** know anyone.* Je ne connais presque personne ici.

• *Barely* = « tout juste ».
*He can **barely** read.* Il sait tout juste lire.

• *Scarcely* = « pas plus que » / « à peine » est plus négatif que *barely.*
*There were **scarcely** fifty people.* Il y avait à peine cinquante personnes.

G *Even.*

• *Even* exprime une idée d'extrême (et de surprise). Il s'emploie
comme l'adverbe « même » en français ; il se place devant le mot qu'il
modifie.
Even my granddaughter knows that. Même ma petite-fille sait cela.
*They don't **even** want to know.* Ils ne veulent même pas savoir.

• *Even* peut modifier un comparatif. Il se traduit alors par « encore ».
*It's **even better** than I thought.* C'est encore mieux que je ne pensais.

ADVERBES D'AJOUT

> *too / also / as well* : aussi, également / *else* : d'autre / *in addition* : de plus

A *Else* s'emploie avec les composés de *any / some / no,* avec *little,*
not much et après les mots interrogatifs.

*Do you need **anything else**?* Avez-vous besoin d'autre chose ?
*There's **not much else** we can do.* Nous ne pouvons pas faire grand-chose
d'autre.
Who else could do it? Qui d'autre pouvait le faire ?

Also se trouve généralement devant le verbe, **too** et **as well** en fin d'énoncé.

*They **also** speak Chinese.* Ils parlent également le chinois.
*They speak Chinese **too** / **as well**.* Ils parlent également le chinois.
*I've **also** written a letter to the Mayor.* J'ai également écrit une lettre au maire.

• **Also** peut apparaître en début d'énoncé, au sens de *in addition* (en outre / de plus).

• On rencontre parfois **too** juste après le sujet (style écrit).
We, too, love our children. Nous aussi, nous aimons nos enfants.

• Notez aussi les expressions orales *me too* (moi aussi), *they too* (eux aussi). (Voir page 129.)

> *Also, too* et *as well* peuvent être ambigus. C'est l'intonation qui lève l'ambiguïté.
>
> *We **also** want to go out.* Nous aussi nous voulons sortir. [**we** accentué] **ou** Nous voulons en plus sortir. [**go out** accentué]

ADVERBES DE LIAISON

ADVERBES DE LIAISON EXPRIMANT UN CONTRASTE
however : cependant / *nevertheless* : néanmoins / *and yet, yet* : et pourtant / *all the same* : quand même / *still* : cependant / *otherwise* : sinon...

AUTRES ADVERBES DE LIAISON
actually : en fait / *anyway* : de toute façon / *firstly* : premièrement / *secondly* : deuxièmement / *moreover* : de plus / *and then* : ensuite / *incidentally* : à propos / *somehow* : pour une raison ou pour une autre / *besides* : d'ailleurs / *so* : ainsi / *therefore* : par conséquent / *thus* : ainsi...

Les adverbes de liaison sont souvent placés en début d'énoncé.

*I won't be able to go; **besides,** I don't want to.* Je ne pourrai pas y aller ; d'ailleurs je ne veux pas y aller.

Ils peuvent également **précéder le verbe**.

*Even if it is cold, I'll **still** come.* Même s'il fait froid, je viendrai malgré tout.

Though (pourtant) se place toujours en fin d'énoncé.

*It is not easy, **though**.* Et pourtant, ce n'est pas facile.

> Ne pas confondre avec **though** conjonction (bien que).
>
> *I'll do it, **though** it is not easy.* Je le ferai, bien que ce ne soit pas facile.

Les adverbes de modalité commentent **l'ensemble de la phrase**.

> *certainly* : certainement / *clearly* : de toute évidence / *definitely* : sans aucun
> doute / *probably, presumably* : vraisemblablement / *surely* : sûrement /
> *maybe* : peut-être / *obviously* : manifestement / *naturally* : naturellement / *of
> course* : bien sûr / *surprisingly* : de manière surprenante / *fortunately* :
> heureusement / *frankly* : franchement / *personally* : à mon avis...

Les adverbes de modalité se placent très souvent **devant le verbe**.

*They **probably missed** their train.* Ils ont probablement raté leur train.

Dans les phrases négatives, la négation apparaît après l'adverbe.

*They **probably** won't arrive late.* Ils n'arriveront probablement pas en retard.

*They **probably** haven't decided yet.* Ils n'ont probablement pas encore décidé.

*They **probably** aren't too happy.* Ils ne sont probablement pas très contents.

Certains adverbes de modalité peuvent se placer en début d'énoncé.

***Certainly**, you could have come.* Assurément, tu aurais pu venir.

***Perhaps**, you'd like to join us.* Peut-être aimeriez-vous vous joindre à nous.

Likely peut être adverbe (probablement) ou adjectif (voir page 110).

> Certains de ces adverbes peuvent se traduire par des tournures
> impersonnelles en français.
>
> *admittedly* : il faut le reconnaître / *arguably* : on pourrait dire que... /
> *hopefully* : on espère que... / *surprisingly* : il est surprenant que...
>
> ***Admittedly,*** *this is true.* Il faut reconnaître que ceci est vrai.

3 Autres problèmes liés à la place de l'adverbe

PLACE DE L'ADVERBE ET EMPHASE

Les adverbes de fréquence et de degré peuvent être placés devant
l'auxiliaire afin de créer une emphase.

*I **never** can remember.* Je n'arrive vraiment jamais à m'en souvenir.

*She **really** did not work hard enough.* Elle n'a vraiment pas assez travaillé.

Les adverbes restrictifs ou négatifs placés en tête de phrase prennent
une valeur emphatique. Il s'agit d'un niveau de langue recherché.

> *hardly... when* / *no sooner... than* : à peine / *never* : jamais / *nowhere* : nulle part / *not only* : non seulement / *seldom* : rarement...

Notez la structure : **adverbe + auxiliaire + sujet + verbe**.

Hardly had he left *the house* ***when*** *the storm broke out.* / ***No sooner had he left*** *the house* ***than...*** A peine avait-il quitté la maison que l'orage éclata.

Never before has there been *such a disaster.* Jamais auparavant un tel désastre ne s'est produit.

 Les adverbes ***maybe*** et ***perhaps*** ne sont ni restrictifs ni négatifs. La structure qui suit est celle de la phrase **affirmative**.

Maybe ***he is*** *still here.* Peut-être **est-il** encore là.

ADVERBES MULTIPLES

Lorsque plusieurs adverbes modifient le même verbe, l'ordre est en général le suivant : **manière + lieu + moment**.

He played very well there yesterday. Hier, il a très bien joué là-bas.

PORTÉE DE L'ADVERBE

Placés devant un verbe, certains adverbes de manière (*generously / kindly / stupidly...*) caractérisent le sujet grammatical. Comparez :

I ***stupidly answered****.* Idiote que j'étais, j'ai répondu.

I answered ***stupidly****.* J'ai répondu de manière stupide.

PLACE DE L'ADVERBE AVEC *TO* + VERBE

Les grammairiens considèrent souvent qu'un adverbe ne doit pas séparer ***to*** du verbe. Toutefois, la tournure ***to*** + **adverbe** + **verbe** est de plus en plus fréquente.

He has promised to be the first president ***to really unite*** *the country.* Il a promis d'être le premier président qui unifierait véritablement le pays.

3 La formation des mots

1 Les mots dérivés

Les mots dérivés sont formés à partir d'un mot répertorié dans le lexique auquel s'ajoute un élément qui, lui, ne peut pas fonctionner seul et qui se place à gauche (**préfixe**) ou à droite (**suffixe**).

kind (gentil) / **un**kind (désagréable) / kind**ness** (la gentillesse)
   ↓   ↓
préfixe   suffixe

LES PRÉFIXES

Les préfixes s'ajoutent à gauche de certains noms, adjectifs, verbes ou adverbes. Un grand nombre de préfixes sont communs au français et à l'anglais : anti- dans antimilitarist (antimilitariste) / auto- dans autobiography (autobiographie)...

Voici quelques préfixes courants.

PRÉFIXE	VALEUR PRINCIPALE	EXEMPLE
counter-	opposition	counterattack : contre-attaque
dis-	négatif	disobedient : désobéissant
fore-	vers l'avant	foreground : premier plan / foresee : prévoir
mis-	de manière fausse	mislead : méconduire
un-	négatif	unhappy : mécontent / unbutton : déboutonner
il- / im- / in- / ir-	négatif	illogical : illogique / impolite : impoli / incredible : incroyable / irresponsible : irresponsable

LES SUFFIXES

Les suffixes s'ajoutent à droite de certains noms, adjectifs, verbes ou adverbes. Les listes qui suivent ne sont pas exhaustives.

Formation de noms de personnes.

MOT + SUFFIXE	SENS	EXEMPLE
verbe + *-ee*	personne qui est...	*employee* : employé
verbe + *-er*	agent	*employer* : employeur
nom + *-ess*	féminin	*stewardess* : hôtesse de l'air

Les noms en *-ee* sont toujours accentués sur la dernière syllabe.

B **Formation de noms abstraits ou de noms collectifs.**

MOT + SUFFIXE	SENS	EXEMPLE
verbe + *-al*	action de	*arrival* : arrivée
nom + *-dom*	condition domaine	*martyrdom* : martyre *kingdom* : royaume
nom + *-ful*	ce que contient...	*mouthful* : bouchée
nom de personne + *-hood*	statut	*childhood* : enfance
nom ou adjectif + *-ism*	comportement système	*patriotism* : patriotisme *socialism* : socialisme
adjectif + *-ness*	état / condition	*happiness* : bonheur
nom + *-ship*	fait d'être...	*friendship* : amitié

C **Formation d'adjectifs.**

MOT + SUFFIXE	SENS	EXEMPLE
verbe + *-able*	susceptible d'être	*breakable* : cassable
nom de matériau + *-en*	fabriqué en	*wooden* : en bois
nom + *-y*	qui a la qualité de	*rainy* : pluvieux / *angry* : en colère
nom + *-ful*	qui a les qualités de	*careful* : attentif
nom / adjectif + *-ish*	qui a les qualités négatives de	*childish* : enfantin / *brownish* : brunâtre
nom + *-less*	qui n'a pas les qualités de	*careless* : imprudent

Les suffixes *-ic* et *-ical* servent à former des adjectifs à partir de noms.
artistic / athletic / public
grammatical / musical / physical / political
Les deux suffixes peuvent être employés à partir du même nom.
strategic ; strategical / fanatic ; fanatical

Les adjectifs produits à l'aide de *-ic / -ical* peuvent être de **sens différent**. Attention en particulier à :

- *economic / economical* (tous deux formés à partir de *economy*)
economic : qui appartient au domaine de l'économie
economical : qui fait faire des économies / bon marché
- *comic* (comique, humoristique) / *comical* (qui fait rire, ridicule)
- *electric* (qui fonctionne à l'électricité) / *electrical* dans les autres cas
an electrical engineer : un électrotechnicien

D Formation de verbes.

Le suffixe *-en* permet souvent de former un verbe à partir d'un adjectif.

black ▶ *blacken* (noircir) / *hard* ▶ *harden* (durcir)

Ce procédé n'est pas systématique : *free* (libre), mais *free* (libérer).

E Formation d'adverbes.

Le suffixe le plus employé pour former des adverbes est *-ly*. Il s'ajoute aux adjectifs.

sweet (tendre) ▶ *sweetly* (tendrement) / *quick* (rapide) ▶ *quickly* (rapidement)

Certains **adjectifs** se terminent en *-ly*.

friendly (amical) / *lively* (vivant) / *cowardly* (lâche)

On ne peut pas former d'adverbe à partir de ces adjectifs. Il faut utiliser une périphrase.

in a friendly way / in a friendly manner... : amicalement

2 La conversion

Certains mots peuvent directement passer d'une catégorie grammaticale à une autre.

*I **go** to school every day.* [go = verbe]
Je vais à l'école tous les jours.

*He is always on **the go**.* [go = nom]
Il est toujours en mouvement.

*I'd like **to walk**.* J'aimerais marcher.

*Let's take **a walk**.* Promenons-nous.

En règle générale, pour les mots de deux syllabes, le nom est accentué sur la première syllabe, le verbe sur la seconde.

Insult (insulter), **mais** *an insult* (une insulte).
Record (enregistrer) **mais** *a record* (un disque).

Pour les **adjectifs substantivés**, voir page 208.

3 La composition

Un certain nombre de verbes se composent d'une **particule** + **verbe**.
La particule et le verbe forment un seul mot.

PARTICULE	SENS	EXEMPLE
down-	mouvement vers le bas	*downgrade* : rétrograder
out-	dépassement	*outlive sb* : survivre à qqn
		outnumber : être plus nombreux que
over-	excès	*overwork sb* : surmener qqn
under-	« sous »	*underestimate* : sous-estimer
up-	mouvement vers le haut	*uproot* : déraciner
		update : mettre à jour

Pour la structure **verbe** + **particule**, voir page 14.

Pour les **noms composés** (*bodyguard*...), voir page 200.

Pour les **adjectifs composés** (*navy blue*...), voir page 208.

Les verbes irréguliers

Sont mentionnés en **caractères gras** les verbes irréguliers les plus courants.

INFINITIF	PRÉTÉRIT	PARTICIPE PASSÉ	
abide	abode / abided	abode / abided	se conformer à
arise	arose	arisen	survenir
awake	awoke / awaked	awoken / awaked	s'éveiller
be	**was, were**	**been**	être[1]
bear / eə /	bore	borne	porter
		be born	naître [2]
beat	**beat**	**beaten**	battre
become	**became**	**become**	devenir
befall	befell	befallen	advenir
beget	begot	begotten	engendrer
begin / ɪ /	**began**	**begun**	commencer
behold	beheld	beheld	contempler
bend	bent	bent	courber
bereave	bereft / bereaved	bereft / bereaved	priver
beseech	besought	besought	implorer
beset	beset	beset	assaillir
bestride	bestrode	bestridden	enfourcher
bet	bet / betted	bet / betted	parier
bid	bade / bid	bid / bidden	offrir (prix) ordonner
bind	bound	bound	lier
bite	bit	bitten	mordre
bleed	bled	bled	saigner
blow	blew	blown	souffler

1. Attention à ne pas confondre **be** et **go** dans le sens d'« aller » au present perfect.

*She's **been** to Canada.* Elle est allée au Canada.

*She's **gone** to Canada.* Elle est allée (partie) au Canada.

She has been implique qu'elle est rentrée ; *she has gone* qu'elle n'est pas revenue.
On dira donc : *Have you ever been to Canada?* (Es-tu déjà allée au Canada ?) et non ~~Have you ever gone to Canada?~~ qui supposerait que la personne à laquelle je parle n'est pas rentrée !

2. **Be born** (sans *-e*) signifie « naître ».

*The babies who **will be born** this year…* Les bébés qui **naîtront** cette année…
*I **was born** during the war.* Je **suis né** durant la guerre.

INFINITIF	PRÉTÉRIT	PARTICIPE PASSÉ	
break	*broke*	*broken*	casser
breed	bred	bred	élever
bring	*brought*	*brought*	apporter
broadcast	broadcast(ed)	broadcast(ed)	diffuser
build / ɪ /	*built*	*built*	construire
burn	*burnt / burned*	*burnt / burned*	brûler
burst	burst	burst	éclater
buy	*bought*	*bought*	acheter
cast	cast	cast	jeter
catch	*caught*	*caught*	attraper
chide	chid	chidden / chid	réprimander
choose	*chose*	*chosen*	choisir
cleave	clove / cleft	cloven / cleft	fendre
cling	clung	clung	s'accrocher
come	*came*	*come*	venir
cost	*cost*	*cost*	coûter
creep	crept	crept	ramper
cut	*cut*	*cut*	couper
deal / iː /	*dealt* / e /	dealt	distribuer
dig	dug	dug	creuser
dive	dived / dove (US)	dived	plonger
do	*did*	*done*	faire
draw	*drew*	*drawn*	dessiner / tirer
dream	*dreamt / dreamed*	*dreamt / dreamed*	rêver [1]
drink	*drank*	*drunk*	boire
drive	*drove*	*driven*	conduire
dwell	dwelt / dwelled	dwelt / dwelled	résider
eat	*ate* / et /, / eɪt /	*eaten*	manger
fall	*fell*	*fallen*	tomber
feed	fed	fed	nourrir
feel	*felt*	*felt*	ressentir
fight	*fought*	*fought*	combattre
find	*found*	*found*	trouver
flee	fled	fled	fuir
fling	flung	flung	lancer
fly	*flew*	*flown*	voler (avec des ailes)
forbear	forbore	forborne	s'abstenir
forbid	forbade	forbidden	interdire
forecast	forecast	forecast	prévoir
forget	*forgot*	*forgotten*	oublier
forsake	forsook	forsaken	abandonner
freeze	*froze*	*frozen*	geler
get	*got*	*got* / gotten (US)	obtenir
gild	gilded	gilded / gilt	dorer
give	*gave*	*given*	donner

1. *Dream* / iː /, *dreamt* / e /, *dreamed* / iː /.

INFINITIF	PRÉTÉRIT	PARTICIPE PASSÉ	
go	*went*	*gone*	aller [1]
grind	*ground*	*ground*	moudre
grow	*grew*	*grown*	pousser
hang	*hung*	*hung*	pendre [2]
have	*had*	*had*	avoir
hear	*heard*	*heard*	entendre
hew	*hewed*	*hewed / hewn*	tailler
hide	*hid*	*hidden*	cacher
hit	*hit*	*hit*	frapper
hold	*held*	*held*	tenir
hurt	*hurt*	*hurt*	faire mal
keep	*kept*	*kept*	garder
kneel	*knelt / kneeled*	*knelt / kneeled*	s'agenouiller
knit	*knit / knitted*	*knit / knitted*	tricoter
know	*knew*	*known*	savoir / connaître
lade	*laded*	*laden / laded*	charger
lay	*laid*	*laid*	étendre / poser
lead / iː /	*led*	*led*	mener
lean	*leant / leaned*	*leant / leaned*	appuyer [3]
leap	*leapt / leaped*	*leapt / leaped*	sauter
learn	*learnt / learned*	*learnt / learned*	apprendre
leave	*left*	*left*	quitter
lend	*lent*	*lent*	prêter
let	*let*	*let*	laisser / louer
lie	*lay*	*lain*	être allongé
light	*lit / lighted*	*lit / lighted*	allumer
lose	*lost*	*lost*	perdre
make	*made*	*made*	faire
mean / iː /	*meant* / e /	*meant* / e /	vouloir dire
meet	*met*	*met*	rencontrer
mislead	*misled*	*misled*	induire en erreur
mistake	*mistook*	*mistaken*	se méprendre
mow	*mowed*	*mown / mowed*	tondre
overhang	*overhung*	*overhung*	surplomber
pay	*paid*	*paid*	payer
put	*put*	*put*	poser
quit	*quit / quitted*	*quit / quitted*	abandonner
read / iː /	*read* / e /	*read* / e /	lire
rend	*rent*	*rent*	déchirer
rid	*rid*	*rid*	débarrasser
ride	*rode*	*ridden*	aller à cheval / à bicyclette

1. Voir note 1, p. 338.

2. Le verbe *hang* est régulier (*hanged / hanged*) quand il signifie « pendre quelqu'un ».

3. *Lean* / iː /, *leant* / e /, *leaned* / iː /.

INFINITIF	PRÉTÉRIT	PARTICIPE PASSÉ	
ring	*rang*	*rung*	sonner
rise	*rose*	*risen*	se lever
run	*ran*	*run*	courir
saw / ɔ: /	*sawed*	*sawed / sawn*	scier
say / eɪ /	*said* / e /	*said* / e /	dire
see	*saw*	*seen*	voir
seek	*sought*	*sought*	chercher
sell	*sold*	*sold*	vendre
send	*sent*	*sent*	envoyer
set	*set*	*set*	placer / fixer
sew	*sewed*	*sewed / sewn*	coudre
shake	*shook*	*shaken*	secouer
shave	*shaved*	*shaved / shaven*	raser
shear / ɪə /	*sheared*	*sheared / shorn*	cisailler / tondre
shed	*shed*	*shed*	verser / perdre (feuilles)
shine	*shone*	*shone*	briller[1]
shoe	*shod*	*shod*	chausser
shoot	*shot*	*shot*	tirer / abattre
show	*showed*	*shown / showed*	montrer
shrink	*shrank*	*shrunk*	rétrécir
shut	*shut*	*shut*	fermer
sing	*sang*	*sung*	chanter
sink	*sank*	*sunk*	sombrer
sit	*sat*	*sat*	être assis
slay	*slew*	*slain*	massacrer
sleep	*slept*	*slept*	dormir
slide	*slid*	*slid*	glisser
sling	*slung*	*slung*	lancer
slink	*slunk*	*slunk*	partir furtivement
slit	*slit*	*slit*	fendre
smell	*smelt / smelled*	*smelt / smelled*	sentir
smite	*smote*	*smitten*	frapper
sow	*sowed*	*sown / sowed*	semer
speak	*spoke*	*spoken*	parler
speed	*sped / speeded*	*sped / speeded*	aller très vite
spell	*spelt / spelled*	*spelt / spelled*	épeler
spend	*spent*	*spent*	passer / dépenser
spill	*spilt / spilled*	*spilt / spilled*	renverser
spin	*spun*	*spun*	filer / tournoyer
spit	*spat*	*spat*	cracher
split	*split*	*split*	fendre / séparer
spoil	*spoilt / spoiled*	*spoilt / spoiled*	gâcher
spread / e /	*spread*	*spread*	étaler
spring	*sprang*	*sprung*	bondir

1. *Shine* au sens de « faire briller », « cirer » est régulier : *shined / shined*.

INFINITIF	PRÉTÉRIT	PARTICIPE PASSÉ	
stand	*stood*	*stood*	être debout
steal	*stole*	*stolen*	dérober
stick	stuck	stuck	coller
sting	stung	stung	piquer
stink	stank	stunk	sentir mauvais
strew / uː /	strewed	strewn / strewed	éparpiller
stride	strode	stridden	marcher à grands pas
strike	*struck*	*struck*	frapper
string	strung	strung	enfiler
strive	strove / strived	striven / strived	s'efforcer
swear	swore	sworn	jurer
sweep	swept	swept	balayer
swell	swelled	swollen / swelled	enfler
swim	*swam*	*swum*	nager
swing	swung	swung	balancer
take	*took*	*taken*	prendre
teach	*taught*	*taught*	enseigner
tear	tore	torn	déchirer
tell	*told*	*told*	dire / raconter
think	*thought*	*thought*	penser
thrive	thrived / throve	thrived / thriven	prospérer
throw	*threw*	*thrown*	lancer
thrust	thrust	thrust	pousser
tread	trod	trodden	fouler aux pieds
understand	*understood*	*understood*	comprendre
undertake	undertook	undertaken	entreprendre
unwind / aɪ /	unwound / aʊ /	unwound / aʊ /	dérouler
uphold	upheld	upheld	soutenir
upset	upset	upset	bouleverser
wake	*woke* / waked	*woken* / waked	réveiller
wear / eə /	*wore*	*worn*	porter (vêtement)
weave	wove	woven	tisser
weep	*wept*	*wept*	pleurer
wet	wet / wetted	wet / wetted	mouiller
win	*won* / ʌ /	*won* / ʌ /	gagner
wind / aɪ /	wound / aʊ /	wound	enrouler
withdraw	withdrew	withdrawn	retirer
withstand	withstood	withstood	résister à
wring	wrung	wrung	tordre
write	*wrote*	*written*	écrire

Index

Liste des abréviations utilisées

adj. :	adjectif	brit. :	britannique	pl. :	pluriel	sth :	something
adv. :	adverbe	conj. :	conjonction	prép. :	préposition	sub. :	subordonnée
angl. :	anglais	fr. :	français	prop. :	proposition	trad. :	traduction
aux. :	auxiliaire	part. :	participe	sb :	somebody	v. :	verbe

A

a / an (article –) 141, 142, 145, 146, **152-157**
   a et *an* **152-153**
   a et un en fr. **154**
   ≠ *one* 229-230
   après *what* 247
a bit 187, 218, 327
a few (+ nom) 156, 157, **187**, 192 ► *few*
a great deal of 178
a great number of 178
a little (+ nom) 156, 157, **187**
   + adj. 202, 218, 327 ► *little*
a lot of **177-178**, 179
   a lot + comparatif 218, 327
a pair of 142
a piece of 155
about 15
   + numéral 192
abréviations (pluriel des –) 144
accommodation 155
account for sth 17
across 15, **314**
action (v. d'–) 89, 90, 97
activité (décrire une –) 63, 64, 65, 91
activité mentale (v. exprimant une –) 11
actuel **10**, 56
adjectif 108, 121-122, 147, 156, **202-212**
   attribut **206-207**
   composé **208**
   en -*ed* / en -*ing* **207**
   épithète **203-206**
   de nationalité **210-212**
   substantivé 160, 200, **208-209**
   + prép. **204-205**
   ► comparatifs
adjectif possessif ► déterminant poss.
adjectif + *to* + verbe / V-ing **284**
admit 254, 287
admittedly 332
adverbe 42, 43, 85, 110, **321-333**
   définition de 321
   et adj. 321, 322
adverbe d'ajout 330-331
adverbe de degré 327
adverbe de fréquence **42**, 326-327
adverbe de liaison 331

adverbe de lieu 324-325
adverbe de manière 324
adverbe de modalité 332
adverbe de temps 325-326
advice 155
advise 75, 251, 252, 253, 302
afraid 207 ► *be afraid*
after 68
   conj. 290
   + V-*ing* 283
agent (complément d'–) 74
ago 59, 305-306
agree 251
aim at sth 17
alive 207
all 57, 62, **172-177**
   + période de temps 172, 177
   + relatif 276
   place de – 324
all that / all Ø 278
all the more / less 293
aller (en français) 81-82, **338**
allow 252, 253
almost 328, **329**
alone 207
along 15
already 325
also 331
although 294
always 12, 42, 326
   et *be* + *ing* 42, 51
   et *have* + part. passé 57
among 316
and **266**, 267
   dans les nombres 192
   entre deux adj. 206
   entre deux comparatifs 218
   verbe – verbe 259
anglais américain (≠ angl. brit.) 27, 40, 57, 109, 122, 329
animal familier 136
answer 13
antécédent 271
any 180, 181, **183-186**
   + relatif 276
anybody / anyone 131, 183, 184
anything 183, 184
anywhere 183, 184

apparence (v. exprimant l'–) 11
appartenance (v. exprimant l'–) 11
appear 251
appositions (*a* dans les –) 154
aren't I 130
arguably 332
argue 265
argumentation ► prép. d'argumentation
around 15
arrêt sur image 40-41, 43, 51, 104
arrive 315
article ► *a, the*, zéro
article partitif (en français) 150
as (adverbe) 156
   + adj. 203
as many + nom **214-215**
as much + nom **214-215**
as prép. ≠ *like* **319**
as conj. 290, 293, 294
as... as... **213-215**, 218, 224, 295
   not as / so... as... 214
as if 48, 70, 294
as it were 48
as long as 295, 297
as soon as 68, 290
as though 48, 70, 294
as well (= également) 331
ask 77, 240, 251, 252, 301, 302, **313**
aspect (perfectif / imperfectif) **10**, 55
   ► *be + ing*
   ► *have* + part. passé
at 16, 167, **314-315**, 317
attribut (adjectif – / nom –) 22
   du sujet 134 ► adj. attribut
audience 139
autorisation (demande d'–) 31
   accorder une – 84-85, 96, 100, 102, 120
   ► permission
auxiliaire **20**, 24
available 204
avenir (renvoi à l'–) **9-10**, 43, **79-83**, 84, 89, 90, **103-105**, 107, 109
   présent simple et renvoi à l'– **38**
avoid 254
away **15**

B

bad 216
back **15**
bare 203
barely 131, 185, 330
base verbale 87, 111, 116, 120, 122, 123
be 9, 12, **20-24**
   auxiliaire **23-24**, 32, 126
   aux. exprimant une emphase 35
   aux. du passif 73-75
   conjugaison de – 20-21, 48, 130
   v. lexical **21**, 122
   ≠ *go* 338
be able to 91, **111-112**, 120
be about to 80, 83
be accustomed to 284
be addicted to 284
be afraid 128, 257
be allowed to **120**
be born (*was / were born*) 75, 338
be bound to 110
be going to 80, **81**, 83

be no good 254
be no use 255
be supposed to 120
be to 23, 80, **119**, 120
   was / were to 82, 119
be used to **114**, 284
be worth 255
be + ing (*be* verbe-*ing*) 10, **11**, 12, **23**, 47, 51, 60, 61-65, 70-72, 76, 82, 83, 89
   après *appear / seem* 251
   be + -ing au passif 75
   be + ing avec les modaux **90**, 91, 96-99, 102, 104-105
   ► présent en *be + ing*
   ► prétérit en *be + ing*
   ► present perfect en *be + ing*
   ► past perfect en *be + ing*
because 293
before 68, 305-306
   conj. 290
begin 257
believe 11, 34, 75, 76, 128, 287
   + *it* 287
best 220
better 115, 219
between / among 316
bilan 57, 67, 68, 83
black 209
both **170**, 189, 266, 267
   place de – 324
bring 77, 224, 312
but 32, 129, 224, **267**, 268
   last – 268
   prép. 311
but for 268
but only if 297
buy 77, 312
by (prép.) 154, 318
   + V-*ing* 283
   + pronom réfléchi 234
   après un passif 74

C

ça fait + durée + que (trad. de –) **60**
can 85, 86, 88, **91**, **95**, **99-100**, 101, 102
   ≠ *be able to* **111**
   dans sub. 292, 296
cannot / can't **88**, 91, 100, 102, 111
can't bear 254, 257
can't help 254
can't stand 255
capacité (du sujet) 84-86, **91-96**, **111-112**
caractéristique (du sujet) 37, 92, 93, 96, 113, 114
cardinaux ► nombres
cas possessif ► génitif
cat 136
causative-résultative (proposition –) 29, **260-265**
cause 260
cause (expression de la – avec *have*) 29
   ► prop. causative-résultative
   ► prép. de cause
certain / certitude 84-85, **87-90**, 100, 107, **110**, 119
   incertain 109
certainly 89, 110
choose 312
circonstancielle ► subordonnées circonstancielles
classifiant (emploi – de *a*) 154
   génitif – 198
collectifs ► noms collectifs

commentaire (de l'énonciateur) 105
▶ point de vue
comparaison (*so*) 129
 tournures comparatives 32, 199
comparatif (adjectif –) **213-220**
 adverbe + – 328
 any + – 186
 + *one* 230
 the + – 218-219
 d'égalité 213
 de supériorité 213, 215-220
 d'infériorité 213, 215, 217-220
 ▶ structure comparative
comparatively 188
complément 13, 16, 64, 65
 ▶ double complément
complément d'attribution 311-313
complément d'objet direct **134** ▶
complément d'objet indirect 134
completely 173, 328
concession 89
condition (expression de la –) 106, 107, 108
 propositions conditionnelles 122
conditionnel (en fr.) 86, 97, 107
 en angl. 87, 94, 105, **107**
conjonctions 48, 286-298 ▶ *that* ▶ zéro
conjuguer **8**
conseil 98, 102, 114-115, 302
conséquences (d'un événement sur un autre) 63, 65, 71, 72
consider 12, 75, 254
 + *it* 227, 287
contexte **12**
continu ▶ *be* + *ing*
continually 42
continue 257
contraste 32, 35, 52, 113, 319
coordination **266-268**
could 85, 86, 87, **88**, 89, 92, **93-96**, **101**, 102, **107**
 ≠ *was able to* **112**
 dans sub. 292

D

'd ▶ *would*
'd better ▶ *had better*
'd rather ▶ *would rather*
crowd 139
dans quelle mesure (trad. de –) 243
dare **111-112**
date (écrire une –) 193-194
d'autant plus que (trad. de –) 293
deal with sth 17
decide 251, 252
déduction 87-88, 90
demand 108, 121, 240
démonstratif 131, 157, **163-168** ▶ *this* / *that*
dénombrable / indénombrable **137-143**, **145-146**, 147-149, **154**, 155-156, 158, 159
depend 11, 41, 53, 62, 71
depuis (trad. de –) **59-60**, 62, 67, 71
depuis combien de temps (trad. de –) 59, 62, 71
désinence **8**
déterminants (emploi des –) 137, 141
 définition **145**
 ≠ pronom 146
déterminants possessifs 160-162, 305
 + V-ing 281, **282**
devoir 115 (trad. de –) **119**
different (*any* –) 186

discours direct 299, 300-302
discours indirect **47-48**, 50, **69**, 94, 99, 101, **106**, 117, 299, 300-302
 emploi des temps au – 303-305
discours indirect libre 47-48, 106, **306-307**
dislike 254
do 20, 24-25, **29-35**, 126-127
 do à l'impératif 21, **125**
 do avec *have* 27-28, 29
 do et reprise **31-32**
 do lexical **29-31**, 312
 do ≠ *make* 30-31
-dom 335
dont (trad. de –) **275-276**
double complément (verbe à –) **77**, **311-313**
down 14, **15**, (particule) 337
dozen 192, 193
during 318

E

each **174-175**, 176
 – *one* 174
 place de – 324
each other **235-236**
eager 284
-ee 335
either **171-172**
 –... or 171-172, 267
elder / *eldest* **217**
else 330
emphase (et place de l'adv.) 332-333
emphatique (emploi – de *do*) **34-35**
en + v. au part. présent (trad. de) 283
-en 335, 336
enable 252
encourage 252, 253, 265, 302
England 143
enjoy 254
enough **179-180**, **202**, 295, 328
enter 13
épithète ▶ adjectif épithète
-er / *-ess* 335
est-ce que 241
even **330**
even if / *even though* 48, 70, 294
ever 57, 131, **327**
 après interrogatif 246, 280
 après relatif **279-280**
every 172, **175-177**
every one 176
everybody / *everyone* 131, 174, 175-176
everything 172, 175-176
 – *that* 278
everywhere 176
evidence 155
except (*if*) 297, 311
exclamation **23**, 34, 302 ▶ phrase exclamative
expect 62, 75, 104, 128, 251, 253
explain 77, 252, 313

F

faire + verbe 260-261
 trad. de – **263**, 264
fairly 202, 329
fait brut / factuel 10, 37, 43, 47, 51, 53
family 139
far / *farther* / *further* / *farthest* / *furthest* **216**
 far + adj./adv. 218, 327, 329

feel 41, 62, 234, 244, 256
female 135
féminin 135, 136
few (+ nom) 156, 157, **188**
   + relatif 276 ► *a few*
fewer (– + nom) 219
fewest (*the* – + nom) 221
fight 236
finally 325
find 312
   + *it* 227, 287
finish 255
first (+ numéral) 193
fish 139
fonction (dans la phrase) 134
for (= depuis) 57, **60**, 61, 62, 67, 71, 318
   for et *since* **59-60**
   conj. 293, 294
   prép. 49, 77, 108, 227, **312**, 313
   + nom + *to* 282
   + V-*ing* 292, 294
for all 319
for fear that 109, 295
forbid 75, 302
force 251, 260
forever 42
forget 258
forme composée **10**
forme progressive ► *be* + *ing*
forme simple 10
former (*the* –) 217
fortnight 193
fréquentatif (*would* dit –) **93**
from 167, 313
from... to / till / until 318
fruit 142, 143
-*ful* 335
furniture 142, 155
futur 9, 103, 107, 111
   ► avenir (renvoi à l'–)

G

générique (renvoi au –) 146, 147-149
   avec *a* 153
   avec *the* **160**
génitif 161, 167, 195, **196-200**, 231
   – classifiant 198
   ≠ nom + *of* + nom **199-200**
   nom + *of* + – 199
   + V-*ing* 281, **282**
   + *time* 317
genre (du nom) **135-136**, 161
gérondif 255, 281-285 ► -*ing*
get 27, 252, 312
   + verbe **261-263**
   au passif **78**
get used to 114
give 14, **77**, 224, 311-312
give up 255
given that 293
glasses 142
go 82, 240, 259
   ≠ *be* 338
   ► *be going to*
good 216
   any – 186
government 139
groupe nominal **134**
grown-up 144

H

habitude (expression de l' –) 27, 28, 37, 40-41, 46, 54, 86, 92, 93, 96, 97
   – passée **113-114**
had + participe passé 48, 49, **66-72**
   ► *have to*
   ► past perfect
had better **115**
had to (au discours indirect) 304
hair 143
half 156
hard / hardly 322
hardly 131, 185, 239, 290, 291, 330, 333
hate 253, 257
have 20, **24-29**, 65
   have aux. **24-25**, 32, 35, 126
   have lexical **25-29**, 116
   + verbe **261-263**
have got **26-27**, 28
have got to **28**, 116
have to **28**, 99, 106, **115-117**, 119-120
   ≠ *must* **116**
have + participe passé 10, **46**, 47 ► present perfect
have infinitif + part.passé 76, 83, 90, 94, 96, 98, 101, 104, 106, 115, 118
he 135, 136, 226
hear 11, 91, 256
help 250, 252
her 161
here 305-306, 325
his 161
home 150, 199, **315**
hope 17, 62, **128**, 251
   should – 106
how (exclamatif) **246-247**, 289
   interrogatif **242-244**, 301
   + adj. 203
how come? 244
how long 57, 62, **243**
however + adj. 294
hundred 192, 193, 229
hypothétique (renvoi à l'–) 48, 87, 94, 101, 107

I

-*ic* / -*ical* 322, **335-336**
-*ics* (noms en –) 142-143
if 107, 289, 290, 291, 295, 296, 297, 301
   présent après – 38, 49
   prétérit après – **47**, 48, 49, 54, 105
   past perfect après – 70, 106
   subjonctif après – 122
il y a (trad. de –) **22**, **60-61**
imagine 48, 128, 255, 287
   should – 106
imparfait (en fr.) 48, 50, 67, 86, 93, 99, 112
   trad. de l'– **54**, **60**, 71, 72
impératif 16, 21, **123-125**, 131
   avec *do* 21, 35
   – négatif 21, 34, 123-125
imperfectif 10, 11
impossible 202
in **15**, 220, **315-317**
in case 108, 295, 297-298
in order that 292
in order to 291-292
inasmuch 293
indications scéniques 37

infinitif (– après *would rather* / *it's time*) 49
information 142, 155
-ing / verbe + *ing* 18, **19**, 28, 30, 78, 87, **254-259**
   dans sub. 281-285
   orthographe de verbe + *ing* **40**
   prop. en V-*ing* 293
insist 108, 121
insistance 21, 34, 35, 41, 51, 63, 125
insofar as 293
intend 257
intention (expression de l'–) 43, 81, 83, 105
interdiction 98, 102, 116-117
interjection 302
interrogatif ► mot interrogatif
interrogation 24, 27, 28, 29, **32-33**
   avec modal 87, 92, 96, 101, 105
   avec *used to, ought to, had better, have to, need,*
   be allowed to 113-115, 118, 120
interrogative ► phrase interrogative
      ► proposition interrogative
interro-négation 23, **34**, 246, 249
into 316 ; (+ V-*ing*) 265
intransitif (verbe –) **13**
   v. intr. au passif 76
inversion sujet / verbe **239-240**
involved 204
-ish 335
it (pronom neutre) 136, 140, 190, **226-228**
   dans les question tags 131
   – d'annonce 226-227
   – de reprise 226
   ≠ *this* 227
it is + adjectif **108**, **121-122**, 288
it is + durée 60
it is + pronom personnel 223, 224
it is + relatif 276
it is… that **240**
it's the first time 58, 68
it is time 49
its 136, 140, 161, 222

J

jeans 142
just 57, 67
justification 63, 64

K

keep on 255
know 11, 41, 53, 62, 71, 75, 76, 252, 287, 300

L

lack 13, 75
last 325 (+ numéral) 193
last / lastly 322
late / latest / lately 217, 323
latter (the –) 217
learn 62
least (the –) 215, 220
   the – + nom 221
   adverbe 220
less 215, (suffixe) 335
   + nom 219
   – *and* – 218
   the –, the – 219
lest 109, 295
let (à l'impératif) 97, 123, 124-125, 131
   v. lexical 120, 125, 250

lie 41, 62, 240
like conj. 295
   prép. ≠ *as* **319**
like (v.) 253, 258, 264
likely 110, 332
listen to 17, 256
little (+ nom) 156, 157, **188**
   + relatif 276
   ► *a little*
live 62
'll ► *shall / will*
look at 17, 244
look forward to 284
looks 142
lots of 177 ► *a lot of*
love 253, 258, 264
luggage 142, 155
-ly 322, **336**

M

make (+ verbe) 78, **261-263**
   verbe lexical 30-31, 312
make oneself (+ part. passé) 263
male 135
man 135, 144, **148**
-man (suffixe) 135, 210
manners 142
many **178-179**, 187, 192
   so – 178
   (far) too – 178
marry 236
masculin 135
mathematics 142, 148
may 31, 84, 85, 86, 87, **88**, 89, **99-100**, 102
   ≠ *be allowed to* 120
   dans sub. 292, 296
maybe 110, 239, 332
mean 62, 258
meet 236
mere 203
mesure (unité de –) 154, 198
might 85, 86, 87, **88**, 89, **100-101**, 102
   conditionnel 107
   dans sub. 292, 296
million 192, 193, 229
mind 255
mine 228
mise en relief / valeur 11, 23, 63, 64, 73, 74, **240**
   ► emphase
miss 255
modaux 30, 32, 79, **84-109**, 111, 118
   – et contraste 35
   dans les reprises 126-127
   au discours indirect 304-305
moins (trad. de –) 219
moins… moins… (trad. de –) 219
more 215-216 ; (+ nom) 219
   the – 218-219
   the –, the – 219
   – *and* – 218
most the – 215-216
   the – + nom 221
   adverbe 220
   = *very* **221**
   quantifieur **179**
mot interrogatif 32-33, 241, **242-246**, 252
mot de liaison
   ► adverbe de liaison

much **178**
    + comparatif 218, 327
    + relatif 276
music 148, 155
must 84, **85**, 86, **88**, 89, **98-99**, 101, **106**, 116, **117**, 119
    au discours indirect 304

N

nationalités ► adjectif de nationalité
nature 159
ne... plus (trad. de –) **186**
nearly (et *almost*) **329**
nécessité (expression de la –) 99
    absence de – 117-118
need 13, **117-118**, 257
négation 24, 27, 28, 29, 32, 43
    avec les modaux 87, 89, 91-93, 98, 100, 112, 117
    avec *have to*, *used to*, *ought to*, *had better*, *need*,
    be allowed to 113-115, 117, 118, 120
    au subjonctif 121
    à l'impératif 123-124
    avec *any* 184-185
    avec *so* 128
négative (phrase –) **33-34**
neither 32, 131, 171, **188-189**
    dans les reprises 129-130
    –... *nor* 189, 266-267
-*ness* 335
n'est-ce pas 131
neutre 135, 226
never 327, 333
    + inversion S / V 239, 251
news 142, 155
next (+ numéral) 193
ni... ni... (en fr.) 171, 189
no 131, 169 ; (+ nom) 156, 185, **189-190**
no one 131, 185, 190
no sooner 290, 291, 333
nobody 131, 185, 190
noms (– abstraits) 141, 148, 149
    d'activités 141, d'animal 160, de couleur 141, 148, 149,
    de jeux 148, de jour / mois 152, de langues 141,
    148, 149, de lieux 150, **151-152**, 159, 197, de maladies
    141, 148, 149, de matière 141, 148, 149,
    de métiers 154, de moyens de transport 150,
    de nationalité 160, de pays 136, 143, de repas 148,
    149, de saison 148, 149, de souverains 194, de
    véhicules 136
    pl. des – 144
nom + *of* + nom **199-200**
nom collectif **139-140**
nom composé **200-201**
    – et unité de mesure 198
    pl. des – 144
nom (in)dénombrable ► dénombrable
nom propre 151, 152, 198
    génitif des – 196, 197
    pl. des – 143
nom + nom (la suite –) **195-201**
nombre (du nom) 136-144, 161
nombres (les –) **191-194** ► numéraux
    – cardinaux 191-193
    – ordinaux 193-194
non-certain 86, 100, 121
non-réel (renvoi au –) 9, 45, 50, 54, 70, 86, 87, 94-96,
    100, 101, 113, 123
    renvoi au – dans le passé 106
none 131, **190**

nor 130, 267
not + *a* + nom 156, 190
not + *any* 185, 189-190
not anybody / *anyone* / *anything* / *anywhere* 185
not as... as 214
not only 239, 267, 333
not so... as **214**
not + *to* 251
nothing 131, 185, 190
    + adj. 190
notion (renvoi à la –) 151
now 306
nowhere 185, 191, 239, 333
numéraux 169, 172 ► nombres

O

object to 284
objectif ► point de vue de l'énonciateur
obligation (expression de l'–) 28, 29, 84, 96-99, 102,
115-117, 119 ► pression
    absence d'– 116, **117**
odd (= environ) 192
of 167, 195, 199-200, 220, 313
off **15**
offer 224, 251, 312
often 239
old **217**
on **15**, 234, **316-317**, 320
    + V-*ing* 283
on condition that 295
on (en français) 75, 225, 231
    trad. de – **232**
once conj. 290
one (numéral) 141, 145, 153, 191, 229-230
    ~~*the* – *of*~~ 167
    the – + relative 168, 231
    – *day* 229
    –... *the other* ; –... *another* 230
    ≠ *a* 229-230
    each– 174
    this / *that*– 164-165, 231
    which – 244
one (pronom personnel indéfini) **231**
one (de reprise) 208-209, **230-231**
one another **235-236**
one's 161, 231
oneself 231
only (+ numéral) 193
    + relatif 276
    + inversion S / V 239
onto 316
or **267**
order 252, 260, 302, 312
ordinaux (+ pronom relatif) 276 ► nombres
ordre (expression d'un –) **108-109**, 119, 123, 302
ordre des mots 16, 17, 19, 32, 108, 113, 129, 130, 156
    dans affirmation / négation **238-240**
    exclamation 247
    interrogation **241-242**
other (+ numéral) 193
ou bien... ou bien (en fr.) 171-172
ought to **110**, **114-115**, 120
    ≠ *should* 115
our 161
out **15**, (particule) 337
out of 313
    + V-*ing* 265
over **15**, (particule) 337
own **162**

P

parfait ► perfect / present perfect / past perfect
participe passé 70
particule (verbes à –) 13, **14-16**, **18**, **19**
  valeur des – **15**
  après v. de mouvement 264-265
  + verbe 336-337
  ► préposition
passé ► révolu / prétérit
passé indéfini 59
passé composé (en fr.) 46, 50, **58**, 60, 112
passé simple (en fr.) 46, 50, 54, 112
passer-by 144
passif 16, 17, 23, 30, **73-78**, 252
  trad. du – **75**
past perfect (*had* + verbe au part. passé) 24, 48, 60, **66-72**, 111, 113, 116, 120
  – du non-réel 239
  – simple **66-70**, 71, 72
  – en *be + ing* **70-72**
  au discours indirect 303-304
pay (for sth) 17, 312, 313
people 140, 150, 175, 232
perfect / perfectif **10**, 66
perhaps 110, 239, 333
permission 99-100, 101, 102 ► autorisation
permit 120, 252, 253
-person (suffixe) 135
persuade 251, 252, 265
peu (en fr.) 188
phrase affirmative / négative **238-240**
phrase complexe 238
phrase exclamative **246-249**, 289
phrase interrogative 17, **241-246**
  – indirecte **242**
phrase simple 238-249, 268
play 13, 312
plenty (of) 179
pluriel 136 ► nombre
  – régulier / irrégulier **137-139**
plus… plus… (trad. de –) 219
plus-que-parfait (en fr.) 68, 69, 72
point de vue (de l'énonciateur) **10**, 42, **43**, 53, 55, 63, 65, 74, 82
  – dépréciatif 42, 51
  – imperfectif **10**, 11
  – objectif 42, 116
  – perfectif **10**
  – subjectif 63, 115, 116
police 140
possessif ► déterminant possessif
  ► pronom possessif
  cas – ► génitif
possession (*have* et –) 26, 27, 29
  génitif et – 197-198
possible / impossible 87, 88
possibly 110
pour (en fr.) 293
prédicat 8
prédiction 104, 106
prefer 11, 45, 49, 113, 253, 264, 284
préférence (expression de la –) **112-113**
préfixes 334
prépositions 13, 14, **16-18**, 30, 76, **310-320**
  that + – 167
  a après – 154
  – entre deux noms 195
  différences angl. / fr. 195-196

dans interrogative 242
dans relative 273, 274, 275, 277
  + V-*ing* 283
  ► particules
prépositions d'argumentation, de cause, de contraste, de manière 319
prépositions de lieu 313
present (adj.) 204
présent (trad. du –) 60, 62
présent (temps grammatical) 8, 9,10
  présent **36-43**, 79
  après *when* 290
  après *if* 296
présent en *be + ing* / présent continu 9, **39-43**, 80
present perfect (*have* + v. au part. passé) 24, 25, **55-65**, 67, 69, 111, 116, 120
  – simple **55-61**
  – en *be + ing* **61-65**
  – simple ≠ – en *be + ing* **62-63**, **64-65**
présent progressif 39 ► présent en *be + ing*
présent simple (sans *be + ing*) 9, **36-39**, 80
  ≠ présent continu 41-42, 43
pression (sur sujet) 84, **96-102**, **114-120**
  ► obligation
pretend 251
prétérit 8, 9, 10, **44-54**, 66, 69, 85, **86**
  – des modaux 87, 99, 116
  – du non-réel **48-50**, 107, 113
  au discours indirect 303
prétérit continu / prétérit en *be + ing* **50-54**
pretty / prettily 323
prevent 255
probable 87, 88
probably 89, 104, 110, 332
proche / lointain 165-167
progressif ► présent en *be + ing*
  ► prétérit en *be + ing*
promise 224, 251, 312
pronom 16, 17
  définition 146
pronom interrogatif ► mot interrogatif
pronom personnel 160, **222-228**
  au discours indirect 305
pronom possessif **228-229**
  structures *a friend of ours* 228-229
pronom réciproque **235-236**
pronom réfléchi **233-234**
pronom relatif 270, 271-272
prononciation de *-s* 36
  de *-ed* 44-45
propose 108
proposition causative-résultative **260-265**
proposition indépendante 238
proposition infinitive 17, 227, 247, 253
proposition en *-ing* 293
proposition interrogative indirecte **288-289**
proposition nominale 287
  en V-*ing* **281-285**
proposition principale 238, 269
proposition relative 17 ► sub. relative
  après *a* 155-156
  après *all* 173
  après *the* 159
  après *those* 167-168
  après superlatif 220
proposition subordonnée 238, 268-269
  ► subordination
proposition subordonnée conjonctive **269**, **286-298**

proposition subordonnée infinitive 253-254
proposition subordonnée nominale ► sub. nominale
proposition subordonnée relative ► subordonnée relative
proposition en *wh-* **288-289**
propriété (du sujet) **91-96**, 111
provided / providing 295, 297

Q

qualificatif (adjectif –) **202-203**
qualitatif (emploi –) 151, 153
quantifieur **169-194**
   définition **169**
   + relatif 276
quantité / quantitatif 151, 153, 157
   une certaine – 180-187
   grande – 177-179
   – insuffisante 188
   – nulle 188-191
   petite – 187
   – suffisante 179-180
   ► quantifieur
questions brèves **128-129**
question tags 32, **130-132**
quite 177, 187, 202-203, 328, **329**

R

rather 113, 202, 327, 329-330
read 234, 312
really (*not – / – not*) 328
récit 46
recommend 108, 121, 251, 252, 253
référence ► générique / spécifique
regret 258
relative ► proposition relative
remember 13, 258
remind 313
répétition (exprimer la –) 50
réponses brèves **127-128**
   do dans les – 31
   avec *so / neither* 32
report 76
reprises elliptiques **126-132**
reproche 65, 98, 101, 166
request 121, 252
requête 50, 53
require 257, 265
resemble 11, 75
result in 260
résultat 11, 19, 42, 56, 57, 58, 64, 65, **67-68**, 72
   ► prop. causative-résultative
   ► structure résultative
révolu **9**, 66, 70
   renvoi au – avec le présent 38
   avec le prétérit 45, **46**, 54
   avec le past perfect 49
   avec les modaux 86, 87, **90**, **92-93**, 96, 99
   avec *would rather* 113
   avec *need not* 118
   avec *was / were to* 119
right / rightly 323

S

sake (génitif + –) 197
same (*the – as*) 214
say 63, 75, 76, 240, 287, 299
scarcely 131, 185, 330
se + verbe (en fr.) 234, 235

se faire (trad. de –) 263
see 11, 12, 91, 256
seem 11, 41, 53, 128, 251
seldom 131, 239, 333
sell 234, 312
selon moi (trad. de –) 319
several **187**, 192
shall 31, 79, 85, 86, 88, **96-97**, 101-102, **103-105**, 109, 131, 219
   + *be+ing* **104-105**
she 135, 136, 226
sheep 139
ship 136
shop 199
should 85, 86, 87, **88**, **97-98**, 102, 239
   conditionnel **105-109**
   – et subjonctif 122
   ≠ *ought to* 115
   dans les sub. 287, 288, 297, 298, 302
show 224, 312
since 318 (conj.) 290, 293
   emploi des temps avec – 57, 62, 71
   ≠ *for* **59-60**
since when 243
singulier 136
sit 41, 53, 62, 240
slightly 218, 327
smell 91, 244
so 32, **129**, 156, 202, 203, 248-249, 328
   not –... *as*... 214
   de reprise **129**, 239
   de comparaison **129**
so + adj. *that* 291
so as to 291-292
so far 57
so long as 295
so many / so much 178, 248, 327
so that 291, 292
society 159
soit... *soit*... (en fr.) 171-172
some 142, 155, 169, **180-183**
   – day 229
   = environ 183
somebody / someone 131, 182, 232
somehow / sometimes / somewhat / somewhere 183
something 182
soon 325
souhait (expression d'un –) 95, 100, 122
spécifique (renvoi au –) 146, 149-151
staff 139
stand 41, 62, 240
start 255, 257
still **326**
stop 255
structure comparative 295
structure résultative **264-265**
style indirect libre ► discours indirect libre
subjonctif 109, **121-123**, 288, 302
   ≠ *should* 122
subordination **268-269**
subordonnée (– en *if*) 47, 186
   – en *that* 227
   – en *when* 47
subordonnées circonstancielles 286, **289-298**
subordonnées comparatives 180
subordonnées nominales en V-ing **281-285**
subordonnées relatives **270-280** ► prop. relative
succession / successivité 37, 68
such 154, 239, 248-249
   such... *that* 291

suffixes **334-336**
suggest 108, 121, 253, 255, 302
suggestion 53, 94, 95, 96, 101, 102, 121, 123, 302
sujet (fonction de –) 134
   – réel 226-227, 288
   attribut du – 134
superlatif **213-221**
   the + – 159
   – + pron. relatif 276
suppose 11, 34, 48, 70, 128, 131, 287, 298
supposing 295, 298
sure 110 / *surely* 89, 110
surprise (expression de la –) 34
surprisingly 332

T
take 312 ; (– *to*) 284
talk 63, 265
taste 91
teach 62, 77, 224, 312
team 139
television 150
tell 63, 77, 224, 252, **300**, 302, 312
temps grammatical (tense) **9-10**, 79, 103
temps physique (time) **9-10**
th- 157
than (*rather* –) 113
   comparatif + – 217-218
   pronom personnel après – 224
thank 313
that démonstratif (+ préposition) 167
   ► *this / that*
that conj. 286, **287-288**, **300-301**
that relatif 270, 272, 273, 274, 275, **276-277**
the **157-160**
   – + adj. substantivé 160, 209
   – + nom de nationalité 160
   – + groupes sociaux 160
   ≠ *a* 158
the two **170-171**
their 140, 161, 182
then 306, 325
there 21, 325
   au discours indirect 305-306
there is / are 131, 239
they 131, 140, 176, 182, 190, 225, 232
think 11, 12, 17, 34, 41, 63, 75, 76, 104, 128, 287, 300
   should – 106
   – + *it* 227, 287
this / that **163-168**, 227
   – + *one* 231
   – + *of* + génitif **168**, 228-229
   – adverbes **168**
   that / those + préposition 167
   au discours indirect 305
those (+ relative) 167-168
   ► *this / that*
thou, thy 161, 222
though 294, 331
thousand 192, 193, 229
threaten 265
through **15**, **314**
till 290
time **9-10**
   ► temps physique
to (de l'infinitif et préposition) **254**
to (de l'infinitif) 18, 23, 77, **78**, 87, 118, **120**, 227
   – + prop. sujet 282

après adj. 284
   après réponse brève 128
   dans les exclamatives 247
   verbe – verbe 251-252
to (expression d'un but) 291-292
to (préposition) 18, 114, **311-312**, 313, 315
   + V-*ing* 18, 114, 283-284
today 306
too (= trop) 156, 188, 328
   – + adj. 203, 295
   = aussi 330-331
too many / too much 178, 328-329
totalité (la – de deux éléments) 170-172
   plus de deux éléments 172-177
tout (trad. de –) 173
tout ce que / qui (trad. de –) 173, **278**
traduction du
   présent français 60, 62
   prétérit 50
traduction en chassé-croisé 19
transitif (v. –) **13**, 16, 75
   v. – direct **13**, 64
   v. – indirect **13**, 17
trousers 142
trouver (trad. de –) 287
try 258-259
types de verbe **11-12**

U
un peu (en fr.) 188
under (particule) 337
understand 11, 41, 53, 62, 71, 76
unless 295, 297
until 290
up 14, **15**, 18, (particule) 337
urge 252
us 225
use 13
used to **113-114**
utter 203

V
V+*ing* ► -*ing*
verbe auxiliaire ► auxiliaire
verbe à double complément **77**, **311-313**
verbe d'état 11, 12, 41, 50
verbe + *ing* ► -*ing*
verbe irrégulier 29, **338-342**
verbe lexical **20**, 24, 34
verbe de mouvement 16, 19
verbe à particule ► particule
verbe de perception 11, 244, **256**, 283
   – avec modaux 91, 93, 112
   – au passif **78**
verbe de position 41, 53, 62, 240
verbe prépositionnel 76 ► préposition
verbe de sensation 41
verbe transitif / intransitif (différences avec le fr.) **13**, **17**
   ► transitif / intransitif
verbe de volonté 253, 264
verbe + verbe (construction –) **250-259**
vérité générale (expression d'une –) 37
very 188, 202-203
   – *much* 328
vision globale (d'un événement) 53
volonté (du sujet) 43, 92, 93, 95, 96, 105

W

wait 12, 17, 62, 253
want 11, 53, 62, 251, 253, 257, 264
warn 252, 302
watch 256
we 225, 231, 232
weather 150
well 239, 324
were 9, 48
   subjonctif passé 123
   après *if* 297
wh- 33, **242**, 270, 286, 287
   ► prop. en *wh-*
what (interrogatif) 33, **241**, 242, **244-245**, 301
   exclamatif 154, **246-247**, 289
   = ce que/qui **240**, **277-278**
   + nom 278
what... for? 245-246
what... like? 244
whatever 280
what if 298
when (conj.) 290
   présent après – 38
   prétérit après – 68
   interrogatif 242, 289, 301
   relatif 278-279
whenever 280, 290
where / wherever 280, 290
   interrogatif 242, 301
   relatif 278
whereas 294
whether 289, 301
which (interrogatif) 33, 128, **241**, **242**, **244-246**
   relatif 140, 270, 272, 273, 274, 276
   = ce que, ce qui **277-278**
whichever 279
while 290, 294, **319**
white 209
who (interrogatif) 33, 128, **241**, 242, 245, 301
   relatif 140, 270, 272-273, 274, 275, 276
whoever 279
whole **173-174**
whom (interrogatif) 245
   relatif 272-273, **274-275**, 276
whose (interrogatif) 161, 228, 242, 245
   relatif 270, 272, 273, 274, **275**, 276

why 242, 245-246, 301
   relatif 278-279
will 9, 79, **81**, 83, 85, 86, **88**, **92**, **96**, **103-105**, 123, 131, 219
   ► *be going to*
   will not 92, 131
   après *when* 279, 289
   dans sub. 292, 296
will + be + ing **104-105**
will have + participe passé **104**
wish 9, 48, 70, 95, 251, 253
with 167, 313
   au passif 74
without 185
woman 135, 144, **148**
   suffixe 135, 210
wonder 63, 301
won't ► *will not*
work 62
worse / worst 216
would 83, 85, 86, 87, 88, 92, **93-96**
   conditionnel **105-107**, 113
   habitude passée 114
   après *when, as soon as...* 289, 291
   dans sub. 292, 296
   au discours indirect 304
would rather 49, 70, **112-113**
would sooner 113
write 64, 312
wrong / wrongly 323

Y

yet **325**
   not – 57
   – et present perfect 325
you 225, 231, 232
   – à l'impératif 124, 225
your 161
yours 228, 229

Z

zero (chiffre) **192**
zéro / Ø (article –) 141, **147-152**, 169, 315
zéro / Ø (conjonction) 286, **287-288**, **300-301**
zéro / Ø (présent à désinence Ø) 8-9
zéro / Ø (relatif –) 270, 272, 273, 274, 275, **277**